西藏导游人员培训教材

旅游政策与法规

国家旅游局人事司 编

中国旅游出版社

《旅游政策与法规》编写组

编 写 组 组 长：俞允贵　喻达娃

编写组副组长：次仁卓玛　赵叔娟　游国亮

主　　　编：韩富贵

编　　　写：平措卓玛　高大洪　周松青　旦　珍

尼　玛　董瑞霞　何　伟

前　言

在党和国家的关心、支持下，在西藏自治区党委政府的正确领导下，西藏经济社会发展发生了巨大变化，社会主义现代化建设取得了伟大成就。尤其是改革开放以来，国家旅游局通过智力援藏、项目资金支持等多种方式，高度关心扶持西藏旅游业的发展，使西藏旅游业不断呈现出快速发展的良好势头。2012 年，全区累计接待国内外游客 1058.4 万人次，实现旅游总收入 126.5 亿元，占全区国内生产总值（GDP）的比重达到18%，旅游业规模经济水平不断提升。

中央第五次西藏工作座谈会提出：将西藏建设成为重要的世界旅游目的地、做大做强做精特色旅游业。因此，建设一支政治素质高、业务能力强的旅游人才队伍是实现这一目标的重要保障。近年来，西藏自治区旅游局始终将旅游人才队伍建设作为旅游业发展的重要工作，不断丰富与创新旅游人才培养的形式和内容，使旅游人才队伍整体素质显著提升。

为深入贯彻落实《中华人民共和国旅游法》，自治区旅游局组织专门人员，委托西藏大学旅游与外语学院相关专家学者重新编写了《旅游政策与法规》培训教材，以推动西藏旅游教育培训工作适应新形势的要求，推动西藏导游队伍建设，推动旅游人才培养工作上新台阶，努力打造一支爱祖国、爱西藏、爱旅游，有知识、有礼貌的导游队伍，为西藏旅游业的又好又快发展和把西藏打造成重要的世界旅游目的地提供强有力的人才保障，进而为实现"中国梦 西藏梦"作出更大贡献！

《旅游政策与法规》编写组
2013 年 12 月

目　录

第一章　政策与法的基础知识

第一节　政　　策

一、中国共产党在社会主义初级阶段的基本路线

中国共产党在社会主义初级阶段的基本路线是：领导和团结全国各族人民，以经济建设为中心，坚持四项基本原则，坚持改革开放，自力更生，艰苦创业，为把我国建设成为富强、民主、文明、和谐的社会主义现代化国家而奋斗。

深入贯彻落实科学发展观，要求我们始终坚持"一个中心，两个基本点"的基本路线。党的基本路线是党和国家的生命线，是实现科学发展的政治保证。以经济建设为中心是兴国之要，是我们党、我们国家兴旺发达和长治久安的根本要求；四项基本原则是立国之本，是我们党、我们国家生存发展的政治基石；改革开放是强国之路，是我们党、我们国家发展进步的活力源泉。要坚持把以经济建设为中心同四项基本原则、改革开放这两个基本点统一于发展中国特色社会主义的伟大实践，任何时候都决不能动摇。

二、中国特色社会主义理论体系

中国特色社会主义理论体系，就是包括邓小平理论、"三个代表"重要思想以及科学发展观等重大战略思想在内的科学理

论体系。这个理论体系，坚持和发展了马克思列宁主义、毛泽东思想，凝结了几代中国共产党人带领人民不懈探索实践的智慧和心血，是马克思主义中国化最新成果，是党最宝贵的政治和精神财富，是全国各族人民团结奋斗的共同思想基础。

三、中国特色社会主义道路

中国特色社会主义道路，就是在中国共产党领导下，立足基本国情，以经济建设为中心，坚持四项基本原则，坚持改革开放，解放和发展社会生产力，巩固和完善社会主义制度，建设社会主义市场经济、社会主义民主政治、社会主义先进文化、社会主义和谐社会，建设富强、民主、文明、和谐的社会主义现代化国家。中国特色社会主义道路之所以完全正确、能够引领中国发展进步，关键在于我们既坚持了科学社会主义的基本原则，又根据我国实际和时代特征赋予其鲜明的中国特色。在当代中国，坚持中国特色社会主义道路，就是真正坚持社会主义。

四、"三个代表"重要思想

"三个代表"重要思想突出强调我们党始终代表中国先进生产力的发展要求，代表中国先进文化的前进方向，代表中国最广大人民的根本利益。

"三个代表"重要思想最鲜明的特点和最突出的贡献，在于用一系列紧密联系、相互贯通的新思想、新观念、新论断，进一步回答了什么是社会主义、怎样建设社会主义的问题，创造性地回答了在长期执政的历史条件下建设什么样的党、怎样建设党的问题，深化了我们对新的时代条件下推进中国特色社会主义事业和加强党的建设的规律的认识。

五、科学发展观

科学发展观，第一要义是发展，核心是以人为本，基本要求是全面协调可持续，根本方法是统筹兼顾。

科学发展观，是对党的三代中央领导集体关于发展的重要思想的继承和发展，是马克思主义关于发展的世界观和方法论的集中体现，是同马克思列宁主义、毛泽东思想、邓小平理论和"三个代表"重要思想既一脉相承又与时俱进的科学理论，是我国经济社会发展的重要指导方针，是发展中国特色社会主义必须坚持和贯彻的重大战略思想。

六、构建社会主义和谐社会

根据马克思主义基本原理和我国社会主义建设的实践经验，根据新世纪新阶段我国经济社会发展的新要求和我国社会出现的新趋势新特点，我们所要建设的社会主义和谐社会，应该是民主法治、公平正义、诚信友爱、充满活力、安定有序、人与自然和谐相处的社会。民主法治，就是社会主义民主得到充分发扬，依法治国基本方略得到切实落实，各方面积极因素得到广泛调动；公平正义，就是社会各方面的利益关系得到妥善协调，人民内部矛盾和其他社会矛盾得到正确处理，社会公平和正义得到切实维护和实现；诚信友爱，就是全社会互帮互助、诚实守信，全体人民平等友爱、融洽相处；充满活力，就是能够使一切有利于社会进步的创造愿望得到尊重，创造活动得到支持，创造才能得到发挥，创造成果得到肯定；安定有序，就是社会组织机制健全，社会管理完善，社会秩序良好，人民群众安居乐业，社会保持安定团结；人与自然和谐相处，就是生产发展，生活富裕，生态良好。社会主义和谐社会的这些基本特征是相互联系、相互作用的，需要在全面建设小康社会的进程中全面把握和体现。

七、建设社会主义核心价值体系

建设社会主义核心价值体系，形成全民族奋发向上的精神力量和团结和睦的精神纽带。马克思主义指导思想，中国特色社会主义共同理想，以爱国主义为核心的民族精神和以改革创新为核心的时代精神，社会主义荣辱观，构成社会主义核心价值体系的基本内容。

八、推进祖国和平统一大业

解决台湾问题、实现祖国完全统一，是全体中华儿女的共同心愿。遵循"和平统一、一国两制"的方针和现阶段发展两岸关系、推进祖国和平统一进程的八项主张，坚持一个中国原则决不动摇，争取和平统一的努力决不放弃，贯彻寄希望于台湾人民的方针决不改变，反对"台独"分裂活动决不妥协，牢牢把握两岸关系和平发展的主题，真诚为两岸同胞谋福祉、为台湾地区谋和平，维护国家主权和领土完整，维护中华民族的根本利益。

坚持一个中国原则，是两岸关系和平发展的政治基础。尽管两岸尚未统一，但大陆和台湾同属一个中国的事实从未改变。中国是两岸同胞的共同家园，两岸同胞理应携手维护好、建设好我们的共同家园。

九、始终不渝走和平发展道路

当代中国同世界的关系发生了历史性变化，中国的前途命运日益紧密地同世界的前途命运联系在一起。不管国际风云如何变幻，中国政府和人民都将高举和平、发展、合作旗帜，奉行独立自主的和平外交政策，维护国家主权、安全、发展利益，恪守维护世界和平、促进共同发展的外交政策宗旨。

十、加快发展中国旅游业

（一）指导思想

以邓小平理论和"三个代表"重要思想为指导，深入贯彻落实科学发展观，进一步解放思想，深化改革开放，加强统筹协调，转变发展方式，提升发展质量，把旅游业培育成国民经济的战略性支柱产业和人民群众更加满意的现代服务业。

（二）基本原则

坚持改革开放，破除体制机制性障碍，充分发挥市场配置资源的基础性作用，走内涵式发展道路，实现速度、结构、质量、效益相统一；坚持以人为本，安全第一，寓管理于服务之中，不断满足人民群众日益增长的旅游消费需求；坚持以国内旅游为重点，积极发展入境旅游，有序发展出境旅游；坚持因地制宜，突出优势，推动各地旅游业特色化发展；坚持节能环保，合理利用资源，实现旅游业可持续发展。

（三）发展目标

到 2015 年，旅游市场规模进一步扩大，国内旅游人数达 33 亿人次，年均增长 10%；入境过夜游客人数达 9000 万人次，年均增长 8%；出境旅游人数达 8300 万人次，年均增长 9%。旅游消费稳步增长，城乡居民年均出游超过 2 次，旅游消费相当于居民消费总量的 10%。经济社会效益更加明显，旅游业总收入年均增长 12% 以上，旅游业增加值占全国 GDP 的比重提高到 4.5%，占服务业增加值的比重达到 12%。每年新增旅游就业 50 万人。旅游服务质量明显提高，市场秩序明显好转，可持续发展能力明显增强，力争到 2020 年我国旅游产业规模、质量、效益基本达到世界旅游强国水平。

第二节 法的基础知识

一、法的概念

"法"和广义的"法律"有着同样的含义。法是由国家制定或认可，并以国家强制力保障其实施的行为规范的总和。"法"和广义的"法律"通用，它包括宪法、（狭义的）法律、行政法规、部门规章、地方性法规、判例、习惯法的各种成文法和不成文法。法是上层建筑的重要组成部分，它由经济基础决定，并为经济基础服务。法在世界各国的语源含义上都有"公平"、"正义"、"正直"内容。

二、法的基本特征

法的特征是由法的本质决定的，是法的本质的外部表现。法既然是社会规范的一种，当然具有一般社会规范所具有的规范性、概括性、预测性等特性。而法作为特殊的社会规范，还同时具有以下几方面的基本特征：

（一）法是调整人们行为的特殊社会规范

法的规范性是指法为人们提供一定的模式、标准和方向。法所具有的概括性是指法律规定的抽象性、一般性。它所调整的对象不局限于特定的人或事，而是针对一般人反复适用的，它要连续、稳定地生效。行为规则一般都具有这种作用。人们的行为规则基本分为两大类，一类是调整人与人之间关系的社会规范，包括法律规范、道德规范、宗教规范、礼仪习惯等；另一类是调整人与自然关系的技术规范，是人们关于如何运用自然力的行为规则。法律规范作为社会规范的特殊性在于它是统治阶级用来调整人与人关系的调整器，它是调整统治阶级与被统治阶级之间、国家与公民之间、公民相互之间关系的特殊的行为规则。这种特殊的行为规则是阶级社会特有的社会现象。法律对人们行为的调整是维护有利于统治阶级的社会秩序的手段。

（二）法是由国家制定或认可的并具有普遍约束力的行为规范

法由国家制定或认可，表明法是以国家意志表现出来的，具有国家意志的属性。这是法有别于其他种种规范的重要特性之一。其他的社会规范，如宗教的、道德的以及社团章程等均不具备国家意志的属性。法的普遍约束力就是指法作为不同于其他社会规范的特殊性，无论制定的成文法还是认可的习惯法，都以国家意志形式出现。统治阶级的意志一经上升为国家意志就具有普遍的有效性。国家制定或认可的法，在该国权力管辖范畴内要求一律遵行，具有普遍约束力。法的这种权威性来自国家权力。无论制定法还是认可法，其国家意志性意味着法的极大权威和神圣尊严。

（三）法通过规定人们的权利义务调整社会关系

法总是明确规定人们在一定社会关系中的权利和义务，以此来调整人们的关系。这里显示了法律调整的特殊方式和范围。法律调整的方式一般采用权利、义务规范，如允许人们做出某种行为，是指人们享有法律上的权利；禁止或规定必须做的行为，即指人们应承担的法律上的义务。法律作为特殊的行为规则，调整的是人们的权利、义务关系，如宪法规定国家机关的职权和公民权利义务等，其他部门法如民法、刑法、婚姻法、旅游法等则从某个方面规定人们参加社会关系的权利和义务。

（四）法由国家强制力保证实施

法的实施一般具有法定程序，以国家强制力保证。任何社会规范都具有一定强制性，但不同的社会规范，其强制的性质、范围、程度和实现的方式不同。除了人们的思想认识不具有现实上的强制性以外，法律以及法律之外的其他社会规范都有不同形式和程度的强制性，但是以国家强制力来保证法的实现，则是法律独具的重要特征。这是因为：首先，国家制定法律就是为了实现统治阶级的利益。在根本利益上对立的阶级矛盾必须靠国家的特殊强制力加以解决。其次，法律上权利义务的实现，没有强制将失去保障。不适用强制手段不足以保证权力，没有强制后盾不足以推动义务的履行。法的实现靠国家政权做后盾。国家政权是法存在和运行的前提和基础。法的国家强制力的表现常常是一种暴力，如武装力量、警察、法庭、监狱等。国家的司法活动或执法活动离不开强制和制裁。强制措施或制裁措施有时是暴力形式的直接采用（如惩罚犯罪），有时是显示威慑力量，从而保证法律、法规的贯彻实施。法的强制性质是由法的国家意志性质决定的，所以，强制和制裁必须由专门机关依照法定程序进行。

总之，法是由一定物质生活条件决定的统治阶级意志的体现，它是国家特定机关按特定程序制定或认可、由国家强制力保证实施、规定人们权利和义务关系的行为规则的总和，其目的在于巩固和维护有利于统治阶级的社会关系和社会秩序。

三、法与其他社会现象的关系

（一）法与政策的关系

1. 法与政策的一致性

在阶级社会里，政策主要是指统治阶级的政策。统治阶级的政党为维护其所代表的阶级利益，为处理一定的政治、经济关系制定了政策。因此，法与政策在本质上是一致的，都由相同的经济基础所决定，并共同反作用于经济基础。在近现代国家，代表统治阶级利益的执政党的政策都要上升为国家的政策，而法是统治阶级意志的国家意志化，所以法与政策的目的也是具有一致性的，即都是维护统治阶级的政治利益和经济利益。

改革开放以来，我国旅游业有了快速的发展，国家也先后制定了一系列促进旅游业发展的政策。1981 年国务院作出了《关于加强旅游工作的决定》，1984 年中共中央办公厅、国务院办公厅转发了国家旅游局《关于开创旅游工作新局面几个问题的报告》。1998 年 11 月召开的中央经济工作会议上，中共中央作出了把旅游业列为国民经济新的增长点的重要决策。2009 年12 月 1 日国务院发布了《国务院关于加快发展旅游业的意见》，《意见》在总结我国旅游业发展成就和经验的基础上，从全局的高度，提出了推动旅游业发展的总体思路、基本原则和主要任务，这是我国旅游业发展史上具有里程碑意义的纲领性文件。这些政策不仅对旅游立法工作具有重要指导意义，而且为旅游立法奠定了政策基础。

正是由于法与政策本质上的一致性，政策向法的转化也就具备了可能性。任何国家的法都体现统治阶级的政策，法律的许多内容都是统治阶级政策的规范化。

2. 法与政策的区别

法与政策虽然在本质上和基本精神上是完全一致的，但它们毕竟是上层建筑中两种不同的社会现象，各有其本身的特殊性。因此，法与政策又有明显的区别。

(1) 它们分属于两种不同的统治手段

法通过具有普遍效力和明确准则的规范来实现统治，政策则是通过政治导向调配社会力量来实现统治阶级的政治、经济意图。在一个国家，法是定型的设施，政策是导向调配工具。

(2) 它们的实施方式不同

法是以国家强制力为保证来实施的，不论是宪法还是各部门法律，一经国家公布施行，一切国家机关、各政党、社会团体及全体公民都要严格遵守；政策只对自己政党的组织和成员具有约束力。

（3）它们的表现形式不同

法是作为国家的规范性文件，以宪法、法律、法规等形式出现，有明确的界限和实施程序；而政策一般则以纲领、宣言、声明、指示和建议等形式出现，表现为一种纲领、原则和方向。

（4）它们的稳定性程度不同

法的规定具有相对稳定性，一经制定或认可生效之后，便产生稳定的调控效力，对其进行废、改，必须经法定程序；政策的规定比较灵活，可根据政治、经济形势变化的需要进行调整、改变，具有选择性、应变性。

3. 正确认识法与政策的相互关系

法与政策既有共性又有个性，由此也就构成了它们之间相互影响、相互补充、相互作用的密切关系。一方面，政策是国家立法的直接依据。统治阶级政党（主要是执政党）往往把自己推行的政策作为立法议案提交国家立法机构进行表决，使之成为国家的法律，并指导法的实施和适用。另一方面，法是政策的定型和规范化。政策一经被上升为法律，就取得了法定的权威性，就成为对全体社会成员具有普遍约束力的法律规范，由此，政策也就有了法的严肃性。反过来，法也成了进一步实现政策的重要手段。因此，从立法精神和立法内容上看，政策是法的灵魂和依据，法必须接受政策的指导；从法的适用和法的遵守上看，政策应当服从法，政策不能违背法。由此说明，在认识法和政策关系问题上，既不能把两者等同起来，也不能将它们割裂开来。如果把两者等同起来，就会抹杀它们各自不同的质的规定性，使统治阶级丧失统治和管理社会的一种手段和技能。相反，如果将两者割裂开来，就会使法失去导向，使政策失去一种强有力的保障，从而大大减弱两种手段的作用。因此，必须正确认识法与政策的相互关系。

（二）法与道德的关系

道德是关于善与恶、正义与非正义、公正与不公正、光荣与耻辱的观念的行为规范的总和，它是依据社会舆论和人们内心信念来维持的。

道德属于社会上层建筑。在阶级社会中，道德具有鲜明的阶级性。每个阶级都有自己的道德。在一定社会中，占据统治地位的道德，只能是统治阶级的道德。

1. 法与统治阶级道德的一致性

由于法和统治阶级道德之间在根本的社会阶级属性方面的一致性，决定了两者之间必然是互相配合、互相补充和互相渗透的。一方面，法律积极保护统治阶级道德，在必要时把某些道德规范提升为法律规范加以推行。另一方面，统治阶级道德又积极地替法律作辩护，影响社会舆论，要求人们遵守法律。其实，法律的每一项规定，都渗透着统治阶级的道德观念，这对于维护法制具有重要的作用。

2. 法与道德的区别

法与道德毕竟是两种不同的社会现象，它们的区别主要在于：

（1）存在的时间不同

法只是阶级社会的现象，而道德则与人类社会共始终。在原始社会和未来的共产主义社会，道德不具有阶级性，只有在阶级社会里道德才具有阶级性。

（2）调整的范围不同

道德调整的范围比法律广泛得多。凡法律所禁止的行为，必然同时是统治阶级道德所谴责的。但道德谴责的行为，却不全是法律明文禁止的。

（3）实施方法不同

法是由国家强制力保证实施的，道德则是依靠社会舆论、传统习惯和人们的信念来维持的。法虽然也要把对人们行为的评价作为其实施的根据，但它不管人们在内心是否赞同，都要求人们服从，否则就要进行强制。道德是在人们接受了某种道德观念和社会舆论以后，通过其内在活动和行为显示出来。当然，在一定意义上，社会舆论、传统习惯力量也是一种外在的强制力量，但它同作为法律后盾的有组织有系统的国家的强制力，是有原则区别的。

　　（4）表现形式不同

　　法由国家制定或认可，有各种正式的表现形式，如宪法、法律、法令、条例、命令、决议等，并明确固定在这些形式之中。道德规范没有特定的表现形式，而是存在于人们的社会意识、流行的观念和人们的信念中。

　　（5）存在的体系不同

　　法无论在何国何时，始终体现对社会实行国家领导的统治阶级的意志，是阶级专政的工具，只有掌握国家政权的阶级才有可能把自己的意志变为国家意志，制定成具有普遍约束力的法律规范，被统治阶级的意志则不能成为法律。因此，在任何国家只有统治阶级的一个法律体系。而道德则不同，不管是统治阶级还是被统治阶级，都有自己的道德。一个社会有多少个阶级，就有多少种道德。

【案例阅读 1-1】

游客的行为属于法律范畴还是道德范畴

　　小王参加了旅行社组织的某景区游览活动。在入口处排队时，他看到游人很多，就跑到前边加塞，遭到他人的反对，被景区管理人员制止。在游览过程中，他拿出签字笔在一古城墙上随手写下"王某某到此一游"的字样，又被景区管理人员发现，责令小王将涂写的字迹擦掉并罚款50元。

问题：小王的两次行为属于法律范畴还是道德范畴？

【分析提示】

小王不排队加塞，这种行为肯定不对。但不属于法律规范的范畴，遭到他人的反对，被景区管理人员制止，是社会道德、社会舆论的力量，属于道德的范畴。而他在景区文物上涂画，则违反了《文物保护法》和《风景名胜区条例》的规定，《风景名胜区条例》第四十四条规定："违反本条例的规定，在景物、设施上刻画、涂污或者在风景名胜区内乱扔垃圾的，由风景名胜区管理机构责令恢复原状或者采取其他补救措施，处50元的罚款；刻画、涂污或者以其他方式故意损坏国家保护的文物、名胜古迹的，按照治安管理处罚法的有关规定予以处罚；构成犯罪的，依法追究刑事责任。"游客小王的这种行为，符合上述法规的禁止性规定，被景区管理人员责令擦去涂写字样并被罚款50元，显然属于法律的范畴。

四、法律责任

关于法律责任的概念，有广义与狭义之分。从广义上说，法律责任是指任何组织和个人都有遵守法律的义务，都应自觉地维护法律的尊严。从狭义上讲，法律责任是指违法人对自己的违法行为所应承担的那种带有强制性的法律上的责任。司法上通常对法律责任作狭义解释，本书也是在狭义上使用"法律责任"这一概念。

法律责任的概念包含以下几方面内容：第一，法律责任是由违法行为引起的，两者之间存在着因果关系；第二，国家对违法者的否定反映，是通过专门的国家机关予以认定和追究；第三，承担法律责任的主体是一切违法者，包括公民、法人、国家机关、公务人员和国家等；第四，法律责任的内容是违法者必须承担的具有强制性的法律上的义务。

法律责任与其他社会责任如政治责任、道义责任等相比较，具有自身的特点：在法律上有明确、具体的要求和规定；由国家强制力保证其执行；由国家授权的机关依法追究制裁，其他组织和个人无权行使这项权力。

法律责任一般分为刑事责任、民事责任和行政责任。

（一）刑事责任

1. 刑事责任的概念

刑事责任是指犯罪主体由于其行为触犯刑法，构成犯罪而导致受刑罚处罚的责任。与其他法律责任相比较，刑事责任具有严厉性的特点。由于刑事违法行为的性质和其所造成的严重危害性，决定了刑事责任在各种法律责任中是最严重的责任。在现代，刑事责任是严格的个人责任。

2. 追究刑事责任的要件

构成犯罪是追究行为人刑事责任的前提条件。任何一种犯罪都是具体的，每一种具体的犯罪都有其具体的构成要件。把各种具体犯罪的要件加以科学的归纳，可以看出，一切犯罪都具有某些共同性的构成要件。这些共同性的要件，就是犯罪构成。每一个犯罪构成包含四个方面的要件，即犯罪客体、犯罪的客观方面、犯罪主体、犯罪的主观方面。

（1）犯罪客体

犯罪客体是指为刑法所保护，而为犯罪行为所侵犯的社会主义社会关系。例如：非法拘禁罪的犯罪客体是他人的人身自由权；盗窃罪的犯罪客体是他人的财产所有权等。

（2）犯罪的客观方面

犯罪的客观方面，是指犯罪活动的客观外在表现。表明犯罪活动的客观外在表现的事实特征有：危害行为，危害结果，犯罪的时间、地点、方法等。危害行为是任何犯罪构成必须具备的必要要件，其他都是犯罪构成的选择要件。因而，犯罪的客观方面主要是指危害行为和危害结果。

（3）犯罪主体

犯罪主体是指实施犯罪行为，对自己的罪行依法应负刑事责任的人。根据我国刑法的规定，犯罪主体必须具备以下条件：第一，犯罪主体是实施犯罪行为的人，不曾实施犯罪行为的人，不能成为犯罪主体。第二，自然人作为犯罪主体必须达到刑事责任年龄，即未满14周岁的人，完全不负刑事责任；已满14周岁不满16周岁的人只对几种严重的犯罪负刑事责任；已满18周岁的人，应负全部刑事责任。第三，自然人作为犯罪主体必须具有刑事责任能力，即具有辨认和控制其行为的能力。如精神病人即为无刑事责任能力人。

（4）犯罪的主观方面

犯罪的主观方面是指犯罪主体对其行为可能引起的危害社会的结果的心理状态，通常指犯罪的故意或过失，在某些犯罪中还包括犯罪目的。

我国《刑法》规定："明知自己的行为会发生危害社会的结果，并且希望或放任这种结果发生因而构成犯罪的，是故意犯罪。""应当预见自己的行为可能发生危害社会的结果，因为疏忽大意而没有预见，或者已经预见而轻信能够避免，以致发生这种结果的，是过失犯罪。"

某种行为同时具备上述犯罪客体、犯罪客观方面、犯罪主体、犯罪主观方面四个要件时，即可认定其构成犯罪，可依法追究行为人的刑事责任。

3. 承担刑事责任的方式

在我国，行为人承担刑事责任的方式是依据刑法的规定对行为人处以刑罚。我国刑罚分为主刑和附加刑两大类。

（1）主刑

主刑是指对犯罪分子适用的主要刑罚方法。主刑只能独立适用，不能附加适用。我国的主刑有五种：①管制：对犯罪分子不实行关押，但是限制其一定的自由，交由公安机关管束和群众监督改造的刑罚。②拘役：剥夺犯罪分子的短期自由，就近实行劳动改造的刑罚。③有期徒刑：剥夺犯罪分子一定期限的自由，实行强迫劳动改造的刑罚。④无期徒刑：剥夺犯罪分子终身自由，实行强迫劳动改造的刑罚。⑤死刑：剥夺犯罪分子生命的刑罚。

（2）附加刑

附加刑是指既能附加于主刑适用也能独立适用的刑罚方法。在附加适用时，可以同时判处和执行不止一种的附加刑。我国的附加刑有三种，即罚金、剥夺政治权利、没收财产。

（二）民事责任

1. 民事责任的概念

在民事活动中，因从事不法行为，或者不履行合同义务，从而侵犯了对方的权利或者使对方的民事权利得不到实现，依法应承担的法律责任，称为民事责任。

与其他法律责任相比较，民事责任具有自身的特点：第一，民事责任是违反民事法律规范所应承担的法律责任；第二，它是违约或违法行为人对受害人承担的一种法律责任；第三，它主要是一种财产责任；第四，它的责任范围与所造成的损失或损害的大小相适应，一般具有补偿和恢复原状的性质。

按民事责任产生的不同原因，可将其分为侵权责任、违约责任和因违法行为而承担的补偿责任。民事责任的主体可以是自然人、法人、国家。无论在古代还是现代，民事责任都是可以连带给相关人，或由相关人负替代责任。

2. 追究民事责任的要件

（1）行为的违法性

这是使侵权行为人承担民事责任的先决条件。在一般情况下，如果行为不违法，即无民事责任可言，但法律有特别规定的除外。

（2）有损害事实的存在

损害事实包括物质损害和精神损害。如果侵权行为人的行为并未给他人造成物质损害或精神损害的结果，就没有承担民事责任之必要。

（3）侵权行为与损害事实之间有因果关系

这是指损害事实的发生，确实是由于侵权行为所造成，就是说，这种侵权行为是造成该项损害的原因，而该项损害则是这种侵权行为的结果。

（4）行为人有过错

这是指行为人的不法行为存在故意或过失。如果行为人在主观上既无故意也无过失，即使造成一定损害结果，也无须承担民事责任。

3. 承担民事责任的方式

根据我国《民法通则》的规定，承担民事责任的方式主要有：停止侵害，排除妨碍，返还财产，恢复原状，消除影响，恢复名誉，赔礼道歉，赔偿损失等。上述各种方式，既可单独适用，也可合并适用。特别是因侵权而致人损害时，在责令行为人承担其他民事责任的同时，均可请求赔偿损失。

（三）行政责任

1. 行政责任的概念

行政责任是指因行政违法行为而承担的法律责任。行政责任可以分为违法行政责任和行政违法责任。违法行政责任是指行政机关及其公职人员在行政管理、行政给付行为中滥用职权和违法失职行为而导致的行政责任。行政违法责任是因行政管理行为违反行政管理法规而承担的法律责任。

2. 承担行政责任的方式

（1）行政处分

行政处分是国家机关、企事业单位对有违纪行为未构成犯罪的，或者构成犯罪但是依法不追究刑事责任的公务员或其他人员给予的行政处罚。我国《公务员暂行条例》规定，对公务员的处分包括警告、记过、记大过、降级、撤职、开除六种；处分国家公务员必须依照法定程序，在规定的时限内由任免机关或者行政监察机关做出决定。其中：给予开除处分的，应报上级机关备案；县级以下国家行政机关开除公务员，必须报县级人民政府批准。

（2）行政处罚

行政处罚是由国家特定的行政机关给予违反行政法规行为的公民或法人的一种强制措施。目前我国法律规定的有关行政处罚的种类主要有：警告；罚款；拘留；没收财物和非法所得；吊销营业执照；吊销许可证；责令停产、停业、关闭；责令追回已售出的禁止生产经营的产品；责令限期改正；责令限期治理；通报；停发许可证；扣留职务证书；撤销商标；销毁禁止生产、经营的食品、食品添加剂等。

执行行政处罚的机关，依照行政法规的规定，有的由公安机关行使，有的由工商行政管理机关、海关、物价管理机关等行使。

（3）劳动教养

劳动教养是行政制裁中最严厉的一种，是国家对违反行政法规、危害社会秩序和他人人身财产安全尚不够刑事处罚的人实施的一种行政惩罚措施，其特征是实行强制性的劳动改造与教育。

　　劳动教养既然是一种强制性的教育改造措施，就需要对劳教人员实行严格的管理和纪律约束。劳教对象如果违反纪律应给予处分，如有犯罪行为应依法制裁。

　　劳动教养的期限为1年到3年，必要时可延长1年。在劳动教养期间，发给适当的工资。劳动教养人员解除劳动教养后，就业、上学不受歧视。

第三节　社会主义法治理念

　　社会主义法治理念是关于社会主义法治的理想、信念和观念的总和，是社会主义法治的内在要求、精神实质和基本原则的概括和反映，是社会主义法治的精髓和灵魂，是指导和调整社会主义立法、执法、司法、守法、法律监督等法治领域的基本指导思想。社会主义法治理念的提出，是以胡锦涛同志为总书记的党中央从社会主义现代化建设事业全局出发，坚持以马克思主义法学理论为指导，在认真总结我国法制建设实践经验，借鉴中外法治文明优秀成果的基础上，做出的一项重大理论创新。社会主义法治理念的基本内涵可以概括为依法治国、执法为民、公平正义、服务大局、党的领导五个方面。这五个方面相辅相成，体现了党的领导、人民当家做主和依法治国的有机统一。

一、依法治国

（一）依法治国的科学含义

　　依法治国，就是广大人民群众在党的领导下，按照宪法和法律规定，通过各种途径和形式管理国家事务，管理经济文化事业，管理社会事务，保证国家各项工作都依法进行，逐步实现社会主义民主的制度化、法制化，使这种制度和法律不因领导人的改变而改变，不因领导人看法和注意力的改变而改变。

（二）依法治国的内容

依法治国的主体是广大人民群众；依法治国的客体是国家事务、经济文化事业和社会事务；依法治国的标准是宪法和法律；依法治国的保证是党的领导；依法治国的政治目标是建设社会主义法治国家。

（三）依法治国的意义

依法治国是党领导人民治理国家的基本方略，是发展社会主义市场经济的客观需要，是社会文明进步的重要标志，是国家长治久安的重要保障。依法治国的理念是社会主义法治理念的核心内容。

二、执法为民

执法为民即以邓小平理论、"三个代表"重要思想和科学发展观为指导，把实现好、维护好、发展好最广大人民群众的根本利益，作为执法工作根本出发点和落脚点，在各项执法工作中真正做到以人为本，执法公正，一心为民，切实保障人民群众的合法权益。执法为民的理念是社会主义法治的本质要求。

三、公平正义

公平正义是指社会成员能够按照法律规定的方式公平地实现权利和义务，并受到法律的保护。基本内涵包括合法合理、平等对待、及时高效、程序公正。公平正义是司法工作的生命线，是构建社会主义和谐社会的重要任务，是新时期广大人民群众的强烈愿望。公平正义的理念是社会主义法治的价值追求。

四、服务大局

服务大局要求各级执法机关的执法人员，必须紧紧围绕党和国家大局开展工作，立足本职，全面正确履行职责，致力于推进全面建设小康社会进程，努力创造和谐稳定的社会环境和公正高效的法制环境。服务大局的理念，是社会主义法治的重要使命。

五、党的领导

党的领导的理念要求，要自觉地把坚持党的领导、巩固党的执政地位和维护社会主义法治统一起来，把加强和改进党对执法工作的领导与保障司法机关依法行使职权统一起来，始终坚持正确的政治立场，忠实履行党和人民赋予的神圣使命。党的领导的理念，是社会主义法治的根本保证。

第四节 宪 法

一、宪法概述

（一）宪法的概念和特征

宪法是国家的根本大法，它规定一个国家的社会制度和国家制度的基本原则，集中体现统治阶级的意志和利益，具有最高法律效力，反映政治力量的实际对比关系，是国家机关和公民活动应遵循的基本准则，是治国安邦的总章程。宪法具有以下三个特征：

1. 宪法规定国家的根本制度和根本任务。

我国宪法规定了我国的社会制度和国家制度的基本原则、国家性质、政权组织形式、经济制度、文化制度、公民的基本权利和义务等根本性问题。内容极其广泛，涉及整个国家生活的各个重要领域。而一般法律只规定国家生活和社会生活中的某一方面或几个方面的具体问题。

2. 宪法具有最高的法律效力。

法律效力是指法律借助于国家权力所具有的强制力和约束力。由于宪法规定的是国家生活中最根本的问题，因此，宪法具有最高的法律效力。宪法的最高法律效力主要表现在两个方面：一是宪法是普通法律的制定基础和依据；二是普通法律的规定与宪法相抵触时无效。

3. 宪法的制定与修改程序与普通法律不同。

一是宪法的制定一般要求成立一个专门机构，如制宪会议或宪法起草委员会等。美国起草的 1787 年宪法，由各州推选的代表在费城召集了"制宪会议"；我国制定 1954 年宪法时，曾专门成立了"宪法起草委员会"，并经过全民讨论，由全国人民代表大会通过。而一般普通法律的起草和制定由常设的立法机关进行，无须成立专门的机构。二是宪法的修改程序比普通法律严格。我国《宪法》规定："宪法的修改，由全国人民代表大会常务委员会或者五分之一以上的全国人民代表大会代表提议，并由全国人民代表大会以全体代表的三分之二以上的多数通过。"而普通的法律一般要求全体代表的过半数通过。

（二）我国宪法的发展历程

自 1949 年新中国成立后，我国已先后颁布过一个宪法性文件和四部宪法，即新中国成立之初起临时宪法作用的《中国人民政治协商会议共同纲领》、1954 年宪法、1975 年宪法、1978 年宪法和 1982 年颁布的现行宪法。

1982 年 12 月 4 日，由第五届全国人民代表大会第五次会议通过的现行宪法共 4 章 138 条。1982 年宪法由序言、总纲、公民的基本权利和义务、国家机构以及国旗、国歌、国徽、首都等部分构成，共 138 条，是对 1954 年宪法的继承和发展。

宪法稳定是国家稳定的标志，但形势的发展，又要求宪法有相应变化。1982 年宪法颁布后，全国人民代表大会分别于

1988 年、1993 年、1999 年、2004 年进行过修改。

二、我国政治制度

（一）人民民主专政制度

我国《宪法》第一条规定："中华人民共和国是工人阶级领导的、以工农联盟为基础的人民民主专政的社会主义国家。"该规定明确了我国的国家性质，即国体。国家性质是整个国家制度的核心。

人民民主专政，是对人民实行民主和对敌人实行专政两个方面的有机结合。工人阶级的领导是人民民主专政的根本标志，在我国，工人阶级的领导是通过自己的政党——中国共产党来实现的。工农联盟是人民民主专政的阶级基础。爱国统一战线，是我国人民民主专政的一个重要特点。爱国统一战线，是由中国共产党领导的，有各民主党派和各人民团体参加的，包括全体社会主义劳动者、社会主义事业的建设者、拥护社会主义的爱国者和拥护祖国统一的爱国者的广泛的政治联盟。

（二）中国共产党领导的多党合作和政治协商制度

《宪法》序言规定："中国共产党领导的多党合作和政治协商制度将长期存在和发展。"一般说来，多党合作是指若干政党为了共同政治目标而结成的一种联盟。在我国目前情况下，多党合作是特指共产党与各民族党派之间所形成的一种团结合作的政治关系。中国共产党是中国社会主义事业的领导核心，是执政党。中国共产党与民主党派合作的基本方针是："长期共存，互相监督，肝胆相照，荣辱与共。"多党合作制度要求，要加强同民主党派合作共事，支持民主党派和无党派人士更好地履行参政议政、民主监督职能，选拔和推荐更多优秀党外干部担任领导职务。

中国人民政治协商会议是以中国共产党、各民主党派、各人民团体等方面的代表为基础组成的，是政党之间进行政治协商的场所，是统一战线的组织形式。政治协商、民主监督与参政议政，是人民政治协商会议的主要职能和作用。

（三）人民代表大会制度

我国政权组织形式是人民代表大会制度。政权组织形式也叫政体，它是指在一定的社会中，统治阶级为了行使国家权力，而确立的国家机关的组织体系。人民代表大会制度是指国家的一切权力属于人民，人民通过选举产生代表，组成全国人民代表大会和地方各级人民代表大会，行使国家权力，其他国家机关由人民代表大会产生，对它负责，受它监督，人民代表大会对人民负责的一种政权组织形式。其基本内容包括：（1）国家的一切权力属于人民，这是人民代表大会的实质；（2）全国人民代表大会和地方各级人民代表大会由民主选举产生，对人民负责，受人民监督；（3）国家行政机关、审判机关、检察机关、军事机关都由人民代表大会选举产生，对它负责，受它监督；（4）各级人民代表大会及其常务委员会实行民主集中制原则，集体行使权力，集体决定问题。以上四个方面结合起来，形成完整的人民代表大会制度体系。人民代表大会制度是我国人民在长期的革命斗争中创建的政治制度，直接反映了我国的国家性质，是实现社会主义民主的基本形式，从根本上保证了人民当家做主的权利。

（四）选举制度

选举制度是关于选举人民代表大会代表、国家代表机关代表、公职人员的各项制度的总称。选举制度是国家制度的重要组成部分，是建立、健全人民代表大会制度的基础，也是我国政治制度的基础。

根据我国宪法和选举法的规定，选举制度包括以下基本原则：（1）普遍性原则。在我国，凡年满18周岁的公民，除依法被剥夺政治权利的以外，不分民族、种族、性别、职业、家庭出身、宗教信仰、教育程度、财产状况和居住期限，都有享受选举权和被选举权。（2）平等性原则。每个选民在一次选举中只有一个投票权。所有选民都在平等的基础上参加选举，不得因民族、种族、性别等差别而享有特权或受到限制和歧视。（3）直接选举和间接选举并用原则。即不设区的市、市辖区、县、自治县、乡、民族乡、镇的人民代表大会代表，由选民直接选出；全国人民代表大会的代表，省、自治区、直辖市、设区的市、自治州的人民代表大会的代表，由下一级人民代表大会选出。（4）无记名投票原则。为保证选民的选举自由，选票上不记投票人姓名，选民按照自己的意愿填写选票，并亲自投入票箱。

（五）民族区域自治制度

民族区域自治制度是我国政治制度的重要组成部分，反映了中国民族关系的基本特点，民族区域自治制度是指在中华人民共和国领域内，在国家的统一领导下，以少数民族聚居区为基础，建立民族自治地方，设立自治机关，行使自治权，实现各少数民族人民当家做主管理本民族内部事务的一种政治制度。这一制度具有如下特征：（1）民族区域自治是在国家统一领导下实行的，各民族自治地方都是中华人民共和国不可分离的部分。（2）民族区域自治必须以少数民族聚居区为基础。（3）民族区域自治地方必须建立自治机关，依据宪法和法律规定行使自治权。

民族区域自治制度是适合我国国情、解决民族问题的基本制度。这一制度的优越性主要有：（1）有利于保障各少数民族当家做主，自主管理本民族内部事务；（2）有利于促进我国社会主义民族关系的巩固和发展；（3）有利于维护国家的统一；（4）有利于促进少数民族地区政治、经济、文化的发展。

（六）特别行政区制度

我国《宪法》第三十一条规定："国家在必要时得设立特别

行政区。在特别行政区内实行的制度按照具体情况由全国人民代表大会以法律规定。"

特别行政区，是指在我国行政区内，根据我国宪法和法律规定，专门设立的具有特殊法律地位、实行特别的社会政治和经济制度的行政区域。

特别行政区的"特"，主要体现在以下方面：（1）特别行政区享有高度的自治权，包括行政管理权、立法权、独立的司法和终审权，自行处理有关对外事务权等；（2）特别行政权保持原有资本主义制度和生活方式不变；（3）特别行政区的行政机关和立法机关由该地区永久性居民依照基本法的有关规定组成；（4）特别行政区原有的法律基本不变。

特别行政区是中国不可分离的部分，是地方一级行政区域，直辖于中央人民政府，中央人民政府与其是中央和地方的关系。设立特别行政区有利于维护国家统一、主权与领土完整；有利于保持特别行政区的繁荣与稳定；为国际上解决类似问题提供了范例。

三、我国社会主义经济制度

经济制度是生产关系的总和。生产关系是人们在生产过程中所形成的人与人之间的关系，由三个方面构成：生产资料归谁所有；人们在生产中的地位和相互关系；产品如何分配。其中，生产资料归谁所有决定生产关系的性质和根本特征，是社会经济制度的基础，是区分经济制度、社会制度的根本标志。

（一）我国社会主义经济制度的基础

《宪法》第六条规定："中华人民共和国的社会主义经济制度的基础是生产资料的社会主义公有制，即全民所有制和劳动群众集体所有制。"生产资料公有制是我国社会主义经济制度的基础，是社会主义最基本的特征。它消灭了人剥削人的制度，代表全体人民利益的国家和劳动群众集体拥有生产资料。

（二）我国现阶段的基本经济制度和分配制度

《宪法》第六条还规定："国家在社会主义初级阶段，坚持公有制为主体、多种所有制经济共同发展的基本经济制度，坚持按劳分配为主体、多种分配方式并存的分配制度。"

公有制经济包括国有经济和集体经济，在所有制结构中处于主体地位。国有经济在国民经济中起主导作用，控制着国民经济命脉；集体经济是公有制经济的重要组成部分，对实现共同富裕具有重要作用。因此，必须毫不动摇地巩固和发展公有制经济。我国的多种所有制经济主要包括：个体经济、私营经济和外资经济。非公有制经济是社会主义市场经济的重要组成部分，对充分调动社会各方面的积极性、加快生产力发展、扩大就业具有重要作用。因此，必须毫不动摇地鼓励、支持和引导非公有制经济发展。

现阶段我国之所以实行以按劳分配为主体的多种分配方式并存的分配制度，首先是因为按劳分配是公有制经济的特征之一，公有制经济在国家经济中的主体地位，决定了按劳分配在我国分配制度中的主体地位；其次，我国现阶段还存有非公有制的经济形式，因而不可避免地存在与这些经济形式相联系的一些非按劳分配的分配方式。这些分配方式主要有按经营成果、劳动、资本、技术管理等生产要素分配。按劳分配为主体、多种分配方式并存的分配制度，体现了效率优先、兼顾公平，既有利于生产力的发展，又有利于促进社会和谐。

四、我国公民的基本权利和义务

（一）我国公民的基本权利

公民通常是指具有一国国籍，并根据该国宪法和法律，享有权利并承担义务的人。我国《宪法》第三十三条规定："凡具有中华人民共和国国籍的人都是中华人民共和国公民。"

公民的权利，是指公民在宪法和法律规定的范围内，可做某种行为以及要求国家和其他公民做或不做某种行为。公民的基本权利，是指公民应当享有的最根本、最主要的权利。根据宪法的规定，我国公民享有以下权利：

1. 平等权

我国《宪法》第三十三条规定："中华人民共和国公民在法律面前一律平等。"这表明，我国公民享有平等权。根据宪法和法律的规定，我国公民的平等权应包括如下含义：（1）公民一律平等地享有宪法和法律规定的权利和自由，平等地履行宪法和法律规定的义务；（2）司法机关对任何公民在适用法律时，一律平等对待，即对一切公民的合法权益都依法保护，对任何公民的违法犯罪行为都平等地予以追究和制裁；（3）任何组织和公民都不得有超越宪法和法律的特权，任何公民都要严格遵守宪法和法律。

2. 政治权利和自由

政治权利和自由，是指公民有参加国家管理、参政议政的民主权利以及在政治上享有表达个人见解和意愿的自由。它包括：（1）选举权和被选举权。具体包含三个方面的内容：一是公民有权按照自己的意愿选举人民代表；二是公民有被选举为人民代表的权利；三是公民有权依法监督被选出的人民代表和其他国家机关人员，对其中不称职者有权罢免之。（2）政治自由。我国宪法规定，公民有言论、出版、集会、结社、游行、示威的自由。言论自由是指公民有权通过各种形式发表自己的意见。它是公民政治自由中最重要的一项权利。根据我国宪法规定，公民在行使言论自由权利时，必须在法律允许的范围内。出版自由是言论自由的扩充表现，它主要是指公民有在宪法和法律规定的范围内，通过公开发行的出版物表达自己的意见和思想的权利。结社自由是公民为了达到某一共同目的，有权依照法律规定程序而结成某种社会团体的自由。集会、游行、示威自由是公民发表意见、表达意愿的一种方式。《中华人民共和国集会、游行、示威法》规定，公民在行使这些自由权利的时候必须遵守宪法和法律，不得反对宪法所确定的基本原则，不得损害国家的、社会的、集体的利益和其他公民的合法的自由和权利，并对公民集会、游行、示威的程序、行为、时间、地点、路线等方面作了规定。

3. 宗教信仰自由

《宪法》第三十六条规定："中华人民共和国公民有宗教信仰自由。"所谓宗教信仰自由，就是每个公民既有信仰宗教的自由，也有不信仰宗教的自由；有信仰这种宗教的自由，也有信仰其他宗教的自由；在同一宗教里面，有信仰这个教派的自由，也有信仰其他教派的自由；有过去信教而现在不信教的自由，也有过去不信教而现在信教的自由。宗教信仰自由是公民个人的权利，信与不信宗教由公民个人选择，任何国家机关、社会团体和个人都不得强制公民信仰宗教或不信仰宗教，不得歧视信仰宗教的公民和不信仰宗教的公民。同时，国家保护正常的宗教活动。任何人不得利用宗教进行破坏社会秩序、损害公民身体健康、妨碍国家教育制度的活动。宗教团体和宗教事务不受外国势力的支配。

4. 人身自由

《宪法》第三十七条规定："中华人民共和国公民的人身自由不受侵犯。"公民的人身自由是公民一切权利和自由的基础，是公民最重要的基本权利之一。该权利的内容包括：（1）公民的人身自由不容侵犯。任何公民，非经人民检察院批准或者决定或者人民法院决定，并由公安机关执行，不受逮捕。禁止非法拘禁和以其他方法非法剥夺或者限制公民的人身自由，禁止非法搜查公民的身体。（2）公民的人格尊严不容侵犯。人格尊严，是指公民作为法律关系主体的独立资格，即作为人的资格，主要是指公民的姓名、肖像、名誉不被他人亵渎的权利，以及有人身不被侮辱、诽谤和诬告陷害的权利。（3）公民的住宅不容侵犯。住宅是公民起居生活之处，也是公民借以进行各种社会活动不可缺少的条件，其安全能否得到保障，直接关系到公民其他权利的实现。宪法规定，禁止非法搜查或者非法侵入公民住宅。（4）公民的通信自由和秘密受到法律保护。通信自由是指公民有根据自己的意愿自由进行通信，不受他人干涉的自由。通信秘密是指公民通信的内容受法律的保护，任何人不得非法私拆、毁弃、偷阅他人的信件。宪法规定，除因国家安全或者追查刑事犯罪的需要，由公安机关或者检察机关依照法律规定的程序对通信进行检查外，任何组织或者个人不得以任何理由侵犯公民的通信自由。

5. 监督权和取得赔偿权

监督权是指公民有监督一切国家机关及其工作人员活动的权利。具体包括：（1）批评、建议权。公民对国家机关和工作人员的缺点和错误，有权提出批评；公民对国家机关的工作，有权提出自己的主张和建议。（2）申诉、控告或者检举的权利。公民对于任何国家机关和国家工作人员的违法失职行为，有向国家机关提出申诉、控告或者检举的权利，但是不得捏造或者歪曲事实进行诬告陷害。对于公民的申诉、控告或者检举，有关国家机关必须查清事实，负责处理。任何人不得压制和打击报复。

取得赔偿权。由于国家机关和国家工作人员侵犯公民权利而受到损失的人，有依照法律规定取得赔偿的权利。

6. 社会经济权利

社会经济权利是指公民享有的经济物质利益方面的权利，

是公民参加国家政治生活、实现其他权利的物质保障；有时也称作受益权，是公民从社会获得基本生活条件的权利。具体包括：（1）劳动的权利和义务。劳动权是指有劳动能力的公民，有获得工作和取得劳动报酬的权利。宪法规定，国家通过各种途径，创造劳动就业条件，加强劳动保护，改善劳动条件，并在发展生产的基础上，提高劳动报酬和福利待遇。同时，劳动也是一切有劳动能力的公民的光荣职责，每个公民都要为社会主义建设出力，所以劳动既是公民的权利，又是应尽的义务。（2）休息权。《宪法》第四十三条规定："中华人民共和国劳动者有休息的权利。国家发展劳动者休息和休养的设施，规定职工的工作时间和休假制度。"（3）财产权。是指公民个人通过劳动或其他合法方式取得财产后享有占有、使用、处分财产的权利。《宪法》第十三条规定："公民的合法的私有财产不受侵犯。国家依照法律规定保护公民的私有财产权和继承权。国家为了公共利益的需要，可以依照法律规定对公民的私有财产实行征收或者征用并给予补偿。"（4）退休人员的生活保障权。《宪法》第四十四条规定："国家依照法律规定实行企业事业组织的职工和国家机关工作人员的退休制度。退休人员的生活受到国家和社会的保障。"（5）物质帮助权。公民在年老、疾病或者丧失劳动能力的情况下，有从国家和社会获得物质帮助的权利。国家发展为公民享受这些权利所需要的社会保险、社会救济和医疗卫生事业；国家和社会保障残疾军人的生活，抚恤烈士家属，优待军人家属；国家和社会帮助安排盲、聋、哑和其他有残疾的公民的劳动、生活和教育。

7. 文化教育权利

公民文化教育权利的实现，对于提高全民族的科学文化水平，促进国家物质文明、精神文明、政治文明建设有着重要的意义。文化教育权利包括两方面：（1）受教育的权利与义务。

受教育权是指公民接受文化、科学、品德等方面教育训练的权利。同时，受教育也是公民的一项义务，它是指适龄儿童有接受初等教育的义务，成年劳动者有接受适当形式的政治、文化、科学、技术、业务教育的义务，以及接受就业前的训练等义务。（2）进行科学研究、文学艺术创作和其他文化生活的自由。国家对于从事教育、科学、技术、文学、艺术创作和其他义化事业的公民的有益于人民的创造性工作，给予鼓励和帮助。

8. 特定主体权利的保护

特定主体权利，是指处于特定法律地位的公民的权利。具体指：（1）妇女的权利保护。《宪法》第四十八条规定："中华人民共和国妇女在政治的、经济的、文化的、社会的和家庭的生活等各方面享有同男子平等的权利。国家保护妇女的权利和利益，实行男女同工同酬，培养和选拔妇女干部。"（2）儿童、老人的权利保护。《宪法》第四十九条规定："婚姻、家庭、母亲和儿童受到国家的保护……禁止虐待老人、妇女和儿童。"（3）华侨、归侨和侨眷的权利保护。华侨是指侨居国外的中国公民；归侨是指曾侨居国外，现已回到祖国定居的中国公民；侨眷是指华侨在国内的眷属。《宪法》第五十条规定："中华人民共和国保护华侨的正当的权利和利益，保护归侨和侨眷的合法的权利和利益。"

（二）我国公民的基本义务

公民义务，是指国家宪法和法律规定的公民必须履行的某种法律责任。根据宪法规定，我国公民的基本义务主要包括：

1. 维护国家统一和民族团结

《宪法》第五十二条规定："中华人民共和国公民有维护国家统一和全国各民族团结的义务。"《宪法》第四条明确规定："禁止对任何民族的歧视和压迫，禁止破坏民族团结和制造民族分裂的行为。"国家的统一和各民族的团结，是中国革命和建设事业取得胜利的基本保证，也是实现公民基本权利的重要保证。任何公民都负有维护国家统一和民族团结的义务，不得从事分裂国家的活动，不得有破坏民族团结和制造民族分裂的行为。

2. 遵守宪法和法律

《宪法》第五十三条规定："中华人民共和国公民必须遵守宪法和法律，保守国家秘密，爱护公共财产，遵守劳动纪律，遵守公共秩序，遵守社会公德。"此项义务包括以下方面内容：（1）公民必须遵守宪法和法律，一切违反宪法和法律的行为，必须予以追究。（2）公民必须保守国家秘密。国家秘密包括：军事、外交、经济、交通、邮电、科技、文化、教育、卫生等事业的秘密，以及检察、审判秘密和保密的文件、资料等。国家秘密关系到国家的安全和利益，每个公民都必须严加保守。（3）公民必须爱护公共财产。宪法规定，社会主义的公共财产神圣不可侵犯。国家保护社会主义的公共财产。禁止任何组织或者个人用任何手段侵占或者破坏国家和集体的财产。（4）公民必须遵守劳动纪律。劳动纪律是劳动者进行社会生产必须遵守的各项生产劳动规章制度的总称。劳动纪律是保证劳动者安全，保证生产和工作顺利进行的重要手段。每个公民都应当自觉遵守。（5）公民必须遵守公共秩序。公共秩序是为了有效地进行生产、工作、学习和有秩序地生活而建立起来的行为规则。公共秩序包括公共场所的活动秩序、交通秩序、社会管理秩序、工作秩序、居民生活秩序等。维护正常的公共秩序是每个公民应尽的义务。

3. 维护祖国安全、荣誉和利益

祖国的安全是指国家领土、主权不受侵犯；国家各项机密得以保守；社会秩序不能破坏。

祖国的荣誉是指国家的尊严不受侵犯；国家信誉不受破坏；国家荣誉不受玷污。

祖国的利益包括的范围很广，对外主要是指全民族的政治、经济、文化、荣誉等方面的权益；对内主要是相对于个人利益、集体利益而言的国家利益。

国家的安全关系到祖国的存在和发展，国家的荣誉和利益关系到祖国的尊严。因此，维护祖国安全、荣誉和利益是全体公民的神圣义务，任何公民都不得有危害祖国的安全、荣誉和利益的行为。

4. 保卫祖国、抵抗侵略，依法服兵役和参加民兵组织

保卫祖国、抵抗侵略是中华人民共和国每一个公民的神圣职责，依照法律服兵役和参加民兵组织是中华人民共和国公民的光荣义务。这是维护国家独立和安全的需要，是保卫社会主义现代化建设和保卫人民幸福生活的需要，每一个公民都必须自觉依法履行这一义务。

5. 依法纳税

税收是国家财政收入的主要来源，它反映了取之于民用之于民的社会主义分配和再分配关系，对于保障国家经济建设资金的需要，改善和提高人民生活有着重要意义。因此，每个公民都有依照法律纳税的义务。

除上述五种义务以外，我国公民的基本义务还包括在基本权利条文中规定的四种义务：劳动的权利和义务；受教育的权利和义务；夫妻双方有实行计划生育的义务；父母有抚养教育未成年子女的义务，成年子女有赡养扶助父母的义务。所以，我国公民的基本义务总共有如上九种。

五、国家机构

国家机构是统治阶级为了实现国家职能及任务而建立的具有国家强制力的组织系统。简言之，国家机构是国家机关的总和。

（一）我国国家机构体系

1. 国家权力机关

全国人民代表大会是我国最高权力机关，是行使国家立法权的唯一机关。地方各级人民代表大会是地方各级国家权力机关。它们构成了我国国家权力机关体系。全国人民代表大会每届任期五年，它的常设机关是全国人民代表大会常务委员会。

2. 中华人民共和国主席

中华人民共和国国家主席是一个独立的国家机关，由全国人民代表大会选举产生，任期五年。根据全国人民代表大会的决定和全国人民代表大会常务委员会的决定行使职权。

3. 国家行政机关

宪法规定，中华人民共和国国务院，即中央人民政府，是最高国家权力机关的执行机关，是最高国家行政机关。地方各级行政机关，即地方各级人民政府，是本级人民代表大会的执行机关。国务院实行总理负责制。各部、各委员会实行部长、主任负责制。

4. 国家军事机关

我国的国家军事机关是中央军事委员会。中华人民共和国中央军事委员会领导全国武装力量。中央军事委员会实行主席负责制，每届任期五年。

5. 国家审判机关和检察机关

中华人民共和国人民法院是国家的审判机关，最高人民法院是最高审判机关。最高人民法院院长每届任期同全国人民代表大会每届任期相同，连续任职不能超过两届。人民法院依照法律规定独立行使审判权，不受行政机关、社会团体和个人的干涉。中华人民共和国人民检察院是国家的法律监督机关，最高人民检察院是最高检察机关。最高人民检察院检察长，每届任期同全国人民代表大会每届任期相同，连续任职不得超过两届。人民检察院依照法律独立行使检察权，不受行政机关、社会团体和个人的干涉。《宪法》第一百三十五条规定："人民法院、人民检察院和公安机关办理刑事案件，应当分工负责，互相配合，互相制约，以保证准确有效地执行法律。"

（二）我国国家机构的组织和活动原则

根据宪法规定，我国国家机构的组织和活动原则具体包括：（1）民主集中制原则。民主集中制是民主和集中的辩证统一，即在民主基础上的集中，在集中指导下的民主。（2）联系群众、为人民服务原则。一切国家机关和国家工作人员必须依靠人民的支持，经常保持同人民的密切联系，倾听人民的意见和建议，接受人民的监督，努力为人民服务。（3）责任制原则。《宪法》第二十七条规定，我国一切国家机关必须实行工作责任制。我国国家机关责任制分为集体负责制和个人负责制两种。（4）精简和效率原则。《宪法》第二十七条规定："一切国家机关实行精简的原则，实行工作责任制，实行工作人员的培训和考核制度，不断提高工作质量和工作效率，反对官僚主义。"（5）社会主义法治原则。国家机构贯彻社会主义法治原则，一是要求所有国家机关都要根据宪法和法律赋予的职权正确履行职务，依法办事；二是要求国家机关的一切活动都必须符合宪法和法律的规定，不得有超越宪法和法律的特权，一切违反宪法和法律的行为都必须予以追究。

【习题】

一、填空题

1. 法的作用体现在（　　）、（　　）两大方面。

2. 人民民主专政，是对（　　）和对（　　）两个方面的有机结合。

3. 中国共产党和民主党派合作的基本方针：（　　）、（　　）、（　　）、（　　）。

4. 选举制度是关于选举（　　　）、（　　　）、（　　　）的各项总称。

5. 选举制度的原则：（　　　）、（　　　）、（　　　）、（　　　）。

6. 我国公民的基本权利：（　　　）、（　　　）、（　　　）、（　　　）、（　　　）、（　　　）、（　　　）。

7. 公民通常是指具有一国国籍，并根据该国宪法和法律，享有权利并承担义务的人。我国《宪法》第三十三条规定："凡具有（　　　）都是中华人民共和国公民。"

8. 中国特色社会主义理论体系，就是包括（　　　）、"三个代表"重要思想以及（　　　）在内的科学理论体系。

9. 《宪法》第五十二条规定："中华人民共和国公民有（　　　）的义务。"

10. 国家机构是统治阶级为了（　　　）而建立的具有国家强制力的组织系统。简言之，国家机构是国家机关的总和。

二、单项选择题

1. 现行《宪法》是由（　　　）五届全国人大五次会议通过的。

A. 1982 年 12 月　　　　　　B. 1988 年 6 月

C. 1993 年 12 月　　　　　　D. 1999 年 12 月

2. 我国《宪法》规定："宪法的修改，由全国人民代表大会常务委员会或者（　　　）以上的全国人民代表大会代表提议，并由全国人民代表大会以全体代表的三分之二以上的多数通过。"

A. 2/3　　　　B. 1/5　　　　C. 3/4　　　　D. 1/2

3. （　　　）是两岸关系和平发展的政治基础。

A. 坚持一个中国的原则　　　B. 实行两种制度

C. 和平共处五项原则　　　　D. 改革开放

4. 我国现行的政党制度是（　　　）。

A. 一党制

B. 多党合作

C. 多党制

D. 共产党领导的多党合作制度

5. 最高人民法院是国家的（　　　）。

A. 最高审判机关　　　　　　　B. 专门审判机关

C. 最高司法机关　　　　　　　D. 特别审判机关

6. 根据2004年宪法修正案，乡、镇人大的任期为（　　　）。

A. 三年　　　　B. 四年　　　　C. 五年　　　　D. 六年

7. 中国人民政治协商会议全国委员会和地方委员会关系是（　　　）。

A. 协商关系　　　　　　　　　B. 指导关系

C. 监督关系　　　　　　　　　D. 指导与被指导的关系

8. 我国人民代表大会的核心内容和实质是（　　　）。

A. 少数服从多数　　　　　　　B. 集体行使权力

C. 国家的一切权力属于人民　　D. 平等原则

9. 我国政权组织形式是（　　　）。

A. 人民代表大会　　　　　　　B. 人民代表大会制度

C. 民主集中制　　　　　　　　D. 政治协商制度

10. 下列说法符合社会主义法治国家要求的是（　　　）。

A. 坚持党的领导，即党权应高于一切

B. 依法治国，党必须在宪法和法律的范围内活动

C. 党的政策的权威应高于国家法律的权威

D. 道德对社会关系调整的范围，比法律更广，作用更大

三、简答题

1. 简述社会主义法制理念的五大内涵。

2. 简述法的基本特征。

3. 简述选举制度的基本原则。

4. 简述公民的基本义务。

第二章　合同法律制度

第一节　合同法概述

一、合同的概念与特征

合同法是民事法律体系的重要组成部分，也是保障我国社会主义市场经济交易安全的基本法律之一。1999 年 3 月 15 日，第九届全国人民代表大会第二次会议通过了《中华人民共和国合同法》（以下简称〈合同法〉），并自 1999 年 10 月 1 日起施行。

（一）合同的概念

《合同法》第二条规定："本法所称合同是平等主体的自然人、法人、其他组织之间设立、变更、终止民事权利义务关系的协议。"而同属民事法律领域的婚姻、收养、监护等有关身份关系的协议，以及其他法律性质的协议，适用其他法律的规定。如政府对经济的管理活动属于行政关系，不适用《合同法》；企业单位内部的管理关系，是管理者与被管理者之间的关系，也不适用《合同法》。

（二）合同的特征

合同有以下四个方面的特征：（1）合同是一种民事法律行为；（2）合同当事人的法律地位平等；（3）合同是以设立、变更或终止民事权利义务关系为目的；（4）合同是两个以上当事人意思表示一致的民事法律行为。

（三）旅游合同

旅游合同属于民事合同，有广义和狭义之分。广义的旅游合同是指作为平等主体的旅游企业与自然人、法人和其他组织之间设立、变更或终止民事权利义务关系的协议。也就是包括旅游企业之间、旅游企业与其他企业之间、旅游企业与旅游者之间签订的合同。狭义的旅游合同是旅游者与旅游业经营者之间设立、变更、终止民事权利义务关系的协议，也就是自然人与法人或其他经济组织之间设立、变更或终止民事权利义务关系的协议。本章所涉及的旅游合同，主要是指狭义的旅游合同。

合同法的规定不仅适用于该法已经规定的列名合同，对于该法没有规定的合同，也同样适用。《合同法》第一百二十四条规定："本法分则或者其他法律没有明文规定的合同，适用本法总则的规定，并可以参照本法分则或者其他法律最相类似的规定。"旅游合同并没有在合同法中列名，依据上述规定，对于在旅游活动中发生的合同法律问题可以适用《合同法》总则的规定，并可以参照《合同法》分则或其他法律最相类似的规定，如《合同法》分则中租赁合同、委托合同、保管合同等都是旅游服务合同可以参照适用的法律规定。

二、合同法的基本原则

合同法的基本原则是合同当事人在合同活动中应当遵守的基本准则，也是人民法院、仲裁机构在审理、仲裁合同纠纷时应当遵循的原则。合同中关于合同的订立、效力、履行、违约责任以及分则的内容等，都是这些基本原则的具体化。

（一）平等原则

《合同法》第三条规定："合同当事人的法律地位平等，一方不得将自己的意志强加给另一方。"平等原则是合同法的首要基本原则，也是合同法其他基本原则产生的基础，它贯穿于合同的订立、履行以及责任承担的全过程。

平等原则的基本含义是，合同当事人在合同法律关系中法律地位是平等的；除法律另有规定外，当事人之间设立、变更或终止合同必须平等协商，任何一方当事人不得把自己的意志强加给另一方；在合同法律关系中当事人受平等的法律保护，任何一方因过错违反合同，都应当依法承担违约责任。

平等原则在旅游活动中体现的是，旅游者与旅游业经营者之间是平等的民事主体，根据旅游合同约定提供和接受旅游服务，不存在高低、贵贱之分。任何一方的合法权益受到侵害，都受到法律保护；任何一方违约，都应当承担法律责任。

（二）自愿原则

《合同法》第四条规定："当事人依法享有自愿订立合同的权利，任何单位和个人不得非法干预。"合同自愿原则也称合同自由原则、契约自由原则、意思自治原则，是合同法最重要的基本原则，是指民事主体自主决定是否订立合同和自主选择合同的内容及方式。

合同自愿原则贯彻于合同订立、履行的全过程之中。只要不违背法律、法规的规定，合同当事人享有：（1）缔结合同的自由。（2）选择合同的相对人的自由。（3）决定合同内容的自由。（4）选择合同形式的自由。（5）变更或解除合同的自由。在合同成立之后，当事人有权通过协商变更合同的内容或者解除合同。（6）在发生合同纠纷时，当事人有选择仲裁、诉讼或其他解决纠纷方式。对于涉外合同，当事人有选择所适用的法律，解决争议的自由。

任何自由都要受到必要的限制，合同自愿原则也不例外。这些限制表现在：一是强制缔结。特指某些从事公共事业或其他关系人民群众生活的当事人，负有应相对人的请求，与其缔结合同的义务。如供用电、水、气、热力合同等；又如《合同法》第二百八十九条规定："从事公共运输的承运人不得拒绝旅客、托运人通常、合理的运输要求。"二是法定条款。即法律规定一些强制性规范作为合同的条款，任何当事人不得排除其适用。例如限制垄断的规定，合同当事人就不得在合同中约定共同垄断某种价格。三是格式合同。它是当事人一方为与多数人订约而预先拟定的合同，相对人仅有同意或不同意的权利，而无权决定合同内容的自由。四是工商行政管理部门和其他有关行政主管部门依法对利用合同的违法行为进行监督处理。

（三）公平原则

《合同法》第五条规定："当事人应当遵循公平原则确定双方的权利和义务。"公平是法律最基本的价值取向，是利益均衡。公平原则是公平观念在合同法律关系上的体现，它要求合同当事人本着公平正义的观念从事交易活动，公平地确定各方的权利和义务，当事人应当在不侵害他人合法权益的基础上实现自己的利益，不得滥用自己的权利。公平原则是一项法律适用原则，它可以弥补法律规范的不足，也可弥补合同的不足。

（四）诚实信用原则

《合同法》第六条规定："当事人行使权利、履行义务应当遵循诚实信用原则。"诚实信用原则是指当事人在合同法律关系中应当讲诚实、守信用，以善意的方式履行自己的义务，以善意的方式行使权利，不得以损害他人为目的地滥用权利，不得规避法律和合同。

1. 合法原则与公序良俗原则

《合同法》第七条规定："当事人订立、履行合同，应当遵守法律、行政法规，尊重社会公德，不得扰乱社会经济秩序，损害社会公共利益。"

公序良俗原则的主要功能是在市场经济中维护国家、社会利益和社会道德观念，最早见于罗马法。

2. 合同必须信守原则

合同必须信守原则是指当事人必须遵守自己与他人依法订立的合同，受合同约束，完全依约行使权利、履行义务，不能失信于人。《合同法》第八条规定："依法成立的合同，对当事人具有法律约束力。当事人应当按照约定履行自己的义务，不得擅自变更或者解除合同。依法成立的合同，受法律保护。"正是这一原则的体现。

第二节　合同的订立

一、订立合同的主体资格

当事人订立合同，应当具有相应的民事权利能力和民事行为能力。当事人依法可以委托代理人订立合同。

民事权利能力是指民事主体依法享有民事权利和承担民事义务的资格。自然人的民事权利能力始于自然人出生，终于自然人死亡。法人的民事权利能力从法人成立时开始，至法人消灭时终止。

民事行为能力是指民事主体能以自己的行为取得民事权利和承担民事义务的资格。自然人的行为能力分三种情况：完全行为能力、限制行为能力、无行为能力。法人的行为能力由法人的机关或代表行使。

二、合同的订立程序

（一）订立合同的方式

《合同法》第十三条规定："当事人订立合同，采取要约、承诺方式。"

订立合同的方式也是合同的订立程序，是指当事人经过协商，就合同条款达成一致的过程。这一过程分为要约、承诺两个阶段。

（二）要约

1. 要约的概念

所谓要约，是指希望和他人订立合同的意思表示。由此可见，要约是一种意思表示而不是一种民事法律行为，即要约是仅仅表达了要约人的单方面希望与他人订立合同的愿望。但要约一旦得到受要约人的承诺，该要约就产生法律效果。要约一般向特定人发出，也可以向非特定人发出。发出要约的人称为要约人，接受要约的人称为受要约人。

2. 要约的条件

根据《合同法》第十四条规定，要约必须具备以下两个条件：第一，内容具体确定。是指要约的内容必须让受要约人足以了解将要签订的合同内容，从而考虑是否承诺。第二，表明经受要约人承诺，要约人即受该意思表示约束。说明要约对要约人有约束力，要约一旦生效，要约人就不得随意撤回或变更。

要约作为表达希望与他人订立合同的一种意思表示，其内容已经包含可以得到履行的合同成立所需要具备的基本条件。在此情况下，如果受要约人表示接受此要约，则双方达成了订立合同的合意，合同也即告成立。例如，旅行社为招徕游客，向某公司发出一份线路宣传品，如果这份旅游线路宣传品中包含旅游行程（包括乘坐交通工具、游览景点、住宿标准、餐饮标准等）安排、旅游价格、违约责任等，则应视为要约，即其内容是具体确定的；如果某公司表示接受该要约，双方即可达成订立合同的合意，而旅行社就要受该要约的约束。

3. 要约的撤回和撤销

根据《合同法》第十七条规定："要约可以撤回。撤回要约的通知应当在要约到达受要约人之前或者与要约同时到达受要约人。"

《合同法》第十八条规定："要约可以撤销。撤销要约的通知应当在受要约人发出承诺通知之前到达受要约人。"

（三）要约邀请

要约邀请，又称要约引诱，是指希望他人向自己发出要约的意思表示。要约邀请作为一种意思表示，表达的内容是希望他人向自己发出要约。这是要约邀请与要约的本质区别。

《合同法》第十五条规定了五种常见的要约邀请，即寄送的价目表、拍卖公告、招标公告、招股说明书、商业广告。

应当指出的是，在合同法列举的上述行为中并非全部绝对是要约邀请。如寄送的价目表，如果价目表中明确表明了行为人愿受承诺的约束，或者从价目表中可以确定行为具有接受承诺后果约束的含义，则应当认定其为要约，而非要约邀请。又如商业广告原则上属于一种要约邀请，而不是要约。但是，如果商业广告中明确注明是要约，或者含有广告者希望与他人订立合同的意思表示，且内容具体确定并注明只要受要约人承诺，广告者即受该承诺约束，则应当属于要约，而不再属于要约邀请。《合同法》第十五条第二款规定："商业广告的内容符合要约规定的，视为要约。"

（四）承诺

1. 承诺的概念

所谓承诺，是受要约人同意要约的意思表示。

2. 承诺的条件

根据合同法的相关规定，承诺必须符合以下条件：第一，承诺必须由受要约人向要约人作出；第二，承诺必须是对要约明确表示同意的意思表示；第三，承诺必须在要约有效的期限内作出；第四，承诺的内容必须与要约的内容相一致。

3. 承诺的方式

承诺应当由受要约的特定人或非特定人向要约人以通知的方式作出。通知的方式依要约要求可以是口头或书面形式，但根据交易习惯或者要约表明可以通过行为作出承诺的除外。

4. 承诺的迟延和撤回

《合同法》第二十八条规定："受要约人超过承诺期限发出承诺的，除要约人及时通知受要约人该承诺有效的以外，为新要约。"

《合同法》第二十九条规定："受要约人在承诺期限内发出承诺，按照通常情形能够及时到达要约人，但因其他原因承诺到达要约人时超过承诺期限的，除要约人及时通知受要约人因承诺超过期限不接受该承诺的以外，该承诺有效。"

《合同法》第二十七条规定，承诺可以撤回。承诺人发出承诺后反悔的，可以撤回承诺，但是撤回承诺的通知应当在承诺通知到达要约人之前或者与承诺通知同时到达要约人，即在承诺生效前到达要约人。

三、合同成立的时间

《合同法》第二十五条规定，在一般情况下，承诺生效时合同成立。当事人约定采用合同书形式订立合同的，自双方当事人签字或者盖章时合同成立。如双方当事人未同时在合同书上签字或盖章，则以当事人中最后一方签字或盖章的时间为合同的成立时间。由于合同法规定，承诺生效时合同成立，所以凡合同不以承诺生效时成立，而以双方当事人在合同书上签字或盖章时成立的，当事人应当事先在要约或承诺中作出明确规定。否则，只要已有承诺，未签合同书不能再作为合同未成立的依据。旅游合同一般以合同当事人在书面合同上签字盖章时为成立时间。

四、缔约过失责任

缔约过失责任是指合同当事人在订立合同过程中，因违反法律规定、违背诚实信用原则，致使合同未能成立，并给对方造成损失，而应承担的损害赔偿责任。

当事人在订立合同过程中，负有遵守关于订立合同的法律规定、遵循诚实信用原则的义务。当事人如违背上述义务，致使合同未能成立，并给对方造成经济损失，应承担相应的损害赔偿责任。按照《合同法》第四十二条规定，当事人在订立合同过程中有下列情形之一，给对方造成损失的，应当承担损害赔偿责任：

1. 假借订立合同，恶意进行磋商；
2. 故意隐瞒与订立合同有关的重要事实或者提供虚假情况；
3. 有其他违背诚实信用原则的行为。

《合同法》第四十三条规定："当事人在订立合同过程中知悉的商业秘密，无论合同是否成立，不得泄露或者不正当地使用。泄露或者不正当地使用该商业秘密给对方造成损失的，应当承担损害赔偿。"

第三节　合同内容和形式

一、合同条款

（一）合同条款

合同条款，也称合同内容，是合同当事人协商一致的合同内容，具体规定当事人的权利义务。根据《合同法》第十二条规定，在不违反法律强制性规定的情况下，合同的内容由当事人约定，一般包括以下条款：

1. 当事人的名称或者姓名和住所

这些是合同当事人的自然情况，是合同必备的首要条款。

2. 标的

所谓标的，是指合同当事人权利义务所指向的对象。如果没有标的，合同就不可能成立。合同的标的，既可以是物，也可以是行为。合同标的作为物，既可以是有形物，如房屋租赁合同中的房屋，也可以是无形物，如供电合同中的电力；合同标的作为行为，如旅游合同中的旅游服务。

3. 数量

所谓数量，是指以数字方式和计量单位方式对合同标的进行具体的确定，是衡量标的大小、多少、轻重的尺度。

4. 质量

所谓质量，是指以成分、含量、纯度、尺寸、精密度、性能等来表示的合同标的内在素质和外观形象的优劣状况。如旅游服务质量，以国家制定的旅行社服务标准、导游服务标准来衡量。

5. 价款或报酬

价款或者报酬，有时也称为价金，是指一方当事人履行义务时另一方当事人以货币形式支付的代价。在合同标的为物时，取得标的物所应当支付的代价为价款；在合同标的为行为时，获得行为服务所应当支付的代价为报酬。

6. 履行期限、地点和方式

所谓履行期限，是指当事人履行合同义务的起止时间，即负有交付标的义务的当事人交付标的的起止时间，或者负有支付价款或报酬义务的当事人支付价款或报酬的起止时间。履行地点，是指当事人在什么地方履行合同义务和接受履行合同义务。履行方式，是指当事人采取什么样的方式履行自己在合同中的义务。合同标的不同，则履行合同的方式也不同。

7. 违约责任

违约责任，是指合同当事人不履行或者不完全履行合同约定的义务所引起的法律后果，即应当承担的法律责任。

8. 解决争议的方法

解决争议的方法，是指当事人之间在履行合同过程中发生了争议之后，通过什么样的办法来处理这一争议。争议的解决方法有两种：一是诉讼，即通过向人民法院起诉由人民法院依法判决。二是非诉讼形式。非诉讼形式又有三种：一是由双方当事人通过协商解决；二是由双方当事人共同邀请第三人主持调解；三是由双方当事人事先或事后约定由仲裁机构仲裁。我国法律规定，如果当事人选择了用仲裁的方式解决争议，就不能再向人民法院起诉。

（二）格式条款

1. 格式条款的概念

格式条款是指当事人为了重复使用而预先拟定，并在订立合同时未与对方协商的条款。目前，在旅游业中，旅游业经营者与旅游者之间普遍使用格式条款订立合同，而这种格式条款都是旅游业经营者为了重复使用而预先拟定并未与旅游者协商的条款。

格式条款的使用可简化签约程序，加快交易速度，减少交易成本。但是，由于格式条款是由一方当事人拟定，且在合同谈判中不容对方协商修改，双方地位实际上并不平等，其条款内容难免有不公平之处。

2. 格式条款提供者的责任

《合同法》第三十九条第一款规定："采用格式条款订立合同的，提供格式条款的一方应当遵循公平原则确定当事人之间

的权利和义务，并采用合理的方式提请对方注意免除或者限制
其责任的条款，按照对方的要求，对该条款予以说明。"由此可
见，格式条款的提供者具有如下两项责任：

（1）遵循公平原则确定当事人之间的权利和义务

所谓公平原则，是指格式条款的提供者在拟定格式条款时，
应当将对方的权利义务确定为相互平等，对方当事人享有的权
利和承担的义务大体相当，而不能一方只享有权利而不承担义
务，或者享有权利明显大于承担的义务。如果格式条款的提供
者在拟定格式条款时，确定自己享有大量的权利而只承担极少
的义务，或者享有权利明显大于承担的义务，这种格式条款违
反公平原则，是显失公平的合同条款，经人民法院或者仲裁机
构可以予以变更或者撤销。

（2）履行提示或者说明的义务

按照合同法的规定，格式条款的提供者应当采取合理的方
式提请对方注意免除或限制其责任的条款，按照对方的要求，
对该条款予以说明。所谓免除或者限制责任的条款，是指规定
免除或者限制格式条款提供者责任的各种条件的条文。所谓合
理的方式，就是指以能使对方当事人引起注意的方式提醒对方
当事人考虑这些条款的含义。当对方当事人对免责条款存有疑
虑时，格式条款的提供者应当予以说明。如果格式条款的提供
者履行提请对方注意和说明的义务不全面，等于将有利于自己
而不利于对方的免责条款夹塞到合同中去，违背了订立合同应
当遵守的诚实信用的原则。

3. 格式条款无效

（1）格式条款无效的概念

格式条款无效，是指由于格式条款中含有法律所禁止的内
容，或是在订立合同时违反法律规定而导致合同格式条款无效
的情况。

（2）格式条款无效的条件

《合同法》第四十条规定："格式条款具有本法第五十二条和第五十三条规定情形的，或者提供格式条款一方免除其责任、加重对方责任、排除对方主要权利的，该条款无效。"由此可见，格式条款中含有下列内容的，该条款无效：

第一，具有《合同法》第五十二条规定情形之一的，合同无效：一方以欺诈、胁迫的手段订立合同，损害国家利益；恶意串通，损害国家、集体或者第三人利益；以合法形式掩盖非法目的，损害社会公共利益；违反法律、行政法规的强制性规定。

第二，具有《合同法》第五十三条规定情形之一的，合同中的免责条款无效：造成对方人身伤害的；因故意或者重大过失造成对方财产损失的。

第三，提供格式条款一方当事人免除自己的责任。所谓免除责任，是指格式条款中含有免除格式条款提供者按照通常情形应当承担的主要义务，一般与合同标的、数量、质量、履行期限、履行地点等有关。

第四，加重对方责任。即指格式条款中含有通常情况下对方当事人不应当承担的义务。

第五，排除对方当事人主要权利的。所谓排除对方当事人主要权利，是指格式条款中含有排除对方当事人按照通常情形应当享有的主要权利。例如，旅游者依法享有选择并接受服务的权利。如果旅游业经营者在格式合同中规定旅游者必须接受某项服务，就是排除了旅游者的主要权利，因为选择权是旅游消费者依法享有的一项主要权利。

4. 格式条款的解释

《合同法》第四十一条规定："对格式条款的理解发生争议的，应当按照通常理解予以解释。对格式条款有两种以上解释的，应当作出不利于提供格式条款一方的解释。格式条款和非格式条款不一致的，应当采用非格式条款。"

二、合同形式

合同的形式，又称合同的方式，是指当事人在采用何种形式来表现所订立合同的内容。当事人订立合同的形式有：

（一）书面形式

指合同书、信件和数据电文（包括电报、电传、传真、电子数据交换和电子邮件）等可以有形地表现所载内容的形式。那些重要的、关系复杂的、金额大的和不能立即履行的合同，最好采取书面形式，我国法律还规定了一些必须采取书面形式的合同，如旅游合同、保险合同等。

（二）口头形式

指当事人以谈话或口头表述的形式订立合同，包括当面交谈、电话联系等。

（三）其他形式

指采用除书面形式、口头形式以外的方式订立合同。一般包括推定形式和沉默形式。

所谓推定形式，是指当事人并不直接用书面或者口头方式进行意思表示，而是通过实施某种行为来进行意思表示。例如，饭店客房租赁合同期满时，承租人和出租人都没有提出合同终止的问题，而且承租人继续支付租金，出租方也继续接受租金，从这种行为中可以推定出承租人、出租人已经同意延长该客房租赁合同的租赁期。

所谓沉默形式，是指当事人采用沉默的方式进行意思表示，也就是以默认的方式对合同表示认可。这种形式仅在两种情况下发生法律效力：一是法律有明文规定，如《合同法》第一百七十一条规定，试用买卖中"试用期届满，买受人对是否购买标的物未作表示的，视为购买"；二是当事人有事先约定。

第四节　合同效力

一、合同成立与生效

（一）合同成立与生效的概念

合同成立，是指当事人经过要约和承诺，意思表示一致而达成协议，其实质是一个过程的完结。

合同生效，是指已依法成立的合同，所产生的法律约束力，也就是通常所说的法律效力。合同一经生效，合同当事人即享有合同中所约定的权利和承担合同中所约定的应当履行的义务；此外，合同一旦产生法律上的约束力即受法律保护，任何单位和个人均不得对合同当事人进行非法干涉。享受权利的一方当事人享有的权利受法律的保护，承担义务的一方当事人必须履行自己应尽的义务。如履行义务的一方当事人不履行义务，则应承担违约责任的法律后果。

（二）合同的成立与生效关系

合同成立与合同生效既有联系又有区别。合同生效肯定以合同已经成立为前提，未成立也就谈不上生效问题，但是一个合同成立后，能否生效，何时生效，应依照有关法律规定。

（三）合同生效条件

根据我国《民法通则》规定，合同生效必须符合以下三个条件：　（1）订立合同的行为人具有相应的民事行为能力。（2）意思表示真实。即订立合同行为，是出于合同当事人的自愿，是自己内心意愿、想法表现出来的行为。（3）不违反法律或者社会公共利益。

（四）合同生效的情况

根据《合同法》第四十四条至四十六条规定，合同生效主要有以下四种情况：（1）依法成立的合同，自成立时生效。绝大多数合同成立即生效。（2）法律、行政法规规定应当办理批准、登记等手续才生效，依照其规定办理批准、登记等手续后生效。（3）当事人对合同的效力可以约定附加条件。附生效条件的合同，自条件成就时生效。如旅游者与旅行社约定，旅游活动当天只要不下暴雨，旅游合同即告成立，不下暴雨即为生效条件。附解除条件的合同，自条件成就时失效。如甲租乙的房子，乙与甲约定，乙的女儿回国后，租房合同失效，乙的女儿回国即解除条件。当事人为自己的利益不正当地阻止条件成就的，视为条件已成就；不正当地促成条件成就的，视为条件不成就。（4）当事人对合同的效力可以约定附期限，附生效期限的合同，自期限届至时生效。附终止期限的合同，自期限届满时失效。

二、无效合同

（一）无效合同的概念

无效合同，是指已经订立，但因违反法律规定而不被国家认可，不受法律保护，不具有法律约束力的合同。

《合同法》第五十二条规定：有下列情形之一的，合同无效：（1）一方以欺诈、胁迫的手段订立合同，损害国家利益；（2）恶意串通，损害国家、集体或者第三人利益；（3）以合法形式掩盖非法目的；（4）损害社会公共利益；（5）违反法律、行政法规的强制性规定。

（二）免责条款

我国合同法除了规定无效合同外，还规定了免责条款。免责条款，是指合同当事人在合同中规定的免除或限制一方或双方当事人法律责任的条款。通常对当事人自愿订立的免责条款，法律是不加干涉的。但如果免责条款违反诚实信用原则、违背社会公共利益，法律必须予以禁止。《合同法》还规定："合同中的下列免责条款无效：（一）造成对方人身伤害的；（二）因故意或者重大过失造成对方财产损失的。"

三、合同的撤销

（一）合同撤销的概念及法定事由

所谓合同的撤销，是指意思表示不真实，存在撤销的原因，合同一方当事人可请求人民法院或者仲裁机构撤销合同。《合同法》第五十四条规定："下列合同，当事人一方有权请求人民法院或者仲裁机构变更或者撤销：（一）因重大误解订立的；（二）在订立合同时显失公平的。一方以欺诈、胁迫的手段或者乘人之危，使对方在违背真实意思的情况下订立的合同，受损害方有权请求人民法院或者仲裁机构变更或者撤销。当事人请求变更的，人民法院或者仲裁机构不得撤销。"

法定事由是由法律规定的，我国合同法规定合同撤销的法定事由包括：（1）因重大误解订立的合同；（2）因显失公平订立的合同；（3）因乘人之危订立的合同；（4）因欺诈、胁迫订立损害对方当事人利益的合同。

所谓因重大误解订立的合同，是指行为人因对行为的性质，对方当事人标的物的品种、质量、规格和数量等的错误认识，使行为的后果出现与自己的意思相悖而订立的合同。显示公平的合同，是指一方当事人利用优势或者利用对方没有经验，致使双方订立的合同所规定的权利与义务明显违反公平、等价、有偿原则的合同。所谓乘人之危，是指一方当事人乘对方处于危难之际，为牟取不正当利益迫使对方作出不真实的意思表示，严重损害对方利益的行为。

应当说明的是，《合同法》第五十二条规定的"一方以欺诈、胁迫的手段订立合同，损害国家利益"的合同与《合同法》

第五十四条第二款规定的"一方以欺诈、胁迫的手段或者乘人之危，使对方在违背真实意思的情况下订立的合同，受损害方有权请求人民法院或者仲裁机构变更或者撤销"的合同是不同的，前者是一方以欺诈、胁迫的手段订立合同，损害了国家利益，因此，这类合同从一开始就属于无效合同；而后者虽然也是以欺诈、胁迫的手段或者乘人之危订立的合同，但是并没有损害国家利益，而是损害对方当事人的利益，在这种情形下，根据当事人意思自治原则，由受损害方请求人民法院或者仲裁机构变更或者撤销，并非从一开始就是无效的。

（二）撤销权的行使

根据《合同法》第五十五条规定："有下列情形之一的，撤销权消灭：（一）具有撤销权的当事人自知道或者应当知道撤销事由之日起一年内没有行使撤销权；（二）具有撤销权的当事人知道撤销事由后明确表示或者以自己的行为放弃撤销权。"

也就是说，有请求撤销权的当事人自知道或者应当知道撤销事由之日起一年内没有行使撤销权的，该当事人的请求权消灭；具有撤销权的当事人知道撤销事由后明确表示或者以自己的行为放弃撤销权的，该撤销权消灭。

（三）无效或被撤销合同的效力

无效的合同或者被撤销的合同始终没有法律约束力。合同部分无效，不影响其他部分效力的，其他部分仍然有效。

应当说明的是，合同法贯彻了当事人意思自治原则，对于可变更或者可撤销的合同，如果当事人请求变更而没有请求撤销的，人民法院或者仲裁机构就不得撤销，而只能就当事人的变更请求进行审理。

此外，合同无效、被撤销或者终止的、不影响合同中独立存在的有关解决争议方法的条款的效力。

（四）无效合同或被撤销合同的法律后果

《合同法》第五十八条规定："合同无效或者被撤销后，因该合同取得的财产，应当予以返还；不能返还或者没有必要返还的，应当折价补偿。有过错的一方应当赔偿对方因此所受到的损失，双方都有过错的，应当各自承担相应的责任。"

合同无效或者被撤销后，因该合同取得的财产，应当予以返还。不能返还或者没有必要返还的，应当折价补偿。有过错的一方应当赔偿对方因此所受到的损失，双方都有过错的，应当各自承担相应的责任；当事人恶意串通，损害国家、集体或者第三人利益的，因此取得的财产收归国家所有或者返还集体或第三人。

四、效力待定合同

《合同法》第四十七条规定："限制民事行为能力人订立的合同，经法定代理人追认后，该合同有效，但纯获利益的合同或者与其年龄、智力、精神健康状况相适应而订立的合同，不必经法定代理人追认。相对人可以催告法定代理人在一个月内予以追认。法定代理人未作表示的，视为拒绝追认。合同被追认之前，善意相对人有撤销的权利。撤销应当以通知的方式作出。"

《合同法》第四十八条规定："行为人没有代理权、超越代理权或者代理权终止后以被代理人名义订立的合同，未经被代理人追认，对被代理人不发生效力，由行为人承担责任。

相对人可以催告被代理人在一个月内予以追认。被代理人未作表示的，视为拒绝追认。合同被追认之前，善意相对人有撤销的权利。撤销应当以通知的方式作出。"

《合同法》第五十一条规定："无处分权的人处分他人财产，经权利人追认或者无处分权的人订立合同后取得处分权的，该合同有效。"

以上法律条文说明，所谓效力待定合同，是指合同成立后，其有效还是无效处于不确定的状态，尚待享有权的人第三人追认或拒绝的意思表示来确定其效力的合同。有权人如果在法定期间内追认或同意，则可转化为有效合同，否则，合同归于无效。效力待定合同有三种情况：一是限制民事行为能力人超出其行为能力订立的合同；二是无权代理人订立的无权代理合同；三是无权处分人订立的合同。

第五节 合同履行

一、合同履行的原则

合同履行的原则是指合同当事人在履行合同过程中所应遵循的基本原则。按照合同法的规定，合同履行应遵循以下原则：

（一）全面履行的原则

《合同法》第六十条规定："当事人应当按照约定全面履行自己的义务。"这就是全面履行的原则。全面履行的原则是判定合同当事人是否全面履行了合同义务以及当事人是否存在违约事实以及是否承担违约责任的重要法律准则。

（二）诚实信用履行原则

《合同法》第六十条第二款规定："当事人应当遵循诚实信用原则，根据合同的性质、目的和交易习惯履行通知、协助、保密等义务。"这就是诚实信用履行原则。按照这一原则，当事人除了应当按照约定全面履行合同义务外，更重要的是强调当事人应当履行依据诚实信用原则所产生的附属义务，即合同法所规定的通知、协助、保密等义务。履行这些附属义务时，应当根据合同的性质、目的和交易习惯来进行。

二、合同履行的规则

（一）协议补充履行规则

《合同法》第六十一条规定："合同生效后，当事人就质量、价款或者报酬、履行地点等内容没有约定或者约定不明确的，可以协议补充；不能达成协议补充的，按照合同其他有关条款或者交易习惯确定。"由此规定可见，当事人依照合同订立的原则就没有约定或者约定不够明确的条款进行协商，达成补充协议。这种补充协议和原协议一样反映了各方当事人的共同愿望，一样具有法律约束力，是当事人履行合同的依据。

（二）合同约定不明确的有关履行规则

1. 质量要求不明确的有关履行规则

《合同法》第六十二条第（一）项规定："质量要求不明确的，按照国家标准、行业标准履行；没有国家标准、行业标准的，按照通常标准或者符合合同目的的特定标准履行。"

2. 价款或者报酬不明确的履行规则

当合同在价款或者报酬约定不明确时，按照《合同法》第六十二条第（二）项规定，应当"按照订立合同时履行地的市场价格履行，依法应当执行政府定价或者政府指导价的，按照规定履行"。

3. 履行地点不明确的履行规则

当合同约定的履行地点不明确时，按照《合同法》第六十二条第（三）项规定："给付货币的，在接受货币一方所在地履行；交付不动产的，在不动产所在地履行；其他标的，在履行义务一方所在地履行。"

4. 履行期限不明确的履行规则

当合同履行期限约定不明确时，《合同法》第六十二条第（四）项规定："……债务人可以随时履行，债权人也可以随时要求履行，但应当给对方必要的准备时间。"这是因为债权人请求履行往往直接影响到债务人的利益，所以从公平的角度考虑，应当给予债务人以必要的准备履行时间。

5. 履行方式不明确的履行规则

合同对履行方式约定不明确时，《合同法》第六十二条第（五）项规定："……按照有利于实现合同目的的方式履行。"

6. 履行费用的负担不明确的履行规则

合同的履行，往往会产生一些费用，当合同对履行费用的负担的约定不明确时，《合同法》第六十二条第（六）项规定："……由履行义务一方负担。"

（三）当事人不得因变动而影响合同履行的规则

《合同法》第七十六条规定："合同生效后，当事人不得因姓名、名称的变更或者法定代表人、负责人、承办人的变动而不履行合同义务。"

合同是当事人之间设立、变更、终止民事权利义务关系的协议。当事人姓名、名称的变更，并未使当事人的权利能力和行为能力有所变化，因此当事人的姓名、名称发生变动时，其承担的履约义务不发生变化，当事人必须继续履行合同义务。不履行合同义务，则必须承担违约责任。同样，当事人的法定代表人、负责人、承办人，均不是合同的当事人，其订立合同时是代表法人进行的，不是个人行为，法人应当承担责任，不能因法定代表人、负责人、承办人的变化而影响合同当事人义务的履行，合同当事人应当全面履行合同所规定的义务。

除上述合同履行规则外，合同法还规定了其他一些履行规则。

三、合同履行中的抗辩权

（一）概念

合同履行中的抗辩权是当事人在合同中履行所享有的一项

重要权利,是指履行合同一方当事人在符合法定条件时,对抗对方当事人要求履行合同义务的请求权,暂时拒绝履行其债务的权利。

行使合同履行中的抗辩权只是在一定期限内中止履行合同,当产生抗辩权的原因消失后,合同当事人仍应履行合同义务。所以行使抗辩权行为是合同法律规定的权利,不属于违约行为。

(二)分类

根据《合同法》的规定,它包括同时履行抗辩权、先履行抗辩权和不安抗辩权。

1. 同时履行抗辩权

同时履行抗辩权是指当事人同时互负债务,一方当事人在未履行给付义务前,可拒绝履行自己义务的权利;且一方在对方履行债务不符合约定的,对方当事人也有拒绝其相应的履行要求的权利。应当履行的当事人部分履行合同的,对方当事人有权就未履行部分提出抗辩,拒绝相应的给付,只履行对应的部分。

2. 先履行抗辩权

先履行抗辩权是指在当事人互负债务,有先后履行顺序,先履行一方未履行其债务之前,后履行一方有权拒绝其履行请求,先履行一方履行债务不符合要求,后履行一方有权拒绝其相应的履行请求。

3. 不安抗辩权

不安抗辩权是指当事人互负债务,有先后履行顺序的,先履行的一方有确切证据表明另一方丧失履行债务能力时,在对方没有履行或者没有提供担保之前,有权终止合同履行的权利。规定不安抗辩权是为了切实保护当事人的合法权益,防止借合同进行欺诈,促使对方履行义务。

第六节　合同变更、转让、解除和终止

依法成立的合同，受法律保护，对当事人具有法律约束力。当事人应当按照合同约定履行自己的义务，不得擅自变更或者解除合同。但合同订立之后，由于情况的变化，变更、转让和终止合同对当事人更为有利的，基于合同自由原则，应当允许，因此，合同法对此作了相应规定。

一、合同变更

（一）合同变更的概念与类型

1. 合同变更的概念

合同变更有广、狭两义。广义的合同变更，包括合同内容的变更与合同当事人即主体的变更。合同主体的变更，在合同法中称为合同的转让，所以，在合同法中的合同变更仅指合同内容变更。

2. 合同变更的类型

（1）基于法律规定而变更的合同；

（2）基于当事人约定而变更的合同；

（3）其他类型的合同变更。

（二）变更合同的条件

1. 基于法律规定而变更合同的条件

（1）必须具有法定事由

合同法规定，存在重大误解，订立合同时显失公平，一方以欺诈、胁迫的手段或者乘人之危，使对方在违背真实意思情况下订立的合同的事由。可变更合同的法定事由与可撤销合同的法定事由相同。

（2）必须有一方当事人请求变更

根据当事人意思自治原则，对于可以变更或者撤销的合同，必须有一方当事人即受损害方请求，没有一方当事人的请求，就不会产生变更或者撤销的结果。

（3）必须是由人民法院或者仲裁机构来行使变更权

根据合同法规定，对于可变更的合同，必须是由人民法院或者仲裁机构来作出变更或者撤销的裁决，其他任何机关均无权作出此类裁决，当事人也无权自行作出此类决定。

2. 基于当事人约定而变更合同的条件

根据《合同法》第七十七条规定，经过合同当事人各方协商一致，可以对合同内容进行变更。但法律、行政法规规定变更合同应当办理批准、登记等手续的，应依照其规定办理批准、登记等手续。当事人对合同变更的内容应作明确约定，变更内容约定不明确的，推定为未变更。

（三）合同变更后的效力

经人民法院或者仲裁机构予以变更或者当事人协商一致变更的合同具有法律效力，双方当事人必须履行，否则应承担违约责任。因合同的变更而使一方当事人受到经济损失的，受损一方可向另一方当事人要求赔偿损失。

二、合同转让

合同的转让，即合同主体的变更，指当事人将合同的权利和义务全部或者部分转让给第三人。合同的转让，分为债权的转让和债务的转让。当事人一方经对方同意，也可以将自己在合同中的权利和义务一并转让给第三人。

《合同法》第七十九条规定："债权人可以将合同的权利全部或者部分转让给第三人，但有下列情形之一的除外：

（一）根据合同性质不得转让；

（二）依照当事人约定不得转让；

（三）依照法律规定不得转让。"

合同法规定，债权人转让权利的，无须债务人同意，但应当通知债务人。未经通知，该转让对债务人不发生效力。债权人转让权利的通知不得撤销，但经受让人同意的除外。债权人转让权利的，受让人取得与债权有关的从权利，如债权的抵押权，但该从权利专属于债权人自身的除外。

合同法规定，债务人将合同义务的全部或者部分转移给第三人的，应当经债权人同意。债权人转移义务的，新债务人可以主张原债务人对债权人的抗辩。新债务人应当承担与主债务有关的从债务，但该从债务专属于原债务人自身的除外。

合同当事人转让权利或者转移义务，法律、行政法规规定应当办理批准、登记等手续的，当事人应依照其规定办理相应手续。

三、合同解除

（一）概念

合同的解除，是指已成立生效的合同因发生法律规定或当事人约定的情况，或经当事人协商一致而终止。

（二）类型

合同的解除，分为合意解除与法定解除两种情况。

1. 合意解除

合意解除，是指根据当事人事先约定的情况或经当事人协商一致而解除合同。在订立合同时，当事人可以约定一方解除合同的条件。解除合同的条件成就时，解除权人可以解除合同。法律规定了或者当事人约定了解除权行使期限，期限届满当事人不行使的，该权利消灭。法律没有规定或者当事人没有约定解除权行使期限，经对方催告后在合理期限内不行使的，该权利消灭。合同订立后，经当事人协商一致，也可以解除合同。

2. 法定解除

法定解除，是指根据法律规定而解除合同。

《合同法》第九十四条规定："有下列情形之一的，当事人可以解除合同：

（一）因不可抗力致使不能实现合同目的；

（二）在履行期限届满之前，当事人一方明确表示或者以自己的行为表明不履行主要债务；

（三）当事人一方迟延履行主要债务，经催告后在合理期限内仍未履行；

（四）当事人一方迟延履行债务或者有其他违约行为致使不能实现合同目的；

（五）法律规定的其他情形。"

当事人一方行使解除权，或依照《合同法》第九十四条规定主张解除合同的，应当通知对方。合同自通知到达对方时解除。对方有异议的，可以请求人民法院或者仲裁机构确认解除合同的效力。

当事人解除合同，法律、行政法规规定应当办理批准、登记等手续的，应依照其规定办理。

四、合同终止

合同的终止，又称合同的消灭，即由于一定的法律事实的发生，使合同所设定的权利义务在客观上已不再存在，合同权利与义务归于消灭。

《合同法》第九十一条规定："有下列情形之一的，合同的权利义务终止：

（一）债务已经按照约定履行；

（二）合同解除；

（三）债务相互抵消；

（四）债务人依法将标的物提存；

（五）债权人免除债务；

（六）债权债务同归于一人；

（七）法律规定或者当事人约定终止的其他情形。"

合同的权利义务终止后，有时当事人还负有后合同义务。合同终止后，当事人应当遵循诚实信用原则，根据交易习惯履行通知、协助、保密等义务。

第七节　违约责任

一、违约责任概述

（一）违约责任的概念

违约责任，是指当事人违反合同义务所应承担的民事责任。《合同法》第一百零七条规定："当事人一方不履行合同义务或者履行合同义务不符合约定的，应当承担继续履行、采取补救措施或者赔偿损失等违约责任。"

（二）违约责任的严格责任原则

在民事法律中，严格责任原则是确定行为人的民事责任的根据和标准，是确定民事违约责任的基础。严格责任的确定，对于违约责任的构成条件、损害赔偿的范围、举证责任的承担等具有重要意义。由此规定可见，合同法规定的违约责任不要求证明行为人在主观上是否存在过错，只要有违约情形发生，就须承担违约责任。

合同法采取严格责任原则，一是有利于促使合同当事人认真履行合同义务，以避免违约情形发生后，违约方总是千方百计寻找理由，证明自己主观上不存在过错。采用严格责任原则，不论何种原因，只要行为人没有全面履行合同，存在违约情形，就应当承担违约责任。二是有利于保护守约人的合法权益。过去在合同违约上采取过错责任原则，对于违约方的过错，守约方作为原告需要承担大量的举证责任，不利于保护受害人的合法利益。若采取严格责任原则，守约人则无须举证违约方具有主观过错。

二、违约责任的承担

（一）一方违约时违约责任的承担

《合同法》第一百零七条明确表明：在合同履行中，无论是哪一方，只要其没有履行合同或者履行合同不符合约定，即应承担违约责任。

《合同法》第一百二十二条规定："因当事人一方的违约行为，侵害对方人身、财产权益的，受损害方有权选择依照本法要求其承担违约责任或者依照其他法律要求其承担侵权责任。"

（二）双方违约时违约责任的承担

《合同法》第一百二十条规定："当事人双方都违反合同的，应当各自承担相应的责任。"由此规定可见，当双方当事人在履行合同时都没有按照合同约定履行义务，则双方当事人应当承担相应的违约责任。

《合同法》第一百二十一条规定："当事人一方因第三人的原因造成违约的，应当向对方承担违约责任。当事人一方和第三人之间的纠纷，依照法律规定或者按照约定解决。"由此规定可见，只要合同一方当事人没有履行合同规定的义务，或者履行合同义务不符合合同约定，就要承担相应的违约责任。合同当事人一方的违约行为即使是由于第三人的原因造成的，违约人也应当承担违约责任，至于由于第三人的行为给违约方造成的损失，则属于另外的法律关系。

当事人一方与第三人之间的关系属于另一种法律关系，当事人一方向另一方合同当事人承担违约责任，因此所遭受的损失是第三人的行为造成的，根据公平原则，该损失应由第三人承担。根据合同法的规定，当事人一方与第三人之间的纠纷，依照法律规定或者按照约定解决。

三、承担违约责任的方式

合同法规定的承担违约责任的方式主要有以下几种：继续履行、采取补救措施、赔偿损失、支付违约金、定金罚款。

（一）继续履行

继续履行，又称实际履行、强制实际履行，是指债权人在债务人不履行合同义务时，可请求人民法院或者仲裁机构强制债务人实际履行合同义务。

《合同法》第一百零九条规定："当事人一方未支付价款或者报酬的，对方可以要求其支付价款或者报酬。"第一百一十条规定，当事人一方不履行非金钱债务或者履行非金钱债务不符合约定的，对方可以要求履行，但有下列情形之一的除外：

（1）法律上或者事实上不能履行。所谓法律上不能履行的债务，通常是指标的物已被司法机关或行政机关查封、担保的债务；而事实上不能履行的债务，则是指履行标的物已经丢失、损毁。因此，该非金钱债务已不可能履行。

（2）债务的标的不适于强制履行或者履行费用过高。由于这些实际原因，要求继续履行已无实际意义，因此，没有必要继续履行。

（3）债权人在合理期限内未要求履行。既然债权人未要求履行，那么就说明该债权人不关心该债务的履行，就失去了要求债务人继续履行的义务。

（二）采取补救措施

补救措施，是债务人履行合同义务不符合约定，债权人在请求人民法院或者仲裁机构强制债务人实际履行合同义务的同时，可根据合同履行情况要求债务人采取的补救履行措施。如《合同法》第一百一十一条规定："当事人履行合同义务，质量不符合约定的，应当按照当事人的约定承担违约责任。对违约责任没有约定或者约定不明确……受损害方根据标的的性质以及损失的大小，可以合理选择要求对方承担修理、更换、重做、退货、减少价款或者报酬等违约责任。"

（三）赔偿损失

当事人一方不履行合同义务或者履行合同义务不符合约定的，在履行义务或者采取补救措施后，对方还有其他损失的，应当赔偿损失。损失赔偿额应当相当于因违约所造成的损失，包括合同履行后可以获得的利益，但不得超过违反合同一方订立合同时预见到或者应当预见到的因违反合同可能造成的损失。当事人可以在合同中约定因违约产生的损失赔偿额的计算方法。

当事人一方违约后，对方应当采取适当措施防止损失的扩大；没有采取适当措施致使损失扩大的，不得就扩大的损失要求赔偿。当事人因防止损失扩大而支出的合理费用，由违约方承担。

（四）支付违约金

违约金，是按照当事人的约定或者法律规定，一方当事人违约时应当根据违约情况向对方支付的一定数额的货币。

约定的违约金低于造成的损失的，当事人可以请求人民法院或者仲裁机构予以增加；约定的违约金过分高于造成的损失的，当事人可以请求人民法院或者仲裁机构予以适当减少。当事人在合同中既约定违约金，又约定定金的，一方违约时，对方可以选择适用违约金或者定金条款，但两者不可同时并用。

（五）定金罚责

1. 定金的概念和内容

定金，是由合同一方当事人预先向对方当事人交付一定数额的货币，以保证债权实现的担保方式。

《担保法》第八十九条规定："当事人可以约定一方向对方给付定金作为债权的担保。债务人履行债务后，定金应当抵作价款或者收回。给付定金的一方不履行约定的债务的，无权要求返还定金；收受定金的一方不履行约定的债务的，应当双倍返还定金。"这就是定金罚责。

定金应当以书面的形式约定。定金的数额由当事人约定，但对超过主合同标的额 20% 的部分，人民法院不予支持。当事人在定金合同中应当约定交付定金的期限。定金合同从实际交付定金之日起生效。

当事人约定以交付定金作为订立主合同担保的，给付定金的一方拒绝订立主合同的，无权要求返还定金；收受定金的一方拒绝订立合同的，应当双倍返还定金。当事人约定以交付作为主合同成立或者生效条件的，给付定金的一方未支付定金，但主合同已经履行或者已经履行主要部分的，不影响主合同的成立或者生效。

当事人一方迟延履行或者其他违约行为，致使合同目的不能实现的，可以适用定金罚则。但法律另有规定或者当事人另有约定的除外。当事人一方不完全履行合同的，应当按照未履行部分所占合同约定内容的比例，适用定金罚则。因不可抗力、意外事件致使主合同不能履行的，则不适用定金罚则。

2. 定金与押金

在现实生活中还存在押金。定金与押金都属于金钱担保的范畴，都是合同一方当事人按照约定给对方当事人交付的金钱，在合同履行后，都发生返还的法律效果，且都有证明合同成立和押保合同履行的功能。但是，定金与押金并不完全等同，两者的区别如下：

定金除了具有履行担保功能、证明功能以外，还具有违约救济功能，而押金往往不具备违约救济功能。

定金一般是按照合同标的额一定比例支付，也即定金不能超过合同标的额；而押金通常是超过或者等于合同标的额的。

发生违约时，定金适用定金罚则，而押金则没有这样的罚则。

3. 定金与预收款

预收款，是指在消费活动中，消费者在得到所需某项商品或接受某项服务以前，先向经营者支付一笔货款，然后经营者在一定期限内向消费者提供商品或者服务的情形。这一货款，对经营者来说是预收款，对消费者来说是预付款。

定金与预收款（预付款）都是属于预先给付金钱的范畴，都是合同当事人一方按照约定向对方当事人交付的金钱，且在合同履行后，都发生抵作价款的功能。因此，在实际经济活动中，有的人将预收款（预付款）视为定金，但是，严格来说，定金与预收款（预付款）是不一样的，两者区别主要如下：

定金是合同担保的一种方式；而预收款（预付款）则无担保的性质。

定金只是价值或服务费的一部分，是按照合同标的额的一定比例支付的，一般不能超过合同标的额。《担保法》第九十一条明确规定："定金的数额由当事人约定，但不得超过主合同标的额的百分之二十。"而预收款（预付款）可以是价款的部分，也可以是价款的全部或更多，即所谓多退少补。

当发生违约时，预收款（预付款）只要如数退还并承担该款项的利息即可；而定金或者是加倍返还，或者是无权要求返还。两者的法律后果是不同的。

按照合同法和消费者权益保护法的规定，在一般情况下，合同双方当事人在合同约定中没有明确是定金的，应视为预收款（预付款）。

四、免责事由

免责事由，是指当事人约定或者法律规定的债务人不履行合同时可以免除承担违约责任的条件与事项。合同法规定的一般免责事由为不可抗力，其他法律对特定合同免责事由的规定，适用于特定合同。当事人可以在合同中自愿约定合理的免责条款。

五、不可抗力

（一）不可抗力的概念

《合同法》第一百一十七条规定："本法所称不可抗力，是指不能预见、不能避免并不能克服的客观情况。"不可抗力通常可分为自然现象和社会现象。自然现象有地震、旱灾、洪灾等；社会现象有政治骚乱、罢工等。

（二）不可抗力的条件

不可抗力具有严格的构成条件。根据合同法规定，不可抗力具有：

不可预见性。所谓不可预见性，是指合同当事人在订立合同时对不可抗力事件是否会发生是不可能预见的。应当指出的是，所谓不可预见，是指在当时的客观、主观条件下，该当事人是不可能预见的。

不可避免性。所谓不可避免性，是指合同当事人对于可能出现意外情况尽管采取了及时合理的措施，但是在客观上并不能阻止这一意外情况的发生。即尽管当事人在主观上做了很大的努力，但在客观上并不能阻止这一意外情况的发生。

不可克服性。所谓不可克服性，是指合同的当事人对于意外事件所造成的损失是不能克服的。如果意外事件造成的结果可以通过当事人的努力而得到克服，则该事件即不属于不可抗力的事件。

（三）不可抗力的法律后果

《合同法》第一百一十七条规定："因不可抗力不能履行合同的，根据不可抗力的影响，部分或者全部免除责任，但法律另有规定的除外。当事人迟延履行后发生不可抗力的，不能免除责任。"

由上述规定可见，不可抗力是法定的违约责任的免除条件或免除事由之一。因此，如果当事人对自己主观上无法预见，客观上不能避免、不能克服的事件造成的损失承担法律责任，是不符合公平原则的。不可抗力作为免责事由是有时间限制的，即它只有发生在合同订立之后、履行完毕之前。如果不可抗力发生在合同订立之前或者履行之后，都不能构成不可抗力事件。此外，如果当事人迟延履行义务后发生不可抗力的，也不能成为免责事由。

（四）遭遇不可抗力一方当事人的义务

《合同法》第一百一十八条规定："当事人一方因不可抗力不能履行合同的，应当及时通知对方，以减轻可能给对方造成的损失，并应当在合理期限内提供证明。"由此规定可知，遭遇不可抗力一方当事人具有下列义务：

及时通知义务。不可抗力发生后，遭遇不可抗力的一方应当及时通知对方，向对方通报自己不能履行或者不能完全履行或者延期履行合同的情况和理由，以期得到对方的协助，共同采取措施，防止和减少损失。遭遇不可抗力的一方若不及时履行通知义务，则不能部分或者全部免除责任。

提供证明义务。不可抗力发生后，遭遇不可抗力的一方当事人应当在合理期限内提供有关机构的证明，以证明不可抗力事件发生及影响当事人履行合同的具体情况。依据合同实践及合同法的规定，证明应当采用书面形式，而且应当在合理的期限内提供。

应当指出，当一方当事人遭遇不可抗力时，必须及时通知对方，并在合理的期限内提供证明，这是法定的义务。如果当事人没有履行这两项义务，则不能部分或全部免除违约责任。

【习题】

一、填空题

1. 合同法的基本原则有：（　　　）、自愿原则、（　　　）、（　　　）、（　　　）和公序良俗原则、合同必须信守原则。

2. 自然人的行为能力分三种情况：（　　　）、（　　　）、（　　　）。

3. 五种常见的要约邀请：寄送的价目表、（　　　）、（　　　）、（　　　）、商业广告。

4. 合同的解除，分为（　　　）与（　　　）两种情况。

5. 赔偿损失原则主要有四种：（　　　）、经营欺诈惩罚赔偿原则、（　　　）和（　　　）。

6. 合同是平等主体的自然人、法人、其他组织之间设立、变更、终止（　　　）的协议。

7. 当事人订立合同，应当具有相应的（　　　）和（　　　）。当事人依法可以委托代理人订立合同。

8. 当事人订立合同的形式有（　　　）、（　　　）和其他形式。

9. 当事人订立合同，采取（　　　）、承诺方式。

10. 要约必须具备以下两个条件：第一，（　　　）。第二，表明经受要约人的承诺，要约人即受该意思表示约束。

二、单项选择题

1. 第九届全国人民代表大会第二次会议通过了《中华人民共和国合同法》，并自（　　　）施行。

A. 1994 年 3 月 15 日　　　　B. 1999 年 3 月 15 日

C. 1999 年 10 月 1 日　　　　D. 2000 年 10 月 1 日

2. 下列行为适用于《合同法》的有（　　　）。

A. 政府对经济的管理活动

B. 企业单位内部的管理关系

C. 婚姻、经济、监护等有关身份关系的协议

D. 法人之间设立变更民事权利义务

3. 债务人欲将合同的义务全部或者部分转移给第三人，则（　　　）。

A. 应当通知债权人　　　　　B. 应当经债权人同意

C. 不必经债权人同意　　　　D. 不必通知债权人

4. 合同权利义务的终止是指（　　　）。

A. 合同的变更　　　　　　　B. 合同的消灭

C. 合同效力的中止　　　　　D. 合同的解释

5. 债权人吴某下落不明，债务人王某难以履行债务，遂将标的物提存，王某将标的物提存后，该标的物如果意外毁损灭失，其损失应由（　　　）。

A. 吴某承担　　　　　　　　B. 王某承担

C. 吴某和王某共同承担　　　D. 提存机关承担

6. 甲的儿子患重病住院，急需用钱又借贷无门，乙趁机表示愿意借给 2000 元，但半年后须加倍偿还，否则以甲的房子代偿，甲表示同意。根据合同法规定，甲、乙之间的借款合同（　　　）。

A. 因显失公平而无效　　　　B. 因显失公平而可撤销

C. 因乘人之危而无效　　　　D. 因乘人之危而可撤销

7. 下列附条件合同效力的描述，正确的是（　　　）。

A. 附生效条件的合同，自条件成就时失效

B. 附解除条件的合同，自条件成就时生效

C. 在附生效条件的合同，当事人为自己的利益不正当地阻止条件成就时，该合同生效

D. 在附解除条件的合同，当事人为自己的利益不正当地阻止条件成就时，该合同继续有效

8. 应合同当事人的请求，由人民法院予以撤销的合同（　　　）。

A. 自人民法院决定撤销之日起不发生法律效力

B. 自合同订立时起不发生法律效力

C. 自人民法院受理请求之日起不发生法律效力

D. 自合同规定的生效日起不发生法律效力

9. 上海某工厂向广州某公司购买一批物品，合同对付款地点和交货期限没有约定，发生争议时，依据合同法规定（　　　）。

A. 上海某工厂付款给广州某公司应在上海履行

B. 上海某工厂可以随时请求广州某公司交货，而且可以不给该厂必要的准备时间

C. 上海某工厂付款给广州某公司应在广州履行

D. 广州某公司可以随时交货给上海某工厂，而且可以不给该厂必要的准备时间

10. 1999 年 11 月 2 日，某研究所与 A 公司订立了技术秘密转让合同。约定，研究所将其所拥有的某技术秘密转让给 A 公司独家使用，A 公司应在合同成立生效后 10 日内支付技术入门费 10 万元，研究所应在合同成立生效后 20 日内将该技术秘密的有关资料交给 A 公司。但合同生效后，同年 11 月 10 日 A 公司发现该研究所正与另一公司就同一技术秘密协商订立合同。A 公司可以行使（　　　）以保护自己的合法权益。

A. 同时履行抗辩权　　　　　B. 不安抗辩权

C. 先履行抗辩权　　　　　　D. 先诉抗辩权

三、简答题
1. 合同条款内容应包括哪些方面?
2. 合同的特征是什么?
3. 合同生效的条件有哪些?
4. 合同变更的类型。

第三章　消费者权益保护法律制度

第一节　消费者权益保护法律制度概述

一、消费者权益保护法的概念

（一）消费者权益保护法的概念

消费者权益保护法是调整在保护公民消费权益过程中所产生的社会关系的法律规范的总称。对消费者权益保护法可作狭义和广义两种解释，狭义的消费者权益保护法仅指 1994 年 1 月 1 日起施行的《中华人民共和国消费者权益保护法》。该法是我国保护消费者权益的基本法。广义的消费者权益保护法则包括所有有关保护消费者权益的法律、法规，具体来讲，除《消费者权益保护法》外，还包括《产品质量法》、《反不正当竞争法》、《食品安全法》、《广告法》等法律法规中有关保护消费者权益的内容，也包括有关消费者权益保护的地方性法规。

该法的颁布实施，是我国第一次以立法的形式全面确认消费者的权利。此法对保护消费者的权益，规范经营者的行为，维护社会经济秩序，促进社会主义市场经济健康发展具有十分重要的意义。

（二）消费者、经营者的概念与法律特征

消费者，是指为生活消费需要购买、使用商品或者接受服务的个人和单位。消费者具有的法律特征是：消费者特征属生活消费；消费客体是商品或服务；消费方式包括购买、使用商品和接受服务；主体范围包括公民个人和进行生活消费的单位。

经营者是指以营利为目的从事经营活动的公民、法人和其他经济组织。经营者具有的法律特征是：主体包括为消费者提供其生产、销售的商品或者提供服务的所有经营者。

提供商品或服务以营利为目的，即提供有偿服务；提供商品或服务的方式包括直接和间接两种形式；成立一般须依法注册登记。实践中，个别单位和个人未经登记注册而从事经营活动，或者持他人营业执照从事生产经营活动，由于他们所提供的商品或服务直接关系到消费者的切身利益，实际上处于与消费者相对应的经营者地位。因此，我国消费者权益保护法中规定的经营者也涵盖这些单位和个人。

二、消费者权益保护法的基本原则

（一）经营者与消费者交易的基本原则

经营者与消费者进行交易应遵循的基本原则，既是对经营者行为的原则规范，也是对市场交易基本规律的抽象和概括。根据消费者权益保护法规定，其基本原则有：

自愿原则。指经营者与消费者进行交易时，要尊重消费者的意愿，建立交易关系亦应真正出于消费者意愿。

平等原则。这是商品经济的本质要求，即交易双方法律地位平等，不得恃强凌弱。

公平原则。指双方交易符合等价交换这一商品经济的本质要求和社会商业道德规范精神。

诚实信用原则。双方在交易中应友好合作，实事求是，恪守信用。

（二）国家保护消费者合法权益不受侵犯的原则

国家保护消费者合法权益不受侵犯的原则，是本法一项最核心的原则。其原则有：

国家对消费者的合法权益不受侵犯负有法定义务；消费者要依法行使权利；国家采取措施保障消费者依法行使权利，并进而达到维护消费者权益的目的。

（三）全社会共同保护消费者合法权益的原则

保护消费者的合法权益是全社会的共同责任，因此，国家鼓励、支持一切组织和个人对损害消费者合法权益的行为进行社会监督；大众传播媒介应当做好维护消费者合法权益的宣传，对损害消费者合法权益的行为进行舆论监督。

第二节 消费者权利与经营者义务

一、消费者权利

消费者权利，是消费者利益在消费领域中所具有的权能，是消费者利益在法律上的体现，即在法律保障下，消费者有权做出一定行为或者要求他人做出一定行为。消费者的权利，是国家对消费者进行保护的前提和基础。

（一）安全保障权

安全保障权，指消费者在购买、使用商品和接受服务时，享有人身、财产安全不受损害的权利。消费者有权要求经营者提供的商品和服务，符合保障人身、财产安全的要求。消费者的安全保障权分为人身安全权和财产安全权。

人身安全权是人身权的一种，在生活消费领域主要指生命安全权和健康安全权。财产安全权是财产权的一种具体体现，在生活消费领域主要是指财产所有权。只要在购买、使用商品或接受服务过程中，消费者的人身、财产安全受到损害，消费者就有权要求赔偿。

【案例阅读 3 – 1】

违反安全保障义务，承担法律责任

　　游客张三一家乘火车到 A 地旅游，A 旅行社派出导游员甲负责接待。A 旅行社安排他们参加漂流活动，当天下午游客张三登上漂流筏后，导游员甲只说了一声"一切听船夫的"，便离开漂流筏到下游目的地等候。在漂流的过程中，船夫为赶时间抄近路，误入漩涡聚集的危险河段，由于水流过急致使张三掉入水中，溺水死亡。事后，张三家人向法院起诉 A 旅行社，要求 A 旅行社对张三的死亡结果负责。

【分析与提示】

　　根据《消费者权益保护法》规定，消费者享有安全保障权；同时，经营者也负有保障消费者安全的法定义务。本案中，因为 A 旅行社没有采取必要的安全保障措施，导致张三受到人身损害，故应对张三的死亡结果负法律责任。

　　（二）知情权

　　知情权，是指消费者在购买、使用商品或者接受服务时，享有知悉购买、使用的商品或者接受的服务的真实情况的权利。知情权的内容包括：消费者有权要求经营者提供商品的价格、产地、生产者、用途、性能、规格、等级、主要成分、生产日期、有效期限、检验合格证、使用方法说明书、售后服务或者服务的内容、规格、费用等有关情况，并有权索要服务单据。

　　（三）自主选择权

　　消费者享有自主选择商品或者服务的权利。也就是说，消费者在购买商品或接受服务时，消费者有权根据自己的需求、意向和兴趣，自主选择自己满意的商品或服务。

自主选择权的内容：（1）有权自主选择提供商品或者服务的经营者；（2）有权自主选择商品品种或服务方式；（3）有权自主决定是否购买任何一种商品或是否接受任何一项服务；（4）有权对商品或服务进行比较、鉴别和选择。经营者不得以任何方式干涉消费者行使自主选择权。

自主选择权的特征：（1）消费者选择商品或接受服务的行为必须是自愿的，因此任何违背消费者自由意志并使其做出消费选择的行为都是对消费者自主选择的侵害；（2）自主选择权是一种相对权，因此，消费者自主选择商品或者服务的行为，必须是依照法律，遵守社会公德，不侵害国家、集体、他人合法权益的合法行为。

（四）公平交易权

公平交易是指经营者与消费者之间的交易应在平等的基础上达到公正的结果。公平交易权体现在两个方面：（1）交易条件公平，即消费者在购买商品或接受服务时，有权获得质量保证、价格合理、计量正确等公平交易条件；（2）在购买商品或接受服务时，有权拒绝经营者的强制交易行为。

（五）获得赔偿权

获得赔偿权也称作消费者的求偿权。《消费者权益保护法》第十一条规定："消费者因购买、使用商品或者接受服务受到人身财产损害的，享有依法获得赔偿的权利。"享有求偿权的主体是因购买、使用商品或接受服务受到人身、财产损害的消费者。具体包括以下几种类型：（1）商品的购买者；（2）商品的使用者；（3）服务的接受者；（4）第三人。第三人是指除商品的购买者、使用者或者服务的接受者之外的，因为偶然原因而在事故现场受到损害的其他人。

求偿权的范围：（1）人身损害。消费者因购买、使用商品或接受服务而致人身损害时，可依法向经营者求偿。（2）财产损害。主要是指财产所有权的损害，包括直接损害和间接损害。（3）精神损害。是指违反社会公共利益、社会公德侵害他人隐私或者其他人利益的，造成受害人的精神痛苦的。

求偿权的限制：通常消费者只要因购买使用商品或接受服务而受到人身、财产的损害，就可依法获得赔偿，并不需要商品生产者、销售者、服务的提供者具有过错，但如果是受害者自己的过错造成损害，则商品的制造者、销售者不承担责任。

（六）结社权

结社权，指消费者享有依法成立维护自身合法权益的社会团体的权利。目前，中国消费者协会及地方各级消费者协会已经成立。实践证明，消费者组织的工作对推动我国消费者运动的健康发展，沟通政府与消费者的联系，解决经营者与消费者的矛盾，更加充分地保护消费者权益，起到了积极的作用。

消费者社会团体的作用：（1）组织消费者形成对商品和服务的广泛监督；（2）促使一些侵害消费者权益的行为得到及时的惩罚；（3）充当政府和消费者之间的桥梁；（4）指导消费者的消费行为，提高消费者的自我保护意识。

（七）获得有关知识权

获得有关知识权，指消费者享有获得有关消费和消费者权益保护方面的知识的权利。这一权利包括两方面的内容：一是获得有关消费方面的知识，比如有关消费心理、商品服务市场等方面的基本知识；二是获得有关消费者权益保护方面的知识，比如消费者权益保护的法律、法规和政策，以及保护机构和争议解决途径等方面的知识。

（八）受尊重权

受尊重权，是指消费者在购买、使用商品和接受服务时，享有其人格尊严、民族风俗习惯得到尊重的权利。其主要内容包括：（1）人格尊严受到尊重。人格尊严是消费者的人身权的重要组成部分，包括姓名权、名誉权、荣誉权、肖像权等。消费者的人格尊严受到尊重，是消费者最起码的权利之一。在实践中，侵犯消费者人格尊严权大量表现为侮辱消费者即侵犯消费者名誉权的行为，此外还有搜查消费者的身体及其携带的物品，甚至限制消费者的人身自由的行为。（2）民族风俗习惯受到尊重。各民族在长期历史发展过程中，在饮食、服饰、居住、婚葬、节庆、娱乐、礼节、禁忌等方面，都有不同的风俗习惯。因此，尊重少数民族的风俗习惯，就是尊重民族感情、民族意识、民族尊严，这关系到坚持民族平等，加强民族团结，处理好民族关系，促进安定团结的大问题。因此，尊重少数民族的风俗习惯，对于保护少数民族消费者的合法权益，贯彻党和国家的民族政策，都有极其重要的意义。

（九）监督权

监督权，指消费者享有对商品和服务以及保护消费者权益工作进行监督的权利。监督权是上述各项权利的必然延伸，对消费者权利的切实实现至关重要。监督权表现在：（1）有权对商品和服务以及保护消费者权益工作进行监督；（2）有权检举、控告侵害消费者权益的行为和国家机关及其工作人员在保护消费者权益工作中的违法失职行为；（3）有权对保护消费者权益工作提出批评建议。

二、经营者义务

经营者的义务是经营者在经营活动中履行的责任，即经营者依法必须做出一定行为或者抑制自己的某种行为。经营者的义务与消费者的权利相适应，消费者权利的实现在一定程度上是通过经营者履行义务来实现的。经营者的义务可分为法定义务和约定义务两种，法定义务是指由法律、法规直接规定的由经营者承担的义务；约定义务是指经营者与消费者之间达成的协议中所约定的义务。根据消费者权益保护法的规定，经营者必须履行下列九项义务：

（一）接受监督的义务

经营者应当听取消费者对其提供的商品或服务的意见，接受消费者的监督。经营者接受消费者监督，主要是通过设立意见箱、意见簿以及投诉电话，及时处理消费者的投诉，自觉接受消费者的批评等方式进行。经营者应当忠实履行这一义务，对消费者的意见投诉要及时答复和处理，对消费者的合理建议要及时采纳，自觉地将提供商品或服务的经营活动置于消费者的有效监督之下。

（二）保证商品和服务符合安全要求的义务

经营者应当保证其提供的商品或服务符合保障人身、财产安全的要求。经营者应当做到：（1）对可能危及人身、财产安全的商品和服务，应作出真实说明和明确的警示，标明正确使用及防止危害发生的方法；（2）经营者发现其提供的商品或者服务存在严重缺陷，即使正确使用或接受服务仍然可能对人身、财产造成危害的，应立即向政府有关部门报告和告知消费者，并采取相应的防范措施。

（三）提供真实信息的义务

提供真实信息的义务包括下列内容：（1）经营者应当向消费者提供有关商品和服务的真实信息，不得作引人误解的虚假宣传。真实的信息是消费者自主选择商品或服务的前提和基础，经营者不得以虚假宣传误导甚至欺骗消费者；（2）对消费者关于商品或者服务的质量、使用方法等问题的询问，经营者应作出真实、明确的答复；（3）商店提供商品应当明码标价。

【案例阅读 3－2】

发布虚假旅游广告，侵犯旅游者合法权益

2012 年 5 月，A 市 B 旅行社通过报刊广告推出"幸福老年"云南昆明、大理、丽江双卧 11 日游，特价 1488 元（全包），并送精美礼品。很快就有 18 人报名参加并组团。5 月 19 日，旅游团到达昆明，当地接待社声称对老年团队的优惠政策已取消，因此，每名团员要补交门票 400 元，否则就不接待游览。游客们马上和全陪交涉，最后由 B 旅行社先垫付了门票款。在随后的旅游过程中，云南地接社又有多处未按照约定提供服务。游客们对这次旅游很不满意。返回 A 市后，老人们即向旅行社索赔，他们认为旅行社发布了虚假广告，损害了他们的合法权益，要求 B 旅行社退赔团款 30%。而 B 旅行社则声称是地接社违反了约定，与己无关，并要求他们补交门票款。老人们于是又集体投诉到 A 市旅游质监所。

【分析与提示】

本案中旅行社在广告中声明是特价（全包），但实际上地接社以优惠政策已取消为由，加收景点门票款，这与广告内容相去甚远。根据《消费者权益保护法》第十九条规定，经营者应当向消费者提供有关商品或服务的真实信息，不得作引人误解的虚假宣传。《旅行社条例》规定，旅行社应当维护旅游者的合法权益。旅行社向旅游者提供的旅游服务信息必须真实可靠，不得做虚假宣传。因此，应由旅行社承担责任，并且其要求游客支付门票款没有道理，因为合同中已经约定的价格囊括门票票价。

（四）标明真实名称和标记的义务

标明经营者真实名称和标记的义务包括下列内容：（1）经营者应当标明其真实名称和标记。经营者的名称和标记，在一定的范围内具有专有性质，消费者可以据此准确判断经营者的真实身份，一旦自己的合法权益受到经营者的不法侵害，即可及时采取法律对策请求保护。（2）经营者租赁他人柜台或者场地，应当标明其真实名称和标记。

（五）出具凭证或单据的义务

出具购货凭证或服务单据的义务包括下列内容：（1）经营者提供商品或者服务，应按国家有关规定或商业惯例向消费者出具购货凭证或服务单据；（2）消费者索要上条所列的凭证、单据，经营者必须出具。

（六）保证商品或服务质量的义务

经营者有义务保证商品和服务的质量。该义务体现在两方面：（1）经营者应当保证在正常使用商品或者接受服务的情况下其提供的商品或者服务应当具有的质量、性能、用途和有效期限；但消费者在购买该商品或者接受服务前已经知道其存在瑕疵的除外。（2）经营者以广告、产品说明、实物样品或者其他方式表明商品或者服务的质量状况的，应当保证提供的商品或者服务的实际质量与标明的质量状况相符。

（七）承担"三包"和其他责任的义务

承担"三包"和其他责任的义务包括下列内容：（1）经营者应当按照国家规定对商品承担包修、包换、包退的责任或者其他责任（例如违约、侵权、不履行其他义务的责任）；（2）经营者对以上义务的履行不得故意拖延或无理拒绝。

（八）不得以格式合同等方式限制消费者权利的义务

这一义务包括下列内容：（1）经营者不得以格式合同、通知、声明、店堂告示等方式作出对消费者不公平、不合理的规

定；（2）经营者不得做出减轻、免除损害消费者合法权益应当
承担的民事责任；（3）格式合同、通知、声明、店堂告示等含
有上述所列内容的，其内容无效。

（九）尊重消费者人身权利的义务

尊重消费者人身权利的义务包括下列内容：（1）经营者不
得对消费者进行侮辱、诽谤；不得以不文明、不礼貌的语言，
贬低、诋毁消费者的人格尊严；（2）不得搜查消费者的身体及
其携带的物品；（3）不得侵犯消费者的人身自由。

第三节　消费者权益保护体系

一、国家对消费者合法权益的保护

保护消费者合法权益是国家应尽的职责，由立法机关、行
政机关、司法机关通过采取相应措施来实现。

（一）立法保护

完善的法律、法规、政策体系是国家保护消费者合法权益
的基础和依据。国家对消费者合法权益的立法保护表现在：
（1）法律规定国家采取立法措施保护消费者合法权益；（2）国
家制定有关消费者权益的法律、法规和政策时，应当根据不同
情况、通过不同方式听取消费者的意见和要求；（3）为了保护
消费者的合法权益，维护社会经济秩序，促进社会主义市场经
济健康发展，根据《中华人民共和国消费者权益保护法》等有
关法律、行政法规，各地结合本省实际，制定了保护消费者权
益的地方性法规。

（二）行政保护

在行政保护措施中，消费者权益保护法加重了各级人民政
府及工商行政管理部门的责任，通过相应条款将各级人民政府

作为该法的主要实施者，并将工商行政管理部门作为该法的主要行政执法机关。各级人民政府通过行使领导权、监督权来履行保护消费者合法权益的职责。有关部门通过行政执法来履行保护消费者合法权益。承担保护职责的有关行政执法机关主要是工商行政管理部门；此外，还有技术监督部门、卫生监督管理部门、进出口商品检验部门、各行业主管部门等。

（三）司法保护

负有惩处经营者在提供商品和服务中侵害消费者合法权益的违法犯罪行为职责的公安机关、检察机关、审判机关，应当依照法律、法规规定履行职责。人民法院应当采取措施，方便消费者提起诉讼。对符合民事诉讼法起诉条件的消费者权益争议，必须受理、及时审理。

二、消费者组织对消费者合法权益的保护

消费者组织，主要是指中国消费者协会和地方各级消费者协会，它们是依法成立的对商品和服务进行社会监督的保护消费者合法权益的社会团体。消费者权益保护法对消费者组织的范围、性质、设立、任务等作了规定。

（一）消费者协会的职能

消费者协会，作为消费者组织的主要类型，在人民政府支持下，其职能是：（1）向消费者提供消费信息和咨询服务；（2）参与有关行政部门对商品和服务的监督、检查；（3）就有关消费者合法权益问题，向有关行政部门反映、查询，提出建议；（4）受理消费者投诉，并对投诉事项进行调查、调解；（5）投诉事项涉及商品和服务质量问题，可以提请有关部门鉴定，鉴定部门应当告知鉴定结论；（6）就损害消费者合法权益的行为，支持受损害消费者提起诉讼；（7）对损害消费者合法权益的行为，通过大众传媒给予揭露、批评。

（二）消费者组织的权利限制

维护消费者合法权益是消费者组织的宗旨，法律通过赋予其职能来实现消费者权利的保护。为保证其担当起赋予的重任，消费者权益保护法作出的禁止性规定有：（1）消费者组织不得从事商品经营活动和营利性服务；（2）消费者组织不得以牟利为目的向社会推荐商品和服务。

第四节　消费者权益争议的解决

消费者权益争议，是指消费者与经营者之间因消费者权益问题而发生的纠纷，由于赔偿主体和赔偿程序与争议的解决密切相关，因而消费者权益保护法不仅规定了争议解决的途径，而且规定了现实生活中反应比较强烈、问题比较严重的几种特殊的赔偿主体和程序。

一、争议解决的途径

根据消费者权益保护法的相关规定，消费者与经营者发生权益争议时，可以通过以下途径解决：

（一）协商和解

当消费者和经营者因商品或服务发生争议时，协商和解应作为首选方式，特别是因误解产生的争议，通过解释、谦让及其他补救措施，便可化解矛盾，平息争议。协商和解必须在自愿平等的基础上进行。

（二）消费者协会调解

消费者在不能与经营者协商和解时，可请求消费者协会居中调解，以使争议得以及时处理。消费者协会在接到消费者请求调解的要求后，可在查清事实、分清责任的基础上，就争议的事项居中进行解决或者代表受损害的消费者与经营者进行交涉，以求得争议的妥善解决。

（三）向有关行政部门申诉

消费争议发生后，消费者可以直接向有关行政部门申诉，以求得到行政保护。这些行政部门主要有工商、物价、技术监督、卫生等部门。这种方式具有高效、快捷、力度强等特点。

（四）提请仲裁机构仲裁

所谓仲裁是指双方当事人在争议发生之前或者争议发生之后达成协议，自愿将争议交由第三方作出裁决，以解决争议的法律制度。仲裁的主要特点是一裁终局，仲裁裁决作出后，当事人不能再申请仲裁或者向人民法院起诉，一方不履行仲裁义务的，另一方可以向人民法院申请强制执行。

（五）向人民法院提起诉讼

消费者在自己的合法权益受到经营者不法侵害后，可直接向人民法院提起民事诉讼，请求司法保护。

二、赔偿主体及赔偿程序

法律根据不同情况规定了赔偿主体及程序。

1. 消费者在购买、使用商品时，其合法权益受到损害，可以向销售者要求赔偿。属于生产者的责任或属于向销售者提供商品的其他销售者的责任，销售者赔偿后，有权向生产者或其他销售者追偿。

2. 因商品缺陷造成人身、财产损害的，可以向销售者要求赔偿，也可以向生产者要求赔偿。属于生产者责任的，销售者赔偿后，有权向生产者追偿。属于销售者责任的生产者赔偿后，有权向销售者追偿。

3. 消费者在接受服务时，其合法权益受到损害的，可以向服务者要求赔偿。

4. 消费者在购买、使用商品或者接受服务时，其合法权益受到损害，因原企业分立、合并的，可以向变更后承受其权利义务的企业要求赔偿。

5. 使用他人营业执照的违法经营者提供商品或者服务，损害消费者合法权益的，消费者可以向其要求赔偿，也可以向营业执照的持有者要求赔偿。

6. 消费者在展销会、租赁柜台购买商品或者接受服务，其合法权益受到损害的，可以向销售者或者服务者要求赔偿。展销会结束或者柜台租赁期满后，也可以向展销会的举办者、柜台的出租者要求赔偿。展销会的举办者、柜台的出租者赔偿后，有权向销售者或者服务者追偿。

7. 消费者因经营者利用虚假广告提供商品或者服务，其合法权益受到损害的，可以向经营者要求赔偿。广告经营者发布虚假广告的，消费者可以请求行政主管部门予以惩处，广告经营者不能提供经营者的真实名称、地址的，应承担赔偿责任。

第五节　侵犯消费者合法权益的法律责任

一、经营者侵犯消费者合法权益的民事责任

（一）经营者应承担民事责任的情形

《消费者权益保护法》第四十条规定："经营者提供商品或服务有下列情形之一的，除本法另有规定外，应当依照《中华人民共和国产品质量法》和其他有关法律、法规的规定，承担民事责任：（一）商品存在缺陷的；（二）不具备商品应当具备的使用性能而出售时未作说明的；（三）不符合在商品或者其包装上注明采用的商品标准的；（四）不符合商品说明、实物样品等方式表明的质量状况的；（五）生产国家明令淘汰的商品或者销售失效、变质的商品的；（六）销售的商品数量不足的；（七）服务的内容

和费用违反约定的；（八）对消费者提出的修理、重做、更换、退货、补足商品数量、退还货款和服务费用或者赔偿损失的要求，故意拖延或者无理拒绝的；（九）法律、法规规定的其他损害消费者权益的情形。"

（二）经营者应承担的民事责任

1. 经营者提供商品或者服务，造成消费者或者其他受害人人身伤害的，应当支付医疗费、治疗期间的护理费、因误工减少的收入等费用；造成残疾的，还应当支付残疾者生活补助费、残疾赔偿金以及由死者生前抚养的人所必需的生活费用等费用。

2. 经营者提供商品或者服务，造成消费者或者其他受害人死亡的，应当支付丧葬费、死亡赔偿金以及由死者生前抚养的人所必需的生活费等费用。

3. 经营者侵害消费者的人格尊严或者侵犯消费者人身自由的，应当停止侵害、恢复名誉、消除影响、赔礼道歉，并赔偿损失。

4. 经营者提供商品或者服务，造成消费者财产损害的，应当按照消费者要求，以修理、重做、更换、退货、补足商品数量、退还货款和服务费用或者赔偿损失等方式承担民事责任。消费者与经营者另有约定的，按照约定履行。

5. 对国家规定或者经营者与消费者约定包修、包换、包退的商品，经营者应当负责修理、更换或者退货。在保修期内两次修理仍不能正常使用的，经营者应当负责更换或者退货。对"三包"的大件商品，消费者要求修理、更换、退货时，经营者应当承担运输等合理费用。

6. 经营者以邮购方式提供商品的，应当按照约定提供。未按照约定提供的，应当按照消费者的要求履行约定或者退回货款；并应当承担消费者必须支付的合理费用。

7. 经营者提供商品或者服务有欺诈行为的，应当按照消费者的要求增加赔偿其受到的损失，增加赔偿的金额为消费者购买商品的价款或者接受服务的费用的一倍。

【案例阅读 3 - 3】

2008 年 3 月，某市邮电局职工王某等想到境外旅游。经与多家旅行社联系，最后与自称该市航空旅行社第二业务部经理的李某取得联系。李某称能在较短时间内让他们成行，并表示该旅行社有组团赴境外旅游的资格。王某等 32 人于 2008 年 3 月 11 日与该航空旅行社签订了协议，但一直到同年 4 月 1 日，该航空旅行社也未按承诺安排他们出国旅游。王某等找到李某交涉，李某再次书面保证 4 月 23 日出团，但 4 月 23 日他们仍未走成。王某等人再次找到李某要求更换旅行社和退还预付款 21 万元，李某也同意退款。但该航空旅行社在此期间为其中 5 人办理了护照，另安排了 7 人赴海南旅游，现有 18.77 万元未予退还。后又经多次催要，该航空旅行社又返还 4.5 万元，尚余 14.27 万元。眼看出国无望，王某等向该省旅游局投诉，该省旅游局于 8 月 10 日作出了关于对该航空旅行社违规经营的处理决定，认定该社无视法规，越权违规经营，利用虚假广告宣传和欺诈手段，骗取游客 21 万元人民币，并责令该社将经营情况和财务账目送交旅游局进行审查，同时在省级报刊公开澄清和纠正该社有关违规经营的虚假广告。但此时，该社仍然不将剩余款 14.27 万元退还。无奈之下，王某等 32 人于 9 月 20 日一纸诉状将该航空旅行社及第二业务部经理李某推上被告席，要求法院判令被告偿还他们剩余的 14.27 万元预付款，并依据《消费者权益保护法》增加赔偿，根据"增加赔偿的金额为消费者购买商品或接受服务的费用的一倍"的规定，赔付其损失 14.27 万元。

该航空旅行社在法庭辩论中称其和李某没有任何关系，李某不是该社职工，不应被列为被告。李某的代理人则称李某与王某等游客不存在合同关系，因为合同的双方是该航空旅行社第二业务部和某市邮电局，第二业务部收到的是邮电局的旅游费，因此王某等不具备主体资格。某市邮电局借自费出国旅游渠道组织单位职工出国旅游，严重违反了国务院关于严禁借自费出国旅游渠道组织公费出国旅游的规定。双方签订的合同应属无效合同，这种消费行为显然也不合法，不应受到《消费者权益保护法》的保护。

【分析与提示】

　　第一，合同的签订者是该航空旅行社第二业务部与32名消费者的代表人王某，而不是某市邮电局。这32名消费者作为原告是完全合法的。第二，李某系该航空旅行社职工。李某在该社的同意下组建了第二业务部，每年向该社交纳费用，可以说第二业务部是其下属部门，由于第二业务部在法律上不具有主体资格，故法律责任应由该航空旅行社承担。第三，在本案中，李某故意掩盖该航空旅行社不具有经营涉外旅游业务资格的事实，这完全是一种欺诈行为。根据《消费者权益保护法》第四十九条规定："经营者提供商品或者服务有欺诈行为的，应当按照消费者的要求增加赔偿其受到的损失，增加赔偿的金额为消费者购买商品的价款或者接受服务的费用的一倍。"因此，该航空旅行社除偿还王某预付款14.27万元外，还应赔偿王某等人14.27万元。

二、经营者侵犯消费者合法权益的行政责任

（一）经营者应当承担行政责任的情形

根据消费者权益保护法的规定，经营者有下列行为之一的

应承担行政责任：（1）生产、销售的商品不符合保障人身、财产安全要求的；

（2）在商品中掺杂、掺假，以假充真，以次充好，或者以不合格商品冒充合格商品的；

（3）生产国家明令淘汰的商品或者销售失效、变质的商品的；

（4）伪造商品的产地，伪造或者冒用他人的厂名、厂址，伪造或者冒用认证标志、名优标志等质量标志的；

（5）销售的商品应当检验、检疫而未检验、检疫或者伪造检验、检疫结果的；

（6）对商品或者服务作引人误解的虚假宣传的；

（7）对消费者提出的修理、重做、更换、退货、补足商品数量、退还货款和服务费用或者赔偿损失的要求，故意拖延或者无理拒绝的；

（8）侵害消费者人格尊严或者侵犯消费者人身自由的；

（9）法律、法规规定的对损害消费者权益应当予以处罚的其他情形。

（二）经营者应当承担的行政责任

经营者有上述九种情况之一的，《中华人民共和国产品质量法》和其他有关法律、法规对处罚机关和处罚方式有规定的，依据法律、法规的规定执行；法律、法规未作规定的，由工商行政管理部门责令改正，可以根据情节单处或者并处警告、没收违法所得、处以违法所得一倍以上五倍以下的罚款，没有违法所得的，处以一万元以下的罚款；情节严重的，责令停业整顿、吊销营业执照。

根据《中华人民共和国行政复议法》的规定，经营者对上述处罚决定不服的，可以自收到处罚决定之日起60日内向上一级机关申请复议，对复议决定不服的，可以自收到复议决定书之日起 15 日内向人民法院提起诉讼；也可以直接向人民法院提起诉讼。

三、经营者侵犯消费者合法权益的刑事责任

根据《消费者权益保护法》第四十一条、第四十二条的规定，经营者提供商品或者服务，造成消费者或者其他受害人人身伤害或者死亡，构成犯罪的，依法追究刑事责任。

国家机关工作人员有玩忽职守或者包庇经营者侵害消费者合法权益的行为的，由其所在单位或者上级机关给予行政处分；情节严重，构成犯罪的，依法追究刑事责任。

【习题】

一、填空题

1. 经营者与消费者交易的基本原则：（　　）、（　　）、（　　）、（　　）。

2. 消费者权利有（　　）、（　　）、（　　）、（　　）、（　　）、结社权、获得有关知识权、受尊重权等权利。

3. 经营者提供商品服务应当按照国家有关规定或者商业惯例向消费者出具（　　）或者（　　）。

4. 消费者享有依法成立维护自身合法权益的社会团体的权利，该组织是（　　），简称（　　）。

5. 消费者为（　　）购买，使用商品或者接受服务，其权益受《中华人民共和国消费者权益保护法》保护；为（　　）等需要而购买、使用的，受其他法律法规的保护。

6. 经营者的义务有：（　　）、（　　）、（　　）、（　　）、（　　）、（　　）、（　　）、（　　）。

二、单项选择题

1. 小周在一家商店选购某电视机时觉得该电视机的款式、

质量不合心意，打算离开时，被该商品的促销员拦住，称小周
必须要买一台，否则不许离开，促销员的行为侵犯了小周的
（　　）。

A. 公平交易权　　　　　　　　B. 自主选择权

C. 受尊重权　　　　　　　　　D. 知情了解权

2. 下列店堂告示，哪一个没有违反《消费者权益保护法》
的规定？（　　）

A. "本店商品一旦售出概不退换"

B. 购买总额在 10 元以下者请恕本商场不开发票

C. 钱物请当面点清否则后果自负

D. 如售假药包赔顾客 2 万元

3. 我国消费者协会的法定职能有几项？（　　）

A. 6 项　　　　　B. 7 项　　　　　C. 9 项　　　　　D. 10 项

4. 经营者应当保证在正常使用商品或接受服务的情况下其
提供的商品或服务应当具有的质量、性能、用途和有效期限；
但（　　）。

A. 消费者在购买该商品或接受该服务前已经知道其存在瑕
疵的除外

B. 消费者在购买该商品或接受该服务后已经知道其存在瑕
疵的除外

C. 消费者在购买该商品或接受该服务前不知道其存在瑕疵
的除外

D. 消费者在购买该商品或接受该服务后不知道其存在瑕疵
的除外

5. 消费者协会是对商品和服务进行社会监督的保护消费者
合法权益的（　　）。

A. 行政机关　　B. 行业协会　　C. 社会团体　　D. 群众组织

6. 我国消费者协会的性质是什么？（　　）

A. 是保护消费者权益的法定组织

B. 是对商品和服务进行社会监督的保护消费者合法权益的全国性社会团体

C. 是对商品和服务进行社会监督的保护消费者合法权益的法定组织

D. 是对商品和服务进行社会监督的保护消费者合法权益的依法设立的政府机关

7. 下列不属于经营者承担民事责任的情形是（　　）。

A. 销售的数量不足的

B. 服务的内容和费用违反约定的

C. 对商品或者服务作引人误解的虚假的宣传

D. 不符合商品说明、实样样品等方式表明的质量状况的

8. 某女士面容不佳，去某商场购物被保安阻拦不允许其入内，该商场侵犯了该女士的哪项权利？（　　）

A. 自主选择权　　　　　　　B. 保障安全权

C. 公平交易权　　　　　　　D. 维护尊严权

9. 消费者协会对消费者权益保护的监督属于（　　）。

A. 行政监督　　B. 社会监督　　C. 行业监督　　D. 政府监督

10. 某市电信局在提供安装电话的服务时，只允许消费者购买并使用其指定的电话机，否则不予安装。其行为侵犯了消费者的下列哪项权利？（　　）

A. 保障安全权　　　　　　　B. 公平交易权

C. 自主选择权　　　　　　　D. 知悉真情权

三、简答题

1. 争议解决的途径有哪些？

2. 经营者承担民事责任的情形。

第四章　旅行社管理法律法规制度

　　旅行社是旅游活动的组织者。它通过销售旅游产品，把旅游产品供应者和旅游产品消费者有机地联系在一起，并由此获取利润。旅行社通过出售旅游产品，安排组织旅游活动，提供导游翻译等工作，把旅游活动的各要素串联起来。因此，旅行社成为旅游行业的"龙头"企业，它与旅游交通、旅游饭店被称为旅游业的三大支柱。

　　2013年10月1日起施行的《中华人民共和国旅游法》（以下简称《旅游法》）和国务院2009年1月21日发布的《旅行社条例》（以下简称《条例》）及国家旅游局2009年4月2日发布的《旅行社条例实施细则》（以下简称《实施细则》），共同构成了我国针对旅行社行业管理的法律法规体系主体。

第一节　旅行社概述

一、旅行社的概念和性质

（一）旅行社的概念

　　《条例》第二条对我国旅行社的概念作出了明确的规定，旅行社"是指从事招徕、组织、接待旅游者等活动，为旅游者提供相关旅游服务，开展国内旅游业务、入境旅游业务或者出境旅游业务的企业法人"。

（二）旅行社的性质

1. 营利性

旅行社是以营利为目的的企业，旅行社作为独立的企业法人，应当自主经营、自负盈亏，以自己的名义独立承担民事责任，依法享有权利和承担相应的义务。旅行社对自己的经营成果要承担经济责任和享有相应的经济权利，如果不是以营利为目的，在经营中不能获得一定利润，那么旅行社只能倒闭破产。同时，旅行社的经营活动受法律的保护。

2. 服务性

旅行社属于服务业，主要业务是为旅游者的旅行游览提供服务。这类服务主要包括旅游咨询、旅游线路设计；招徕、组织、接待旅游者；安排旅游者的国内旅游、入境旅游或者出境旅游。

3. 中介性

旅行社是旅游产品生产者和旅游产品消费者的中间商，它依托各类旅游资源和旅游设施设备向旅游者提供服务，对不同的旅游服务供应者（如饭店、餐馆、车船公司、旅游景点）的产品进行推销，为各类旅游服务供应者招徕旅游者，产生经济效益、社会效益；它为旅游者提供了方便顺利的旅游服务，它把旅游者需要的多种服务集中起来，一次性地销售给旅游者，满足了旅游者的旅游需求，从而使旅游产品的生产和消费得以实现。旅行社既满足了旅游者的消费需求，又促进了旅游产品的生产和销售，从而起到了促进旅游业发展的作用。

二、旅行社的业务

（一）业务范围

1. 国内旅游业务

旅行社招徕、组织和接待中国内地居民在境内旅游的业务。

2. 入境旅游业务

旅行社招徕、组织、接待外国旅游者来我国旅游，香港特别行政区、澳门特别行政区旅游者来内地旅游，台湾地区居民来大陆旅游，以及招徕、组织、接待在中国内地的外国人，在内地的香港特别行政区、澳门特别行政区居民和在大陆的台湾地区居民在境内旅游的业务。

3. 出境旅游业务

旅行社招徕、组织、接待中国内地居民出国旅游，赴香港特别行政区、澳门特别行政区和台湾地区旅游，以及招徕、组织、接待在中国内地的外国人、在内地的香港特别行政区、澳门特别行政区居民和在大陆的台湾地区居民出境旅游的业务。

4. 边境游业务

旅行社招徕、组织、接待我国及毗邻国家的公民，集体从指定的边境口岸出入境，在双方政府商定的区域和期限内进行旅游活动的业务。

5. 其他旅游业务

（二）业务内容

根据《旅行社条例》和《旅行社条例实施细则》的规定，旅行社招徕、组织、接待旅游者，为旅游者提供的相关旅游服务主要包括：

1. 安排交通服务；

2. 安排住宿服务；

3. 安排餐饮服务；

4. 安排观光游览、休闲度假等服务；

5. 导游、领队服务；

6. 旅游咨询、旅游活动设计服务；

7. 旅行社可以接受的委托服务：

（1）接受旅游者的委托，代订交通客票、代订住宿和代办出境、入境、签证手续等；

（2）接受机关、事业单位和社会团体的委托，为其差旅、考察、会议、展览等公务活动，代办交通、住宿、餐饮、会务等事务；

（3）接受企业委托，为其各类商务活动、奖励旅游等，代办交通、住宿、餐饮、会务、观光游览、休闲度假等事务；

（4）其他旅游服务。

上述所列出境、签证手续等服务，应当由具备出境旅游业务经营权的旅行社代办。

三、旅行社的设立

（一）设立旅行社的条件

随着我国旅游业的发展，旅行社发挥的作用越来越显著。在现代经济生活中，旅行社同其他企业一样，是国民经济的一个基层单位和经济实体，任何单位或个人申请设立旅行社都必须具备一定的条件。从外部条件来说，旅行社的开办要受到由旅游供给与旅游需求共同构成的旅游市场的制约，受到国家对旅行社行业管理所制定的有关政策与法规的规范；从内部条件来说，旅行社的开办要受到自身的人力、物力、财力和组织管理诸因素的影响。

根据《旅游法》和《条例》的规定，申请设立旅行社，经营国内旅游业务和入境旅游业务的，应取得旅游主管部门许可，进行工商登记，并应当具备下列条件：

1. 有固定的经营场所

《条例》中所规定的经营场所应当符合下列要求：

（1）申请者拥有产权的营业用房，或者申请者租用的、租期不少于1年的营业用房；

（2）营业用房应当满足申请者业务经营的需要。

2. 有必要的营业设施

《条例》中所规定营业设施应当至少包括下列设施、设备：

（1）2 部以上的直线固定电话；传真机、复印机；

（2）具备与旅游行政管理部门及其他旅游经营者联网条件的计算机。

3. 有不少于 30 万元的注册资本

注册资本是指旅行社用于正常经营活动所应拥有的固定资金和流动资金，也是向有关行政管理部门申请营业的重要依据。根据《条例》规定，经营国内旅游业务和入境旅游业务的，注册资本不得少于 30 万元人民币。其注册资本可以高于上述规定数额，但不得低于上述规定。

4. 有必要的经营管理人员和导游人员

5. 法律、行政法规规定的其他条件

【案例阅读 4 - 1】

旅行社的注册条件

某市甲、乙两家公司协商准备申请成立一家旅行社，甲公司出资 25 万元人民币，乙公司用自己经营的门面房作价出资 25 万元人民币。他们符合设立旅行社的注册资本条件吗？

【分析与提示】

注册资本包括固定资本和流动资本，甲、乙两公司出资的注册资本共 50 万元人民币，符合设立旅行社注册资本不少于 30 万元人民币的规定。

（二）旅行社的开办审批

在我国，旅行社是属于进行前期归口审批、实行业务许可证制的行业。凡拟设立旅行社的，都必须严格按照《条例》的规定，经申请、审批、核准、登记后，方可正式成立旅行社。

1. 申请设立旅行社

申请设立旅行社，经营国内旅游业务和入境旅游业务的，应当向所在地省、自治区、直辖市旅游行政管理部门或者其委托的设区的市级旅游行政管理部门提出申请，并提交符合本条例第六条规定的相关证明文件。受理申请的旅游行政管理部门应当自受理申请之日起20个工作日内作出许可或者不予许可的决定。予以许可的，向申请人颁发旅行社业务经营许可证，申请人持旅行社业务经营许可证向工商行政管理部门办理设立登记；不予许可的，书面通知申请人并说明理由。申请设立旅行社，应当向省、自治区、直辖市旅游行政管理部门（简称省级旅游行政管理部门，下同）提交下列文件：

（1）设立申请书。内容包括申请设立的旅行社的中英文名称及英文缩写，设立地址，企业形式、出资人、出资额和出资方式，申请人，受理申请部门的全称，申请书名称和申请的时间；

（2）法定代表人履历表及身份证明；

（3）企业章程；

（4）依法设立的验资机构出具的验资证明；

（5）经营场所的证明；

（6）营业设施、设备的证明或者说明；

（7）工商行政管理部门出具的《企业名称预先核准通知书》。

省级旅游行政管理部门可以委托设区的市（含州、盟，下同）级旅游行政管理部门，受理当事人的申请并作出许可或者不予许可的决定。

2. 出境旅游业务经营权的申请

旅行社取得经营许可满两年，且未因侵害旅游者合法权益受到行政机关罚款以上处罚的，可以申请经营出境旅游业务。

旅行社申请出境旅游业务的，应当向国务院旅游行政主管部门提交原许可的旅游行政管理部门出具的，证明其经营旅行社业务满两年，且连续两年未因侵害旅游者合法权益受到行政机关罚款以上处罚的文件。

旅行社取得出境旅游业务经营许可的，由国务院旅游行政主管部门换发旅行社业务经营许可证。旅行社持旅行社业务经营许可证向工商行政管理部门办理经营范围变更登记。不予许可的，书面通知申请人并说明理由。

国务院旅游行政主管部门可以委托省级旅游行政管理部门受理旅行社经营出境旅游业务的申请，并作出许可或者不予许可的决定。

旅行社申请经营边境旅游业务的，适用《边境旅游暂行管理办法》的规定。旅行社申请经营赴台湾地区旅游业务的，适用《大陆居民赴台湾地区旅游管理办法》的规定。

3. 旅行社的变更和终止

旅行社变更名称、经营场所、法定代表人等登记事项或者终止经营的，应当到工商行政管理部门办理相应的变更登记或者注销登记，并在登记办理完毕之日起 10 个工作日内，向原许可的旅游行政管理部门备案，换领或者交回旅行社业务经营许可证。

（三）旅行社的分支机构

1. 旅行社分社的设立

旅行社设立分社的，应当持旅行社业务经营许可证副本向分社所在地的工商行政管理部门办理设立登记，并自设立登记之日起 3 个工作日内向分社所在地的旅游行政管理部门备案。

旅行社分社的设立不受地域限制。分社的经营范围不得超出设立分社的旅行社的经营范围。

2. 旅行社服务网点的设立

服务网点是指旅行社设立的，为旅行社招徕旅游者，并以旅行社的名义与旅游者签订旅游合同的门市部等机构。

设立社设立服务网点的区域范围，应当在设立社所在地的设区的市的行政区划内。设立社不得在上述规定的区域范围外，设立服务网点。

旅行社设立专门招徕旅游者、提供旅游咨询的服务网点（以下简称旅行社服务网点）应当依法向工商行政管理部门办理设立登记手续，并向所在地的旅游行政管理部门备案。

旅行社服务网点应当接受旅行社的统一管理，不得从事招徕、咨询以外的活动。

旅行社分社（简称分社）及旅行社服务网点（简称服务网点），不具有法人资格，以设立分社、服务网点的旅行社（简称设立社）的名义从事《条例》规定的经营活动，其经营活动的责任和后果，由设立社承担。

（四）有关外商投资旅行社的规定

外商投资旅行社，包括中外合资经营旅行社、中外合作经营旅行社和外资旅行社。

1. 外商投资旅行社的设立

设立外商投资旅行社，由投资者向国务院旅游行政主管部门提出申请，并提交符合本条例第六条规定条件的相关证明文件。国务院旅游行政主管部门应当自受理申请之日起30个工作日内审查完毕。同意设立的，出具外商投资旅行社业务许可审定意见书；不同意设立的，书面通知申请人并说明理由。

申请人持外商投资旅行社业务许可审定意见书、章程，合资、合作双方签订的合同向国务院商务主管部门提出设立外商投资企业的申请。国务院商务主管部门应当依照有关法律、法规的规定，作出批准或者不予批准的决定。予以批准的，颁发外商投资企业批准证书，并通知申请人向国务院旅游行政主管部门领取旅行社业务经营许可证，申请人持旅行社业务经营许可证和外商投资企业批准证书向工商行政管理部门办理设立登记；不予批准的，书面通知申请人并说明理由。

2. 外商投资旅行社的经营范围规定

外商投资旅行社不得经营中国内地居民出国旅游业务以及赴香港特别行政区、澳门特别行政区和台湾地区旅游的业务，但是国务院决定或者我国签署的自由贸易协定和内地与香港、澳门关于建立更紧密经贸关系的安排另有规定的除外。

第二节　旅行社经营

企业在生产经营活动中，必须依照法律、法规进行合法经营。旅行社在激烈的市场竞争中如何求得自身的生存与发展，涉及很多问题，而依照法律、法规来规范旅行社的经营活动，保护旅行社和旅游者的合法权益，惩罚和打击不法行为，则是首要的问题。

一、旅行社的经营原则

旅行社在经营活动中应当遵循自愿、平等、公平、诚实信用的原则，遵守商业道德。

（一）自愿原则

自愿原则就是要求参与市场的经营者，在市场中能充分表达自己的真实意志，根据自己的意愿选择交易对手、交易内容和条件以及终止或变更交易的条件。我国《民法通则》把自愿原则作为一项基本原则，即一切民事活动都必须遵守这一原则。凡以欺诈、胁迫等手段或者乘人之危，使对方在违背真实意愿的情况下所为的民事行为均为无效的民事法律行为。

（二）平等原则

平等原则是指在具体的交易中，不论经营者一方是法人还是自然人，或双方在经济力量上存在的差别有多大，或即使一方交易者属某行政机关管辖，交易者双方都是平等的，在双方权利与义务的约定上必须平等协商。一方不得恃强凌弱，强迫对方服从自己的意志。同时平等原则要求法律、法规对交易者双方提供平等的法律保障与保护。

（三）公平原则

公平原则是指在交易和竞争的方法、条件和结果上都应当是公平的。发展社会主义市场经济，必须保护公平竞争，发挥竞争机制推动市场经济的作用。

（四）诚实信用原则

诚实信用原则要求经营者以善意、诚实、公正为基础，自觉履行对其他经营者、消费者和国家所承担的基本责任。诚实信用原则是市场经济中公认的商业道德，也是道德规范在法律上的表现。

二、旅行社的经营规定

（一）旅行社为招徕、组织旅游者发布信息，必须真实、准确，不得进行虚假宣传，误导旅游者

《旅游法》规定，旅行社向旅游者提供的旅游服务信息含有虚假内容或者作虚假宣传的，由旅游主管部门或者有关部门责令改正，没收违法所得，并处 5000 元以上 5 万元以下罚款；违法所得 5 万元以上的，并处违法所得 1 倍以上 5 倍以下罚款；情节严重的，责令停业整顿或者吊销旅行社业务经营许可证；对直接负责的主管人员和其他直接责任人员，处 2000 元以上 2 万元以下罚款。

【案例阅读 4 - 2】

旅游服务信息要真实可靠

某旅行社和旅游者签订的旅游合同中注明:"全程高档客车,住宿星级宾馆……"旅游者返回后大呼上当,认为旅行社欺诈他们。旅行社在合同中的上述内容有什么过错?

【分析与提示】

旅行社提供的旅游服务信息内容模糊,什么是"高档"客车?"星级"宾馆到底是几星级? 这些不确定的模糊概念,都有很大的差别空间。旅行社有服务信息不真实可靠、误导旅游者之嫌。旅游者应注意询问,旅行社也不能在合同中使用此类语言。

(二) 经营出境旅游业务的旅行社不得组织旅游者到国务院旅游行政主管部门公布的中国公民出境旅游目的地之外的国家和地区旅游

违反本条规定,经营出境旅游业务的旅行社组织旅游者到国务院旅游行政主管部门公布的中国公民出境旅游目的地之外的国家和地区旅游的,由旅游行政管理部门责令改正,没收违法所得,违法所得 10 万元以上的,并处违法所得 1 倍以上 5 倍以下的罚款;违法所得不足 10 万元或者没有违法所得的,并处 10 万元以上 50 万元以下的罚款;情节严重的,吊销旅行社业务经营许可证。

(三) 旅行社及其从业人员组织、接待旅游者,不得安排参观或者参与违反我国法律、法规和社会公德的项目或者活动

《旅游法》规定,旅行社安排旅游者参观或者参与违反我国法律、法规和社会公德的项目或者活动的,由旅游主管部门责令改正,没收违法所得,责令停业整顿,并处 2 万元以上 20 万

元以下罚款；情节严重的，吊销旅行社业务经营许可证；对直接负责的主管人员和其他直接责任人员，处2000元以上2万元以下罚款，并暂扣或者吊销导游证、领队证。

（四）旅行社不得以不合理的低价组织旅游活动，诱骗旅游者，并通过安排购物或者另行付费旅游项目获取回扣等不正当利益

旅行社组织、接待旅游者，不得指定具体购物场所，不得安排另行付费旅游项目。但是，经双方协商一致或者旅游者要求，且不影响其他旅游者行程安排的除外。

《旅游法》规定，旅行社以不合理的低价组织旅游活动，诱骗旅游者，并通过安排购物或者另行付费旅游项目获取回扣等不正当利益的，由旅游主管部门责令改正，没收违法所得，责令停业整顿，并处3万元以上30万元以下罚款；违法所得30万元以上的，并处违法所得1倍以上5倍以下罚款；情节严重的，吊销旅行社业务经营许可证；对直接负责的主管人员和其他直接责任人员，没收违法所得，处2000元以上2万元以下罚款，并暂扣或者吊销导游证、领队证。旅游者有权在旅游行程结束后30日内，要求旅行社为其办理退货并先行垫付退货货款，或者退还另行付费旅游项目的费用。

（五）旅行社为旅游者提供服务，应当与旅游者签订旅游合同

1. 包价旅游合同的内容

《旅游法》规定，包价旅游合同应当采用书面形式，并包括下列内容：（1）旅行社、旅游者的基本信息；（2）旅游行程安排；（3）旅游团成团的最低人数；（4）交通、住宿、餐饮等旅游服务安排和标准；（5）游览、娱乐等项目的具体内容和时间；（6）自由活动时间安排；（7）旅游费用及其交纳的期限和方式；（8）违约责任和解决纠纷的方式；（9）法律、法规规定和双方

约定的其他事项。

2. 有关规定

（1）旅行社在与旅游者签订旅游合同时，应当对旅游合同的具体内容做出真实、准确、完整的说明。

（2）旅行社和旅游者签订的旅游合同约定不明确或者对格式条款的理解发生争议的，应当按照通常理解予以解释；对格式条款有两种以上解释的，应当作出有利于旅游者的解释；格式条款和非格式条款不一致的，应当采用非格式条款。

（3）旅行社应当在旅游行程开始前向旅游者提供旅游行程单。旅游行程单是包价旅游合同的组成部分。

（4）旅行社依照本法规定将包价旅游合同中的接待业务委托给地接社履行的，应当在包价旅游合同中载明地接社的基本信息。

（5）安排导游为旅游者提供服务的，应当在包价旅游合同中载明导游服务费用。

（6）旅行社应当提示参加团队旅游的旅游者按照规定投保人身意外伤害保险。

（7）订立包价旅游合同时，旅行社应当向旅游者告知下列事项：

①旅游者不适合参加旅游活动的情形；

②旅游活动中的安全注意事项；

③旅行社依法可以减免责任的信息；

④旅游者应当注意的旅游目的地相关法律、法规和风俗习惯、宗教禁忌，依照中国法律不宜参加的活动等；

⑤法律、法规规定的其他应当告知的事项。

（8）旅行社招徕旅游者组团旅游，因未达到约定人数不能出团的，组团社可以解除合同。但是，境内旅游应当至少提前7日通知旅游者，出境旅游应当至少提前30日通知旅游者。

（9）旅游者有下列情形之一的，旅行社可以解除合同：

①患有传染病等疾病，可能危害其他旅游者健康和安全的；

②携带危害公共安全的物品且不同意交有关部门处理的；

③从事违法或者违反社会公德的活动的；

④从事严重影响其他旅游者权益的活动，且不听劝阻、不能制止的；

⑤法律规定的其他情形。

因以上情形解除合同的，组团社应当在扣除必要的费用后，将余款退还旅游者；给旅行社造成损失的，旅游者应当依法承担赔偿责任。

（10）旅行社有下列行为之一的，由旅游主管部门责令改正，处 3 万元以上 30 万元以下罚款，并责令停业整顿；造成旅游者滞留等严重后果的，吊销旅行社业务经营许可证；对直接负责的主管人员和其他直接责任人员，处 2000 元以上 2 万元以下罚款，并暂扣或者吊销导游证、领队证：

①在旅游行程中擅自变更旅游行程安排，严重损害旅游者权益的；

②拒绝履行合同的；

③未征得旅游者书面同意，委托其他旅行社履行包价旅游合同的。

（11）《条例》规定，旅行社未与旅游者签订旅游合同或与旅游者签订的旅游合同未载明包价旅游合同法定内容的，由旅游行政管理部门责令改正，处 2 万元以上 10 万元以下的罚款；情节严重的，责令停业整顿 1 个月至 3 个月。

（六）旅行社不得要求导游人员和领队人员接待不支付接待和服务费用或者支付的费用低于接待和服务成本的旅游团队，不得要求导游人员和领队人员承担或垫付接待旅游团队的相关费用

《条例》规定旅行社要求导游人员和领队人员接待不支付接

待和服务费用、支付的费用低于接待和服务成本的旅游团队，或者要求导游人员和领队人员承担接待旅游团队的相关费用的，由旅游行政管理部门责令改正，处 2 万元以上 10 万元以下的罚款。

《旅游法》规定，旅行社要求导游人员和领队人员垫付接待旅游团相关费用的，由旅游主管部门责令改正，没收违法所得，并处 5000 元以上 5 万元以下罚款；情节严重的，责令停业整顿或者吊销旅行社业务经营许可证；对直接负责的主管人员和其他直接责任人员，处 2000 元以上 2 万元以下罚款。

（七）旅行社违反旅游合同约定，造成旅游者合法权益受到损害的，应当采取必要的补救措施，并及时报告旅游行政管理部门

《条例》规定，旅行社违反旅游合同约定，造成旅游者合法权益受到损害，不采取必要的补救措施的，由旅游行政管理部门或者工商行政管理部门责令改正，处 1 万元以上 5 万元以下的罚款；情节严重的，由旅游行政管理部门吊销旅行社业务经营许可证。

（八）旅行社需要对旅游业务做出委托的，应当委托给具有相应资质的旅行社，征得旅游者的同意，并与接受委托的旅行社就接待旅游者的事宜签订委托合同，确定接待旅游者的各项服务安排及其标准，约定双方的权利、义务

《条例》规定，旅行社有下列情形之一的，由旅游行政管理部门责令改正，处 2 万元以上 10 万元以下的罚款；情节严重的，责令停业整顿 1 个月至 3 个月：（1）未取得旅游者同意，将旅游业务委托给其他旅行社；（2）将旅游业务委托给不具有相应资质的旅行社；（3）未与接受委托的旅行社就接待旅游者的事宜签订委托合同。

（九）旅行社将旅游业务委托给其他旅行社的，应当向接受委托的旅行社支付不低于接待和服务成本的费用；接受委托的旅行社不得接待不支付或者不足额支付接待和服务费用的旅游团队

接受委托的旅行社违约，造成旅游者合法权益受到损害的，做出委托的旅行社应当承担相应的赔偿责任。做出委托的旅行社赔偿后，可以向接受委托的旅行社追偿。接受委托的旅行社故意或者重大过失造成旅游者合法权益损害的，应当承担连带责任。

《条例》规定，有下列情形之一的，由旅游行政管理部门责令改正，停业整顿1个月至3个月；情节严重的，吊销旅行社业务经营许可证：（1）旅行社不向接受委托的旅行社支付接待和服务费用的；（2）旅行社向接受委托的旅行社支付的费用低于接待和服务成本的；（3）接受委托的旅行社接待不支付或者不足额支付接待和服务费用的旅游团队的。

（十）旅行社应当投保旅行社责任险

《旅游法》规定，旅行社不投保旅行社责任险的，由旅游主管部门或者有关部门责令改正，没收违法所得，并处5000元以上5万元以下罚款；违法所得5万元以上的，并处违法所得1倍以上5倍以下罚款；情节严重的，责令停业整顿或者吊销旅行社业务经营许可证；对直接负责的主管人员和其他直接责任人员，处2000元以上2万元以下罚款。

（十一）旅行社对可能危及旅游者人身、财产安全的事项，应当向旅游者做出真实的说明和明确的警示，并采取防止危害发生的必要措施

《条例》规定，旅行社及其委派的导游人员、领队人员对发生危及旅游者人身安全的情形，未采取必要的处置措施并及时报告的，由旅游行政管理部门责令改正，对旅行社处2万元以

上 10 万元以下的罚款；对导游人员、领队人员处 4000 元以上 2 万元以下的罚款；情节严重的，责令旅行社停业整顿 1 个月至 3 个月，或者吊销旅行社业务经营许可证、导游证、领队证。

（十二）旅行社组织、接待出入境旅游，发现旅游者从事违法活动或者出境旅游者在境外非法滞留，随团出境的旅游者擅自分团、脱团，入境旅游者在境内非法滞留，随团入境的旅游者擅自分团、脱团情形的，应当及时向公安机关、旅游主管部门或者我国驻外机构报告

《旅游法》规定，旅行社未按上述规定履行报告义务的，由旅游主管部门处 5000 元以上 5 万元以下罚款；情节严重的，责令停业整顿或者吊销旅行社业务经营许可证；对直接负责的主管人员和其他直接责任人员，处 2000 元以上 2 万元以下罚款，并暂扣或者吊销导游证、领队证。

（十三）旅行社组织旅游活动应当向合格的供应商订购产品和服务

《旅游法》规定，旅行社向不合格的供应商订购产品和服务的，由旅游主管部门或者有关部门责令改正，没收违法所得，并处 5000 元以上 5 万元以下罚款；违法所得 5 万元以上的，并处违法所得 1 倍以上 5 倍以下罚款；情节严重的，责令停业整顿或者吊销旅行社业务经营许可证；对直接负责的主管人员和其他直接责任人员，处 2000 元以上 2 万元以下罚款。

三、旅行社工作人员的聘用与管理

旅行社是劳动密集型和智力密集型企业，人才的使用和管理水平决定了旅行社的经营成败。在旅行社之间竞争日趋激烈、人才流动越来越频繁的环境下，《旅游法》和《旅行社条例》对工作人员的聘用也有相应的规定。

（一）旅行社组织中国内地居民出境旅游的，应当为旅游团队安排领队全程陪同

《旅游法》规定，旅行社组织中国内地居民出境旅游，不为旅游团队安排领队全程陪同的，由旅游主管部门责令改正，没收违法所得，并处 5000 元以上 5 万元以下罚款；情节严重的，责令停业整顿或者吊销旅行社业务经营许可证；对直接负责的主管人员和其他直接责任人员，处 2000 元以上 2 万元以下罚款。

（二）旅行社为接待旅游者委派的导游人员或者为组织旅游者出境旅游委派的领队人员，应当持有国家规定的导游证、领队证

《旅游法》规定，旅行社委派的导游人员和领队人员未持有国家规定的导游证或者领队证的，由旅游主管部门责令改正，没收违法所得，并处 5000 元以上 5 万元以下罚款；情节严重的，责令停业整顿或者吊销旅行社业务经营许可证；对直接负责的主管人员和其他直接责任人员，处 2000 元以上 2 万元以下罚款。

（三）旅行社应当与其聘用的导游依法订立劳动合同、支付劳动报酬、缴纳社会保险费用

《旅游法》规定，旅行社应当与其聘用的导游依法订立劳动合同、支付劳动报酬、缴纳社会保险费用。《条例》规定，旅行社不向其聘用的导游人员、领队人员支付报酬，或者所支付的报酬低于当地最低工资标准的，按照《中华人民共和国劳动合同法》的有关规定处理。

（四）旅行社临时聘用导游为旅游者提供服务的，应当全额向导游支付包价旅游合同中规定的导游服务费用

《旅游法》规定，旅行社未向临时聘用的导游支付导游服务费用的，由旅游主管部门责令改正，没收违法所得，并处 5000 元以上 5 万元以下罚款；情节严重的，责令停业整顿或者吊销旅行社业务经营许可证；对直接负责的主管人员和其他直接责

任人员，处 2000 元以上 2 万元以下罚款。

（五）旅行社应对其委派的导游人员和领队人员进行严格的管理，要求导游人员和领队人员不得有下列行为：

1. 拒绝履行旅游合同约定的义务；

2. 非因不可抗力改变旅游合同安排的行程；

3. 欺骗、胁迫旅游者购物或者参加需要另行付费的游览项目。

（六）发生危及旅游者人身安全的情形的，旅行社及其委派的导游人员、领队人员应当采取必要的处置措施并及时报告旅游行政管理部门；在境外发生的，还应当及时报告中华人民共和国驻该国使领馆、相关驻外机构、当地警方

《条例》规定，发生危及旅游者人身安全的情形，未采取必要的处置措施并及时报告的，由旅游行政管理部门责令改正，对旅行社处 2 万元以上 10 万元以下的罚款；对导游人员、领队人员处 4000 元以上 2 万元以下的罚款；情节严重的，责令旅行社停业整顿 1 个月至 3 个月，或者吊销旅行社业务经营许可证、导游证、领队证。

第三节　旅行社管理

一、旅行社业务经营许可证制度

（一）旅行社业务经营许可证概述

《旅游法》规定，旅行社从事旅游业务必须取得旅行社业务经营许可证。旅行社业务经营许可证是旅行社经营旅游业务的资格证明，由国家旅游局统一样式，由具有审批权的旅游行政管理部门颁发，未取得许可证的，不得从事旅游业务。

许可证由正本和副本组成，由国务院旅游行政管理部门制

定统一样式，国务院旅游行政主管部门和省级旅游行政管理部门分别印制。

旅行社业务经营许可证及副本损毁或者遗失的，旅行社应当向原许可的旅游行政管理部门申请换发或者补发。申请补发旅行社业务经营许可证及副本的，旅行社应当通过本省、自治区、直辖市范围内公开发行的报刊，或者省级以上旅游行政管理部门网站，刊登损毁或者遗失作废声明。

（二）旅行社业务经营许可证管理规定

1. 对未经许可经营旅行社业务的处罚规定

《旅游法》规定，未经许可经营旅行社业务的，由旅游主管部门或者工商行政管理部门责令改正，没收违法所得，并处 1 万元以上 10 万元以下罚款；违法所得 10 万元以上的，并处违法所得 1 倍以上 5 倍以下罚款；对有关责任人员，处 2000 元以上 2 万元以下罚款。

《旅游法》同时规定，对未经许可从事出境游、边境游业务的旅行社，除按照以上规定进行处罚外，旅游主管部门还应责令其停业整顿；情节严重的，吊销旅行社业务经营许可证；对直接负责的主管人员，处 2000 元以上 2 万元以下罚款。

2. 对旅行社转让、出租、出借或以其他方式转让旅行社业务经营许可证的处罚规定

《旅游法》规定，对旅行社转让、出租、出借或以其他方式转让旅行社业务经营许可证的，由旅游主管部门或者工商行政管理部门责令改正，没收违法所得，并处 1 万元以上 10 万元以下罚款；违法所得 10 万元以上的，并处违法所得 1 倍以上 5 倍以下罚款；对有关责任人员，处 2000 元以上 2 万元以下罚款；责令停业整顿；情节严重的，吊销旅行社业务经营许可证；对直接负责的主管人员，处 2000 元以上 2 万元以下罚款。

3. 旅行社分支机构许可证管理规定

《细则》规定，旅行社及其分社、服务网点，应当将旅行社业务经营许可证、旅行社分社备案登记证明或者旅行社服务网点备案登记证明，与营业执照一起，悬挂在经营场所的显要位置。未悬挂旅行社业务经营许可证、备案登记证明的，由县级以上旅游行政管理部门责令改正，同时可以处1万元以下的罚款。

二、旅行社质量保证金制度

（一）旅行社质量保证金的概念

旅行社质量保证金是指由旅行社缴纳、旅游行政管理部门管理、用于保障旅游者权益的专用款项。

《旅游法》第三十一条规定："旅行社应当按照规定交纳旅游服务质量保证金，用于旅游者权益损害赔偿和垫付旅游者人身安全遇有危险时紧急救助的费用。"

（二）旅行社质量保证金存取规定

1. 存入数额的规定

（1）经营国内旅游业务和入境旅游业务的旅行社，应当存入质量保证金20万元；经营出境旅游业务的旅行社，应当增存质量保证金120万元。

（2）旅行社每设立一个经营国内旅游业务和入境旅游业务的分社，应当向其质量保证金账户增存5万元；每设立一个经营出境旅游业务的分社，应当向其质量保证金账户增存30万元。

2. 质量保证金利息

《条例》规定质量保证金的利息属于旅行社所有。

3. 质量保证金金额的降低

旅行社自交纳或者补足质量保证金之日起3年内未因侵害旅游者合法权益受到行政机关罚款以上处罚的，旅游行政管理部门应当将旅行社质量保证金的交存数额降低 50%，并向社会公告。旅行社可凭省、自治区、直辖市旅游行政管理部门出具的凭证减少其质量保证金。

4. 质量保证金的补充

旅行社在旅游行政管理部门使用质量保证金赔偿旅游者的损失，或者依法减少质量保证金后，因侵害旅游者合法权益受到行政机关罚款以上处罚的，应当在收到旅游行政管理部门补交质量保证金的通知之日起 5 个工作日内补足质量保证金。

5. 质量保证金的取回

旅行社不再从事旅游业务的，凭旅游行政管理部门出具的凭证，向银行取回质量保证金。

（三）旅行社质量保证金的适用范围

《条例》规定有下列情形之一的，旅游行政管理部门可以使用旅行社的质量保证金：

1. 旅行社违反旅游合同约定，侵害旅游者合法权益，经旅游行政管理部门查证属实的；

2. 旅行社因解散、破产或者其他原因造成旅游者预交旅游费用损失的。

同时，《条例》还规定，人民法院判决、裁定及其他生效法律文书认定旅行社损害旅游者合法权益，旅行社拒绝或者无力赔偿的，人民法院可以从旅行社的质量保证金账户上划拨赔偿款。

【案例阅读 4 - 3】

旅行社老板"玩失踪"

桐乡市崇福镇居民王女士计划春节期间到北京去游玩，跟两个小姐妹一说，大家都很感兴趣，就叫王女士来办理此事。2013 年 1 月 26 日，王女士来到了一家名为"桐乡中星"的旅行社，看中了该旅行社组织的北京五日游项目（旅游费用为成人每人 1500 元，小孩 1300 元）。王女士觉得能到北京去玩五天，这样的价格自己也能接受，与朋友们商量了一下，大家表示赞成。王女士说："我当天就交纳了 5800 元，并跟他们签订了合同，合同上注明是 2 月 20 日出发。签完合同后，工作人员告诉我，叫我在家等电话，定具体的出发时间和地点。接着我就在家里准备一下过年的一些东西，去北京旅游的事我以为没问题了，就再没与他们联系。"

王女士等到大年初二，还是等不到该公司的电话。她赶紧从家里向该公司赶去。到该公司的办公地点一看，公司的招牌都没有了，附近的知情人告诉她："门面已经租出去了，旅行社老板跑了。"

该公司的员工告诉王女士，旅行社老板金越在 2 月 8 日后就不见了人影，手机也关机了。和王女士一样受骗的还有桐乡市某丝绸公司做销售的曹先生。他告诉记者，他们本来是大年初一出发，旅游费用每人 1350 元，三人共交纳了 4050 元。大年初一的早上，曹先生一家一大早就起床，赶到了指定的集合场所，却被告之虽然订了位子，但费用没打过来，不能出发。曹先生马上赶到桐乡中星旅行社，才得知老板已经跑了。

试问，王女士和曹先生等旅游者应如何维护自己的合法权益呢？

【分析与提示】

《旅行社条例》规定："旅行社因解散、破产或者其他原因造成旅游者预交旅游费用损失的，可以用质量保证金对受损失的旅游者进行赔偿。"因此，王女士和曹先生等旅游者可以到当地旅游行政管理部门进行投诉，通过法律途径维护合法权益，挽回经济损失。

三、监督检查制度

（一）监督检查部门及执法要求

《条例》规定："旅游、工商、价格、商务、外汇等有关部门应当依法加强对旅行社的监督管理，发现违法行为，应当及时给予处理。"

县级以上旅游行政管理部门，可以在其法定权限内，委托符合法定条件的、同级旅游质监执法机构实施监督检查。

县级以上旅游行政管理部门对旅行社及其分支机构实施监督检查时，可以进入其经营场所，查阅招徕、组织、接待、旅游者的各类合同、相关文件、资料以及财务账簿、交易记录和业务单据等材料，旅行社及其分支机构应当给予配合。

县级以上旅游行政管理部门对旅行社及其分支机构监督检查时，应当由两名以上持有旅游行政执法证件的执法人员进行。不符合上述规定要求的，旅行社及其分支机构有权拒绝检查。

旅游、工商、价格、商务、外汇等有关部门工作人员不得接受旅行社的任何馈赠，不得参加由旅行社支付费用的购物活动或游览项目，不得通过旅行社为自己、亲友或者其他个人、组织谋取私利。

（二）监督检查制度

1. 公告制度

公告制度，是指旅行社的监督检查部门将对旅行社监督检查的情况通过本部门或者上级部门的政府网站向社会公开发布告知的制度。其目的是扩大对旅行社的监督范围，强化对旅行社的监管力度。

《条例》规定，旅游、工商、价格等行政管理部门应当及时向社会公告监督检查情况。公告的内容包括旅行社业务经营许可证的颁发、变更、吊销、注销等情况，旅行社的违法经营行为以及旅行社的诚信记录、旅游者投诉信息等。

2. 年检制度

《条例》规定，旅行社及其分社应当接受旅游行政管理部门对其旅游合同、服务质量、旅游安全，财务账簿的监督检查，并按照国家有关规定向旅游行政管理部门报告经营和财务信息等统计资料。

《细则》同时规定，旅行社应当按当年度将下列经营和财务信息等统计资料，在次年 3 月底前，报告原许可的旅游行政管理部门：（1）旅行社的基本情况，包括企业形式、出资人、员工人数、部门设置、分支机构、网络体系等；（2）旅行社的经营情况，包括营业收入、利润等；（3）旅行社组织接待情况，包括国内旅游、入境旅游，出境旅游的组织接待人数等；（4）旅行社安全、质量、信誉情况，包括投保旅行社责任保险、认证许可和奖罚等。对前款资料中涉及旅行社商业秘密的内容，旅游行政管理部门应当给予保密。

如旅行社不按照国家有关规定向旅游行政管理部门报送经营和财务信息等统计资料，由旅游行政管理部门责令改正；拒不改正的，处 1 万元以下的罚款。

3. 备案制度

《条例》规定，旅行社设立分社的，应当持旅行社业务经营许可证副本向分社所在地的工商行政管理部门办理设立登记，并自设立登记之日起 3 个工作日内向分社所在地的旅游行政管理部门备案。

旅行社设立专门招徕旅游者、提供旅游咨询的服务网点应当依法向工商行政管理部门办理设立登记手续，并向所在地的旅游行政管理部门备案。

《条例》第十二条规定：旅行社变更名称、经营场所、法定代表人等登记事项或者终止经营的，应当到工商行政管理部门办理相应的变更登记或者注销登记，并在登记办理完毕之日起10 个工作日内，向原许可的旅游行政管理部门备案，换领或者交回旅行社业务经营许可证。

旅行社有违反上述规定情形之一的，由县级以上旅游行政管理部门责令改正；拒不改正的，处 1 万元以下罚款。

【习题】

一、填空题

1. 旅行社的主要性质：（　　　）、（　　　）、（　　　）。

2. 旅行社是指（　　　）。

3. 旅行社设立的条件：（　　　）、（　　　）、（　　　）。

4. 旅行社在经营活动中应当遵循（　　）、（　　）、（　　）、（　　　）的原则，提高服务质量，维护旅游者合法权益。

5. 旅行社服务网点应当接受旅行社统一管理，不得从事（　　）、（　　）以外的活动。

6. 外商投资旅行社，包括（　　）、（　　）、（　　）。

7. 旅行社业务经营许可证分为（　　　）和（　　　）。

8.《旅行社管理条例》及其实施细则规定，旅行社业务经营许可证的有效期限为（　　　）年。

9. 旅行社业务年检方式有（　　　）和（　　　）两种。

10. 旅行社质量保证金是用于（　　　）的专用款项，各级旅游行政管理部门在规定的职权范围内，根据有关法规、规章和程序，作出支付保证金的决定。

二、单项选择题

1. 旅行社转让、出租、出借旅行社业务经营许可证的，由旅游行政管理部门（　　　），并没收违法所得；情节严重的，吊销旅行社业务经营许可证。

A. 责令停业整顿 1 个月到 3 个月

B. 处 1 万元以下的罚款

C. 处 2 万元以上 10 万元以下的罚款

D. 处 1 万元以上 5 万元以下的罚款

2. 下列属于外商投资旅行社经营范围的是（　　）。

A. 接待国内游客在大陆旅游

B. 组织内地游客赴香港澳门台湾旅游

C. 组织大陆居民到海外旅游

D. 组织香港游客到国外旅游

3. 质量保证金的利息属于（　　）所有。

A. 旅行社　　　　　　　　　B. 旅游行政管理部门

C. A 和 B 共同所有　　　　　D. 旅游者

4. 旅行社不投保旅行社责任险的，由旅游行政部门责令改正，拒不改正的（　　）。

A. 罚款 5 万元至 50 万元　　　B. 暂扣旅行社业务经营许可证

C. 罚款 50 万元至 100 万元　　D. 吊销旅行社业务经营许可证

5. 旅行社服务网点应当在设立登记之日起（　　）内向分社所在地的旅游行政管理部门备案。

A. 3 个工作日　　　　　　　　B. 7 个工作日

C. 15 个工作日　　　　　　　　D. 20 个工作日

6. 根据《旅行社条例》规定，旅行社取得经营许可满（　　）年，且未因侵害旅游者合法权益受到行政机关罚款以上处罚的，可以申请经营出境旅游业务。

A. 一　　　　　B. 两　　　　　C. 三　　　　　D. 五

7. 根据《旅行社条例》的规定，经营出境旅游业务的旅行社，应当增存质量保证金（　　）万元。

A. 60　　　　　B. 100　　　　　C. 120　　　　　D. 150

8. 旅行社向旅游者提供的旅游服务信息含有虚假内容或者虚假宣传的，由（　　）依法给予处罚。

A. 旅游行政管理部门　　　　　　B. 工商行政管理部门

C. 价格主管部门　　　　　　　　D. 商务主管部门

9. 根据《旅行社条例》，当发生约定的解除旅游合同的情形时，旅行社可以（　　）将旅游者推荐给其他旅行社组织、接待。

A. 书面通知旅游者　　　　　　　B. 经征得旅游者的同意

C. 口头通知旅游者　　　　　　　D. 经征得旅游者商定

10. 《旅行社条例》规定，导游人员对发生危及旅游者人身安全的情形，未采取必要的处置措施并及时报告，情节严重的，由旅游行政管理部门（　　）。

A. 责令改正　　　　　　　　　　B. 罚款

C. 吊销导游证　　　　　　　　　D. 没收非法所得

三、简答题

1. 质量保证金的适用范围。

2. 旅行社的权利。

第五章　导游人员管理法律法规制度

第一节　导游人员管理法律法规概述

现代旅游业的发展历史证明，旅游业中最具有代表性的工作是导游工作。导游人员是旅游接待工作第一线的关键人员，是旅行社中一支最基本也是最庞大的队伍。导游人员是旅行社的对外形象，是旅行社的一面镜子；同时，导游人员也是"国家的橱窗"，是一个国家文明的代表和体现。但是，导游工作的特点决定了导游经常是单兵作战，这就给导游人员的管理工作提出了难题。为了确保对导游人员的有效管理，维护旅游市场秩序，提高旅游服务质量，规范导游工作，保护旅游者和导游员的合法权益，把对导游人员的管理纳入法制化轨道，国务院和国家旅游局先后颁布了一系列的导游人员管理法规和部门规章，从政治思想、职业道德、法制纪律、业务培训、内部考核和奖惩办法等方面对导游人员进行规范和管理，这对加强导游队伍建设和促进我国旅游业的健康发展起了巨大的推动作用。

一、我国导游人员管理法律法规制度发展历程

1987 年 8 月 17 日，国家旅游局发布了《关于严格禁止在旅游业务中私自收受回扣和收取小费的规定》。经国务院批准，国家旅游局 1987 年 11 月 30 日发布了《导游人员管理暂行规定》。

1988 年 1 月 14 日，国家旅游局发布了《关于颁发中华人民共和国导游证书暂行办法》。1991 年 5 月 29 日，国家旅游局发布了《旅游行业对客人服务的基本标准（试行）》。

1993 年，国家旅游局人教司发布了《导游员等级评定意见、标准和实施细则》。为适应我国旅游业的快速发展和规范管理的要求，1995 年，由国家旅游局提出、中国国际旅行社总社起草了《导游服务质量》的国家标准（ GB/T15971—1995 ）。1999 年 5 月 14 日，国务院总理正式签署第 263 号国务院令，发布《导游人员管理条例》，取代了《导游人员管理暂行规定》。该《条例》于 1999 年 10 月 1 日起施行，它为我国导游人员队伍的建设和发展提供了重要的法制依据。1999 年 8 月 27 日，国家旅游局旅管理法〔1999〕136 号文发布了《导游证管理办法》，自 1999 年 10 月 1 日起施行。2002 年 1 月 1 日起施行《导游人员管理实施办法》，2005 年 6 月 3 日重新修订。

2002 年，针对新版导游证的推出，国家旅游局旅游管理法〔2002〕13 号文发布了新的《导游证管理办法》，该办法自 2002 年 4 月 1 日起在部分地区试行，并规定 1999 年 10 月 1 日开始实施的《导游证管理办法》和 1999 年 8 月 27 日国家旅游局发布的《关于改版和换发导游证的通知》到 2003 年 4 月 1 日废止，2003 年 3 月 31 日前全部完成换发新版导游证工作。随着出境旅游业务的迅速发展，2002 年 10 月 14 日，国家旅游局讨论通过了《出境旅游领队人员管理办法》，于 2002 年 10 月 28 日颁布施行。

2013 年 10 月 1 日起施行的《中华人民共和国旅游法》（以下简称《旅游法》）更是将对导游人员的管理纳入了法律的层面。

二、导游人员概念与分类

(一) 导游人员的概念

《导游人员管理条例》第二条规定:"本条例所称导游人员,是指依照本条例的规定取得导游证,接受旅行社委派,为旅游者提供向导、讲解及相关旅游服务的人员。"

上述导游人员的概念包含三层含义:

第一,特定的程序。在我国担任导游工作的人员,是参加导游人员资格考试合格并取得导游证的人员,这与人们日常所俗称的"导游"不同。《旅游法》第三十七条规定:"参加导游资格考试成绩合格,与旅行社订立劳动合同或者在相关旅游行业组织注册的人员,可以申请取得导游证。"

第二,特定的委托。导游人员是接受旅行社委派而从事导游业务的人员。接受旅行社委派是导游人员概念的主要特征。只有接受旅行社委派从事旅游业务的人,其合法从业权才能受到该法规的保护。《旅游法》第四十条规定:"导游和领队为旅游者提供服务必须接受旅行社委派,不得私自承揽导游和领队业务。"

第三,特定的工作。导游的工作范围,主要是为旅游者提供向导、讲解及相关旅游服务。"向导",一般是指为他人引路、带路;"讲解",是指为旅游者解说、指点风景名胜;"相关旅游服务",一般是指为旅游者代办各种旅行证件、代购交通票据、安排旅行住宿、旅程、就餐等与旅行游览有关的各种活动。

(二) 导游人员的分类

导游员是导游服务工作人员的总称,各类导游员的工作范围、接待对象、使用的语言、工作方式和性质、任职资格条件都不尽相同。按照不同的分类标准,可以把导游员进行多种分类。

1. 按语种分类

以导游人员服务时使用的语言为标准，导游人员可分为外国语导游员和中文导游员。外国语导游员主要是为外国旅游者提供导游服务的人员；中文导游员一般是为国内旅游者、回内地探亲的香港、澳门、台湾同胞和回国的外籍华人旅游者，按其不同要求提供相应语言服务的导游人员。

2. 按工作性质分类

以工作的职业性质为标准，导游人员可分为专职导游员、业余导游员和自由职业导游员。专职导游员指与旅行社订立劳动合同或者在相关旅游行业组织注册的人员，是我国导游队伍的主力军。业余导游员是指不以导游工作为主业，主要利用业余时间从事导游工作的人员。自由职业导游员是指以导游职业为主业，本身并不属于某家旅行社的正式员工，但通过合同形式与其供职的旅行社建立权利义务关系。

3. 按等级分类

按等级可以将导游员分为四类：初级导游员、中级导游员、高级导游员和特级导游员。初级导游员和中级导游员资格主要是通过考试取得，他们是导游员队伍的主要力量，所占比例较大。高级导游员和特级导游员资格主要是通过考核和同行专家评议，被旅行社所聘而取得的。虽然在数量上只是少数，但是对于保证导游服务质量和提高旅行社的形象起着非常关键和重要的作用，是旅行社中宝贵的人力资源。

4. 按工作区域分类

按工作区域可以将导游员分为地方陪同导游员（简称地陪）、全程陪同导游员（简称全陪）、定点导游员（也称讲解员）、国际导游员（一般称为领队）。地陪是指受接待旅行社委派，代表接待社实施接待计划，为旅游团（者）提供当地旅游活动安排、讲解、翻译等服务的导游人员；全陪是指受组团旅行社委派，作为组团社的代表，为旅游团（者）提供全旅程服务的导游人员；讲解员是指在重要景点或参观场所一定范围内为旅游者进行导游讲解的人员；领队是指受雇于派出方旅行社，负责陪同国际旅游团的全程旅游活动并协调与接待方旅行社关系的旅游工作人员。

三、导游人员资格考试

（一）参加导游人员资格考试的条件

国家实行全国统一的导游人员资格考试制度，具体由各省级人民政府旅游行政管理部门实施。参加导游人员资格考试必须具备下列 4 个条件：

1. 必须是中华人民共和国公民

在我国，凡是按《中华人民共和国国籍法》规定取得中国国籍的人，都是中华人民共和国公民。对导游人员做国籍限制，世界上其他国家也有类似规定。将某些行业的从业权，规定只授予本国公民，这也是国际上普遍接受的一个通行惯例。

2. 必须具有高级中学、中等专业学校或者以上学历

接受过何种程度的教育，具有何种学历，是衡量一个从业人员的知识结构和文化程度的客观标准之一，也是从事某种职业对其从业人员的要求。一般认为，导游人员应当是一个"杂家"，即要求其具有较广泛的文化知识，对祖国的历史文化、名川大山、风土人情、民族习俗等有较广泛的了解。导游工作的这一特点，就要求导游从业人员必须具有较好的文化素养和相应的学历条件。

3. 必须身体健康

导游工作是一项紧张的脑力劳动和繁忙艰苦的体力劳动相结合的工作，特别是各地气候条件、生活习俗不同，给导游人员的生活和工作带来诸多不便，导游人员只有具备良好的身体

素质，才能适应导游工作。

4. 必须具有适应导游需要的基本知识和语言表达能力

具有适应导游需要的基本知识，主要指具有《导游人员管理条例》规定的文化程度和相应的导游基础知识。导游语言，是对祖国名胜古迹的艺术表达，它要求导游人员应当按照规范化的语言来解说，或以艺术化的语言进行表述，做到语言流畅、鲜明生动、活泼风趣、合乎礼仪，以吸引旅游者的注意力，形成轻松愉快、活泼有趣的氛围，给人以美的享受，消除旅途疲劳，增添旅游情趣。语言表达能力是导游人员所应具备的基本条件。

（二）导游人员资格考试的管理

1. 导游人员资格考试的管理部门及其职责

国务院旅游行政管理部门负责制定全国导游人员资格考试的政策、标准和对各地考试工作的监督管理。

省级旅游行政管理部门负责组织、实施本行政区域内的导游人员资格考试工作。

直辖市、计划单列市、副省级城市负责本地区的导游人员资格考试工作。

应当坚持考试和培训分开、培训自愿的原则，不得强迫考生参加培训。

2. 导游人员资格证书的取得与管理

参加导游人员资格考试合格的人员，由组织考试的旅游行政管理部门在考试结束之日起 30 个工作日内颁发导游人员资格证。

获得导游人员资格证 3 年未从业的，资格证自动失效。

四、导游人员证书

（一）导游证的含义

导游人员证书简称"导游证"，是持证人依法进行导游注册、能够从事导游活动的法定证件。要求导游人员执业必须具有导游证，是为了维护旅游声誉，保证导游服务质量，便于旅游行政管理人员的监督检查。因此，《导游人员管理条例》规定："在中华人民共和国境内从事导游活动，必须取得导游证。"《旅游法》第一百零二条规定："未取得导游证或者领队证从事导游、领队活动的，由旅游主管部门责令改正，没收违法所得，并处 1 千元以上 1 万元以下罚款，予以公告。"

（二）申请领取导游证的条件

1. 取得导游人员资格证书

通过导游人员资格考试获得旅游行政管理部门颁发的导游资格证书是申请领取导游证的前提条件。

2. 与旅行社订立劳动合同或在导游服务公司登记

与旅行社订立劳动合同的人员，是指专职导游人员，是旅行社的雇员，即旅行社的正式员工。导游人员与旅行社订立劳动合同，明确导游人员在旅行社应承担的工作及相应的劳动规则；旅行社则应按导游人员工作的数量和质量付给工资，并提供相应劳动条件的责任。

"导游服务公司"是从事导游人员业务管理、培训，并为旅行社和导游人员提供供需信息等服务的企业。导游服务公司在导游人员和旅行社之间起桥梁作用。在导游服务公司登记的人员，可以是专职导游人员，也可以是非专职导游人员，但都不是某一旅行社的正式员工。他们在导游服务公司登记后，当某旅行社需要导游人员时可通过该导游服务公司接受聘用。这种聘用关系有较明显的季节性和时间性，通常在旅游旺季、旅行社导游人员不足时，通过导游服务公司聘用所需导游人员，待旅游旺季结束，旅行社与受聘导游人员的聘用关系也随之终止。

（三）不得颁发导游证的情形

导游人员工作专业性强，为保证导游人员队伍的整体水平，在规定取得导游人员资格条件、执业条件的同时，《导游人员管理条例》第五条规定了不予颁发导游证的四种情形：

1. 无民事行为能力或者限制民事行为能力的

民事行为能力是指公民可以独立进行民事活动的资格，法律要求公民在达到一定年龄以及能够对自己的行为可能产生的法律后果具有认知能力和判断能力后才具有的行为能力。我国法律根据公民的年龄、智力和精神健康状况将公民的民事行为能力划分为以下 3 种：

完全民事行为能力。法律规定 18 周岁以上的公民是具有完全民事行为能力，可以独立进行民事活动；16 周岁以上不满 18 周岁的公民，以自己的劳动收入为主要生活来源的，视为完全民事行为能力人。

限制民事行为能力。具体指 10 周岁以上不满 18 周岁的未成年人；不能完全辨认自己行为的精神病人（包括痴呆症人）。

无民事行为能力。具体指不满 10 周岁的未成年人；不能辨认和控制自己行为结果的精神病人（包括痴呆症人）。

根据《导游人员管理条例》规定，对无民事行为能力或者限制民事行为能力的人，不得颁发导游证。只有具有完全民事行为能力的公民，才能申请领取导游证，从事导游员职业。

2. 患有传染性疾病的

传染性疾病是指由病原体侵入生物体，使生物体产生病理反应而引起的疾病，主要包括肺结核、麻风病、天花、伤寒、病毒性肝炎等，应由医疗机构作出诊断证明。旅游行政管理部门不得向患有传染性疾病的申请人颁发导游证，是由导游员这一职业特性决定的。导游人员为旅游者提供向导、讲解及相关旅游服务，在旅游活动中与旅游者朝夕相处，若患有传染性疾病，就可能将其患有的疾病传染给旅游者，造成交叉感染。

3. 受过刑事处罚的，过失犯罪的除外

旅游行政管理部门不对曾因其行为触犯了国家刑律依法受到刑罚制裁的人员颁发导游证。

《导游人员管理条例》同时又规定"过失犯罪的除外"，规定该除外情形的理由是：根据我国《刑法》规定，犯罪分为故意犯罪和过失犯罪。明知自己的行为会发生危害社会的结果，并且希望或者放任这种结果发生，因而构成犯罪的，是故意犯罪；应当预见自己的行为可能发生危害社会的结果，因为疏忽大意而没有预见，或者已经预见而轻信能够避免，以致发生这种结果的是过失犯罪。过失犯罪分为疏忽大意的过失和过于自信的过失。由此可见，故意犯罪是一种有意识的犯罪，过失犯罪不是有意识的犯罪。较之故意犯罪人，过失犯罪人在主观恶意性、社会危害性上，与故意犯罪都有着原则区别，过失犯罪是由于缺乏必要的谨慎而构成的犯罪。因此，这类人虽然也受过刑罚的制裁，旅游行政管理部门也可以对其颁发导游证。

4. 被吊销导游证未满 3 年的

这是指曾经取得导游证的人员，因违反有关导游人员管理法规，被旅游行政管理部门处以吊销导游证的处罚后，又重新参加导游人员资格考试并合格、取得导游人员资格证书后，向旅游行政管理部门申请领取导游证的人员。针对此类情况，《旅游法》第一百零三条规定："违反本法规定，被吊销导游证、领队证的导游、领队和受到吊销旅行社业务经营许可证处罚的旅行社的有关管理人员，自处罚之日起未逾 3 年的，不得重新申请导游证、领队证或者从事旅行社业务。"

（四）导游人员资格证书与导游证的关系

导游人员资格证书与导游证是两种既有联系又有区别的证书。两者的联系是：导游人员资格证书是取得导游证的必要前提，也就是说，要取得导游证，必须首先取得导游人员资格证书。导游人员资格证书是表明持证人具备了从事导游业务所应具备的知识和技能的证件，导游证是由旅游行政管理部门颁发的准许进行导游活动的凭证。

导游人员资格证书与导游证的区别：

1. 性质不同

导游人员资格证书标志着某人具备从事导游员职业的资格；而导游证则是标志着国家准许某人从事导游员职业。

2. 颁证机构不同

导游人员资格证书是由国务院旅游行政管理部门或国务院旅游行政管理部门委托的省、自治区、直辖市人民政府旅游行政管理部门颁发；而导游证则是由省、自治区、直辖市人民政府旅游行政管理部门颁发。

3. 领取程序不同

导游人员资格证书是参加导游人员资格考试并合格后，向旅游行政管理部门领取；而导游证则必须是取得导游人员资格证书，并与旅行社订立劳动合同或者在导游服务公司登记后，方可向旅游行政管理部门领取。

4. 作用不同

导游人员资格证书仅仅是表明持证人具备了从事导游员职业的资格，但并不能实际从事导游员职业；而导游证则表明持证人可以实际从事导游员职业。前者是从业的资格，后者是从业的许可。

5. 期限不同

导游人员资格证书没有期限规定，但获得导游人员资格证3年未从业的，资格证自动失效；而导游证是有期限规定的，导游证的有效期限为3年。导游证持有人需要在有效期届满后继续从事导游活动的，应当在有效期限届满3个月前，向省、自治区、直辖市人民政府旅游行政管理部门申请办理换发导游证。

（五）导游证管理办法

为了进一步规范对导游证的管理，依据《导游人员管理条例》和《导游人员管理实施办法》（国家旅游局第 15 号令），结合实行新版的 IC 卡导游证，国家旅游局又制定了《导游证管理办法》。

1. 导游证的版式

导游证是持证人已依法进行中华人民共和国导游注册、能够从事导游活动的法定证件。《导游证管理办法》中规定："全国导游证实行统一版式。"新版导游证（2002 年版）为 IC 卡形式（卡长 8.6cm、宽 5.4cm），可借助读卡机查阅卡中储存的导游员基本情况和违规计分情况等内容。导游证的正面设置中英文对照的"导游证（CHINA TOUR GUIDE）"、导游证等级、编号、姓名、语种等项目；中间为持证人近期免冠 2 寸正面照片。导游员等级以 4 种不同的颜色加以区分：初级为灰色、中级为粉米色、高级为淡黄色、特级为金黄色；背面印有注意事项和卡号。

导游证编号的规则为"D—0000—000000"，英文字母"D"为"导"字的拼音字母的缩写，代表导游，前 4 位数字为省、城市、地区的标准国标代码，后 6 位数字为计数编码。不同等级的导游证卡号依各自顺序编号。

2. 导游证的申领与发放

（1）导游证的申领

申领人须持以下材料向所在地旅游行政管理部门提出申请：①申请人的《导游人员资格证书》及其复印件、《导游员等级证书》及其复印件（原件仅供交验）；②与旅行社订立的劳动合同及其复印件，或在导游服务公司（中心）登记的证明文件及其复印件（原件仅供交验）；③身份证及其复印件；④按规定填写的《申请导游证登记表》。

（2）导游证的发放

接受申请的旅游行政管理部门要通过导游管理网络核查申领人的导游资格证、所服务旅行社和导游机构的合法性，核查申领人的导游执业档案有无记录；核查所提供劳动合同及其他证明的合法性。经审核，发证机关应向符合规定条件的申请人颁发导游证，对不符合颁证条件的，要以书面形式通知申请人；对材料不符合条件的，要求申请人进行补充和完善。

省、自治区、直辖市人民政府旅游行政管理部门应当按照《导游人员管理条例》第六条的规定，自收到申请领取导游证之日起15日内，颁发导游证。发现有《导游人员管理条例》第五条规定不予颁发导游证情形的，应当书面通知申请人。

对符合申领条件逾期不予颁发或答复，使申领人处于一种不确定状态，这是旅游行政管理部门的一种不作为表现，申领人可依照《行政复议法》向上一级旅游行政管理部门申请复议，或者依据《行政诉讼法》向人民法院提起诉讼。

导游证由国务院旅游行政管理部门统一印制，在中华人民共和国范围内使用。

3. 导游证的变更和换发

根据《导游证管理办法》的规定，原导游证作废，持证人必须办理变更、换发手续。

（1）当出现导游员跨省或跨城市调动，涉及发证机关和导游证编号变更时，原发证机关须收回变更人原导游证并打孔作废，在《申请导游证登记表》中注明"原证已收回，跨地变更、换发"字样。持原发证机关的证明和上述办理导游证所要求的四项材料，到新单位所在地旅游行政管理部门换领导游证。变更人的新导游证编号应按单位所属地区编码和该地区导游员排序重新编排、建档和登记。

（2）需要进行等级调整时，持原导游证和身份证、导游员等级证书（原件及其复印件）、《申请导游证登记表》（一式三份，须注明"等级变更换发"字样）到原发证机关办理换领手续。

（3）当需要调动发生所属单位的变更时，在本地区内的所属单位变更，持原单位同意调出或解聘关系的证明材料、身份证、原导游证到原发证机关办理导游证变更手续，领取、填报《申请导游证登记表》（一式三份，须注明"单位变更"字样），同时持上述办证所要求的四项材料，办理导游证。

（4）根据规定，其他变更程序可参照以上内容执行。

4. 导游证的遗失与补发

根据《导游证管理办法》的规定，持证人发现导游证遗失须立即办理挂失、补办手续。

（1）当持证人带团时发生遗失，持证人在发现导游证遗失后应及时与原单位或委托旅行社联系，取得其单位开具的身份及遗失证明或复印件，并凭团队计划和日程表、遗失证件简要说明等材料完成行程。

（2）持证人在申请补发导游证时，应及时向所在单位报告、递交遗失证件简要情况，并持所属单位出具的遗失证明、身份证及其复印件、导游人员资格证书及其复印件、导游员等级证书及其复印件到发证机关办理遗失补办手续；填写《申请导游证登记表》（一式三份），注明"遗失补发"字样。持证人凭此《申请导游证登记表》到《中国旅游报》、省级日报联系办理登载"证件遗失声明"（内容包括导游证编号、姓名、卡号）事宜，自证件遗失声明登载之日起的 1 个月后，持登报启事、导游资格证、身份证、所在单位开具的证件丢失证明，到原发证机关补办导游证。

在申请补办导游证期间，申请人不得从事导游活动。

根据《导游证管理办法》的规定，导游证损坏的，持证人应持身份证（原件及其复印件）、原导游证、导游资格（等级）证书和填妥的《申请导游证登记表》（一式三份，须注明"损坏换发"字样），向原发证机关申请换发。

5. 导游证的监督管理

导游证的持证人应接受旅游行政管理部门的检查，出示和提供有关材料。

导游证的持证人违规使用导游证的，旅游行政管理部门依据《导游人员管理条例》、《导游人员管理实施办法》的规定作出相应处罚。其他组织和个人不得擅自扣留、销毁、吊销导游证。

第二节　导游人员的权利和义务

一、导游人员权利和义务概述

（一）导游人员的权利及其特点

权利是指法律对公民在国家和社会生活中，能够做出或不做出一定行为，以及要求他人做出或不做出一定行为的许可和保障。导游人员的权利主要是指导游人员依法享有的权利，它表现为权利享有者可以自己做出一定的行为，也可以要求他人做出或不做出一定的行为。例如，导游人员在旅游活动中享有调整或变更接待计划的权利；导游人员进行导游活动时，有权拒绝旅游者提出的侮辱其人格尊严的要求。

导游人员是旅游接待第一线关键的工作人员。根据《旅游法》和《导游人员管理条例》及有关法律、法规，概括起来，其权利有以下特点：

1. 导游人员的权利来自法律、法规的规定，得到国家的确认和保证。

2. 导游人员的权利是保障权利人利益的法律手段，权利与利益有着密切联系，但权利并不等于利益。

3. 导游人员的权利与义务是对立统一、相辅相成的概念，享受权利就必须承担相应的义务，履行一定的义务就可享受相应的权利。

4. 导游人员的权利确定了权利人从事法律允许的行为范围，在此范围内，权利人满足自己利益的行为或者要求义务人从事一定的行为是合法的，超出这一范围，则是非法的或不受法律保护的。

5. 导游人员的权利主要是指导游人员在履行职务时所具有的权能，其享受的权利主要是依据《旅游法》和《导游人员管理条例》及有关法律法规所规定的权利。

6. 在某些情况下，导游人员的权利是与职责相连的，是履行职务时的特定权利，它代表着所属企业的权利，因而与一般权利相比，具有不能轻易放弃的性质。

（二）导游人员的义务及其特点

义务是指法律规定公民对国家和社会必须做出一定行为或不得做出一定行为的责任。导游人员的义务是指导游人员必须依法履行的责任，包括必须做出的行为和不得做出的行为。例如，《旅游法》规定，导游人员进行导游活动时，应当佩戴导游证，是导游人员必须做出的行为；导游人员不得私自承揽导游业务，因此，私自承揽导游业务就是导游人员不得做出的行为。

导游人员的义务同权利一样，都是国家以法律、法规的形式加以确认的，所不同的是，导游人员的义务是导游人员在进行导游活动时所必须行为的范围，体现了一种必要性；而导游人员的权利则是导游人员可以行为的范围，体现的是一种可能性，这是导游人员的义务区别于权利的最主要的特征。导游人员只有严格按照法律、法规的规定履行义务，才能使旅游者的旅游愿望得以实现，所以不履行义务应受到国家强制力的制裁。当然，导游人员的必要行为也是在一定范围内的，导游人员有权拒绝旅游者超出这一范围之外的利益要求。导游人员的义务主要是指《旅游法》和《导游人员管理条例》及有关法律法规所规定的义务。

二、导游人员权利的主要内容

根据《旅游法》和《导游人员管理条例》及《行政复议法》、《行政诉讼法》的规定，导游人员的权利可以概括为以下4个方面：

（一）导游人员的人身权

导游人员的人身权，是指导游人员进行导游活动时，人身自由不受非法限制和剥夺，人格尊严不受侵犯，名誉不受损害的权利。

人格，从法律意义上讲，是指能够作为权利、义务主体的资格；人格权是人身权的一种，它包括生命权、健康权、名誉权、姓名权、肖像权等，是民事主体具有法律上的独立人格必须享有的民事权利，也是人作为民事主体从事民事活动所必须具备的条件。人格权是每一个公民和法人都毫无例外终身享有的基本的民事权利。导游人员代表旅行社等聘用单位履行职责，直接与旅游者接触，在旅游活动中，由于涉及方方面面，形成的社会关系错综复杂，一旦发生纠纷，导游人员极容易成为双方迁怒的对象。鉴于导游人员在旅游活动中其人身权利、人格尊严容易受到侵犯的特殊位置，《导游人员管理条例》规定："导游人员进行导游活动时，其人格尊严应当受到尊重，其人身安全不受侵犯。"

此外，为保护导游人员的正当权利，针对在旅行游览中，个别旅游者对导游提出的一些带有侮辱其人格尊严或违反其职业道德的不合理要求的现象，《导游人员管理条例》明确规定："导游人员有权拒绝旅游者提出的侮辱其人格尊严或者违反其职业道德的不合理要求。"

（二）履行职务权

履行职务权，是指导游人员履行职务时所享有的权利，包括进行导游活动不受地域限制的权利；在引导旅游者旅行、游览过程中，遇到可能危及旅游者人身安全的紧急情况，经征得多数旅游者同意，可以调整或变更接待计划的权利。

导游人员按计划安排旅游活动是其应尽的义务，但在旅游活动开始后，遇到可能危及旅游者人身安全的紧急情况时，不变更或调整接待计划，就可能对旅游者人身安全带来威胁。所以，在紧急情况下，《导游人员管理条例》第十三条第二款规定，在此情形下导游人员依法享有调整或变更接待计划的权利。但是，导游人员行使调整或变更接待计划权时，应当特别注意以下4个限制条件：

1. 必须是在引导旅游者旅行游览的过程中。即旅游活动开始后、结束前。在旅游合同订立后，旅游活动开始前出现不利于旅游活动的情形，应由旅行社与旅游者协商，达成一致意见后，由旅行社调整、变更旅游接待计划。

2. 必须是遇到有可能危及旅游者人身安全的紧急情形。

3. 必须征得多数旅游者同意。旅游合同要求在旅游接待计划一经双方确认后，双方应严格按约定履行，但发生了法定的紧急情形，为保证旅游者的人身安全，导游人员只要征得多数旅游者的同意，就可以行使该项权利。

4. 必须立即报告旅行社。旅游接待计划是旅行社确定并得到旅游者认可的，导游人员受旅行社委派执行旅游接待计划，本身并无变更权，但在法定情形下行使该权利时，应当立即报告旅行社，以取得旅行社的正式认可。

（三）诉权

诉权，是指起诉和诉愿的权利，具体包括投诉权、申请复议权和起诉权。导游人员在导游活动中会因其合法权益受到损害而请求有关部门予以解决。诉权是导游人员在履行职务过程中权利受到法律保护的有力保障。

1. 复议权

导游人员对旅游行政管理部门的具体行政行为不服时依法享有申请复议权，具体指：对罚款、吊销导游证、责令改正、暂扣导游证等行政处罚不服的；符合法定条件申领导游人员资格证书和导游证，旅游行政管理部门拒绝颁发或不予答复的；旅游行政管理部门违法要求导游人员履行义务的；旅游行政管理部门侵犯导游人员人身权、财产权的；法律、法规规定的其他可以申请复议的内容。

2. 起诉权

导游人员对旅游行政管理部门的具体行政行为不服时，享有向人民法院提起行政诉讼的权利，具体内容同申请复议权范围。

（四）其他权利

导游人员的其他权利，主要是指导游人员为了更好地履行职务而应当享有的参加培训的权利以及获得晋升的权利。

三、导游人员义务的主要内容

导游人员作为一般公民，依法享有我国宪法和法律规定的各项权利并履行其法定的义务。根据《旅游法》和《导游人员管理条例》及其他法律法规的规定，导游人员的义务可以概括为以下 9 个方面。

（一）不断提高自身业务素质和职业技能

导游人员自身业务素质的高低、职业技能的优劣，直接关系到导游人员的服务质量，影响到能否为旅游者提供优良的导游服务。因此，导游人员的业务素质及导游职业技能的优劣，对旅游业的发展至关重要。

（二）进行导游活动时应佩戴导游证

导游证是国家准许从事导游员职业的法定证件，我国对导游证实行证卡合一，佩戴导游证是当事人资格的证明，又是当事人身份和业务能力的证明，同时佩戴导游证还方便了旅游者识别，使旅游者能及时得到导游人员的帮助和服务，同时可便于旅游行政部门监督检查，增强导游人员的义务感和责任感。

《导游人员管理条例》第二十一条规定："导游人员进行导游活动时未佩戴导游证的，由旅游行政部门责令改正；拒不改正的，处 500 元以下的罚款。"

（三）进行导游活动须经旅行社委派

招徕、接待旅游者，为旅游者安排食宿等有偿服务，是旅行社的经营范围。导游人员作为旅行社的雇员，只能接受旅行社的委派，为旅游者提供向导、讲解及相关旅游服务，而不得私自承揽或者以其他任何方式直接承揽导游业务。设立该项义务是为了保证服务质量，维护国家旅游业的形象；防止乱收费现象的产生，维护旅游者正当合法权益；防止削价竞争等不正当行为，维护旅游市场的秩序。

《旅游法》第一百零二条第二款规定："导游、领队违反本法规定，私自承揽业务的，由旅游主管部门责令改正，没收违法所得，处一千元以上一万元以下罚款，并暂扣或者吊销导游证、领队证。"

【案例阅读 5 - 1】

　　王某是某国际旅行社的一名正式导游，多年的导游工作颇有业绩，在导游界有许多朋友。一天晚上，正准备休息的王某接到一位同行的电话，称其手头有一个旅游团，但自己没有时间带，请王某做导游以解燃眉之急，并答应给王某导游服务费500元。王某见是朋友相求，再说自己也闲着，便毫不犹豫地答应下来。王某毕竟是老导游，对景点异常熟悉，还不时有精彩之处，客人对此也较为满意，但在食宿方面却出现了不少问题，不但住宿标准由三星级宾馆降到了二星级宾馆，饭菜的质量也不尽如人意。尽管王某极力弥补损失，也很难令客人满意。几天后，游客向市旅游局投诉了该旅行社。

【分析与提示】

　　本案例中，王某虽是国际旅行社的合法导游员，但他这次导游活动却未经旅行社委派，仅为了帮助朋友，私自承揽导游业务。根据《旅游法》第一百零二条第二款之规定，该市旅游行政部门应责令其改正，没收其违法所得500元，并处相应罚款。

　　（四）自觉维护国家利益和民族尊严，不得有损害国家利益和民族尊严的言行

　　热爱祖国、拥护社会主义制度，以自己的言行维护国家利益和民族尊严，是导游人员必须具备的政治条件和业务要求。为此，导游人员在进行导游活动时，应当自觉履行该项义务。

　　《导游人员管理条例》第二十条规定："导游人员在进行导游活动时，有损害国家利益和民族尊严言行的，由旅游行政部门责令改正；情节严重的，由省、自治区、直辖市人民政府旅

游行政部门吊销导游证并予以公告；对该导游人员所在的旅行社给予警告直至责令停业整顿。"

【案例阅读 5 – 2】

李某是开封某旅行社的一名导游员，平时不太注意自己的言行。该社接待了一个赴西藏的英国旅游团，安排李某做全程导游。旅游团顺利抵达拉萨市，在游览布达拉宫时，外国旅游者面对雄伟的宫殿和高超的建筑艺术赞叹不已，对中国日益繁荣昌盛感慨万千。谁知导游员李某却信口开河说："中国管这么大地方有什么用，像西藏这么贫穷落后的地方趁早别要了，让它独立或者划归他国，没准能更好些。"在随后的几天游览中，他依然我行我素，发表了许多不负责任的错误言论。后来被中国内地游客投诉到当地旅游行政部门。

【分析与提示】

本案例中，导游员李某关于西藏的言行有损国家利益和民族尊严，缺乏必备的政治素质。根据《导游人员管理条例》第二十条之规定，除对导游员李某依法给予处罚外，其所在的旅行社也应给予处罚。

（五）遵守职业道德，着装整洁、礼貌待人，尊重旅游者的宗教信仰、民族习俗和生活习惯

导游人员进行导游活动时，应向旅游者讲解旅游地点的人文历史和自然情况，介绍风土人情和习俗；但不得迎合个别旅游者的低级趣味，在讲解、介绍中掺杂庸俗下流的内容，更不得损害旅游者的宗教信仰、民族风俗和生活习惯。这是导游人员在讲解、导游过程中应当遵循的业务要求和法定要求。

（六）严格按照旅行社确定的接待计划安排旅游者的旅行、游览活动，不得擅自增加、减少旅游项目或者中止导游活动

我国《合同法》规定，当事人应按照约定全面履行自己的义务。旅行社确定的接待计划（旅游行程计划）是经旅游者认可的，是旅行社与旅游者订立的旅游合同的一部分（一般包括乘坐的交通工具、游览景点、住宿标准、餐饮标准、娱乐标准、购物次数等内容的安排）。

导游人员擅自增加、减少旅游项目或者中止导游活动，就可能对旅游者违约。但导游人员在引导旅游者旅行、游览的过程中，遇到有可能危及旅游者人身安全的紧急情形时，经征得多数旅游者同意，可调整或者变更接待计划，并立即报告旅行社。

导游人员不得擅自中止导游活动。一般来说，构成中止导游活动的行为，必须同时具备以下条件：

第一，必须在导游活动已经开始、尚未结束之前，是出现在执行旅游接待计划的过程中。

第二，必须是擅自中止。这是中止导游活动最主要的特征，这就排除了由于旅行社的决定或其他外部作用的影响而导致的导游人员中止导游活动。

第三，必须是彻底中止。即导游人员彻底放弃了原来的导游活动。如果导游人员因某种原因，暂时放弃了正在进行的导游活动，待该原因消失后又继续进行导游活动的，是导游活动的中断进行，而不是导游活动的中止。

《旅游法》第一百条规定，在旅游行程中擅自变更旅游行程安排，严重损害旅游者权益的，对旅行社由旅游主管部门责令改正，处3万元以上30万元以下罚款，并责令停业整顿；造成旅游者滞留等严重后果的，吊销旅行社业务经营许可证；对直接负责的主管人员和其他直接责任人员（含导游人员），处2000元以上2万元以下罚款，并暂扣或者吊销导游证、领队证；《导

游人员管理条例》第二十二条规定："导游人员擅自增加或者减少旅游项目的，擅自变更接待计划的，擅自中止导游活动的，由旅游行政部门责令改正，暂扣导游证 3 至 6 个月；情节严重的，由省、自治区、直辖市人民政府旅游行政部门吊销导游证并予以公告。"

【案例阅读 5 – 3】

某旅游团到达目的地后已是深夜 12 点多了，为使第二天带团精力充沛，家离酒店较远的地陪赵某与全陪商量，当晚合住一宿。第二天早上，全陪觉得抽屉里似乎少了 300 元，便不好意思地询问赵某是否见过。谁知赵某顿时大发雷霆，拿起包转身欲走。全陪觉得团队不能没有地陪，再三向赵某道歉，但赵某不顾而去。全陪打电话到地接社，总是忙音，打给赵某，关机。全陪只好立即打电话向组团社报告请示。结果在没有地陪的情况下，全陪付钱为客人买门票，并找饭店安排游客吃午饭，勉强完成了上午的行程。直到下午，地接社接到组团社的电话后，才另派了一名导游前来与他们联系。

【分析与提示】

本案例中，赵某的行为是中止导游活动的行为。该行为发生在旅游途中，且由于个人恩怨未经旅行社同意置游客于不顾，损害了游客利益，根据《旅游法》和《导游人员管理条例》的规定，理应受到处罚。

（七）在引导旅游者旅行、游览过程中，应当就可能发生危及旅游者人身、财物安全的情况，向旅游者作出真实说明和明确警示，并按照旅行社的要求采取防止危害发生的措施

旅游活动是一种体验或经历，既有赏心悦目的体验，也可

能遇到危险的经历，在旅游中可能危及旅游者人身、财产安全的情形往往是客观存在的。导游人员有义务关心旅游者的利益，也有义务保护旅游者的人身安全和财产安全。旅游项目中若有危险因素，导游人员应事先将危险程度和安全防护措施向旅游者交代清楚，对参加危险活动的旅游者要特别注意保护。

实践中，这项义务被导游人员概括为"告之"义务。说明和警示要求真实、准确、通俗易懂，不致发生歧义；同时，导游人员要按照旅行社的要求采取防止危害发生的措施，否则导游人员和旅行社要承担相应的法律责任。

【案例阅读 5-4】

某旅行社组织了一个赴长白山旅游团，委派导游陈某作为全程导游随团服务。在旅游团将要攀越天池的前一天，该团游客询问导游陈某攀越天池是否需要多添衣服，陈某说没有必要，应轻装上阵。第二天，在陈某的引导下该团游客登上了天池，这时，下起了鹅毛大雪，气温骤然下降，陈某急忙引导该团游客下山。但由于团里有些客人听信导游的话，没有带衣帽围巾等御寒之物，致使不少人耳、鼻及手脚严重冻伤，其中6人经医院诊断为重度冻伤。为此，该团游客投诉陈某，要求陈某承担医治冻伤等费用，并赔偿因此造成的损失。陈某所在的旅行社和陈某接到投诉后，认为此次冻伤事故是由于天气变化所致，自己无法预见，属不可抗力，因此不需承担法律责任。

【分析与提示】

本案例中，陈某作为多次在这条线路带团的导游，应该预见到长白山气候多变，他应当提醒游客多添衣服，这是导游员的义务。因此，导游员陈某要对此次事故负相应的责任。

（八）不得向旅游者兜售物品或者购买旅游者的物品，不得以明示或者暗示的方式向旅游者索要小费

向旅游者兜售物品或购买旅游者的物品，不属于导游人员的职责范围，与其导游员身份也不相称。尤其是导游人员以其特定身份向旅游者兜售物品或购买物品，极易造成交易上的不公平和不公正，从而侵害旅游者的合法权益，损害导游人员的职业形象，并由此发生纠纷。

小费是指在旅游活动中旅游者额外给予导游人员等旅游服务人员的金钱。服务良好的导游人员得到客人自愿给予的小费，是旅游者对其工作的肯定和奖励。但是以明示或者暗示的方式向旅游者索要小费，是我国旅游法规历来禁止的。明示的方式，是指导游人员以语言、文字或者其他直接表达意思的方法向旅游者索取小费的形式；暗示的方式，是指导游人员以含蓄的言语、文字或者示意的举动等间接表达意思的方法向旅游者索要小费的形式。在旅游实践中，有些导游人员不择手段地以明示或暗示的方法向旅游者索取小费，给旅游业的声誉造成了极其恶劣的影响，理应禁止。

《旅游法》第一百零二条第三款规定："导游、领队违反本法规定，向旅游者索取小费的，由旅游主管部门责令退还，处一千元以上一万元以下罚款；情节严重的，并暂扣或者吊销导游证、领队证。"《导游人员管理条例》第二十三条规定，导游人员进行导游活动，向旅游者兜售物品或者购买旅游者的物品的，由旅游行政部门责令改正，处 1000 元以上 3 万元以下的罚款；有违法所得的，并处没收违法所得；情节严重的，由省、自治区、直辖市人民政府旅游行政部门吊销导游证并予以公告；对委派该导游人员的旅行社给予警告直至责令停业整顿。

【案例阅读 5 - 5】

导游人员刘某受某国际旅行社委托，为日本来沪旅游团担任导游。在旅游过程中，刘某见某游客随身携带的数码照相机精巧诱人，功能齐全。经了解该数码相机售价比国内便宜，遂多次与该游客协商，最后购买了该相机。此外，在送日本游客离沪回国去机场的旅游车上，刘某还向游客推销朋友经销的旅游工艺品。事后，由于日本游客的投诉，刘某的行为受到旅游行政部门罚款 1800 元的行政处罚。

【分析与提示】

本案例中导游刘某的行为属于向游客兜售物品及购买旅游者的物品。日本游客虽然在刘某的多次"协商"下把数码相机卖给了刘某，在旅游车去机场的路上，刘某推销旅游工艺品，游客也许碍于情面也会响应，但是从游客回国后又向旅游行政部门写投诉信的事实来看，说明游客对刘某的行为是不满意的。

（九）导游人员进行导游活动，不得欺骗、胁迫旅游者消费或者与经营者串通欺骗、胁迫旅游者消费

欺骗是指故意告知旅游者虚假的情况，或者故意隐瞒真实情况，诱使旅游者做出错误消费意思表示的行为。欺骗行为有两种情形：一是导游人员在导游活动中欺骗；二是导游人员与经营者串通欺骗旅游者消费。

胁迫是指以给旅游者及其亲友的生命、健康、名誉、荣誉、财产等造成损害为要挟，迫使旅游者做出违背真实消费意思表示的行为。这既可能是导游人员胁迫，也可能是导游人员与经营者串通起来胁迫旅游者。

欺骗、胁迫旅游者消费，是严重侵害旅游者合法权益的行为，理应为法规所禁止。

《导游人员管理条例》第二十四条规定："导游人员进行导游活动，欺骗、胁迫旅游者消费或者与经营者串通欺骗、胁迫旅游者消费的，由旅游行政部门责令改正，处1000元以上3万元以下的罚款；有违法所得的，并处没收违法所得；情节严重的，由省、自治区、直辖市人民政府旅游行政部门吊销导游证并予以公告；对委派该导游人员的旅行社予以警告直至责令停业整顿；构成犯罪的，依法追究其刑事责任。"

【案例阅读 5 – 6】

王某春节期间参加了一家旅行社组织的旅游。在旅游的过程中，导游小姐一再叮嘱大家千万不要在其他珠宝店购物，她极力推荐"×珠宝工艺店"的珠宝，并向王某等旅游者介绍说，这家珠宝店是国有商店，是旅游局指定的定点商店，在这家店购物完全可以放心。到了珠宝店后，在导游员和售货的一再怂恿下，王某购买了一款"天然马鞍形缅甸翡翠玉"准备送给女友。旅游回来后，王某心里不踏实，于是到珠宝玉石质量检测部门进行鉴定，结果发现所购玉石是假货，只不过是"染色石英岩"，价值不足百元。王某于是向旅游质监所投诉。经查，该珠宝店是家私营店，并不是旅游局指定的定点商店。

【分析与提示】

本案例中，导游员王某串通商店欺骗顾客消费，违反了导游人员应尽的义务，也严重损害了消费者的利益，根据《导游人员管理条例》第二十四条之规定，理应受到处罚。

第三节　导游人员的管理

一、导游人员的管理部门与权限

（一）旅游行政管理部门的管理及权限

国务院旅游行政管理部门负责全国导游人员的管理工作；省、自治区、直辖市人民政府旅游行政管理部门根据国务院旅游行政管理部门的委托行使相应的管理权。旅游行政管理部门负责制定导游人员管理的有关政策、法规；依法行使国家权力，接受投诉，处罚违法导游人员；依法维护导游人员的合法权益，并通过导游人员资格考试制度、导游证制度、导游人员等级考核制度等管理导游人员。

（二）旅行社的管理及权限

《旅游法》第三十八条规定："旅行社应当与其聘用的导游依法订立劳动合同、支付劳动报酬、缴纳社会保险费用。旅行社临时聘用导游为旅游者提供服务的，应当全额向导游支付本法第六十条第三款规定的导游服务费用。"《导游人员管理条例》第四条也规定，取得导游人员资格证书的，经与旅行社订立劳动合同或者在导游服务公司登记，方可持所订立的劳动合同或者登记证明材料，向省、自治区、直辖市人民政府旅游行政部门申请领取导游证。这表明，我国旅行社对导游人员的管理主要是通过订立劳动合同来实现的。

（三）景区导游人员的管理

景区导游人员，是指在旅游景区的范围内为旅游者提供向导、讲解服务的人员。我国幅员辽阔，旅游资源极为丰富，为适应我国各地旅游景区规模不等、特色各具、风情各异的特点，以及来自国内外的旅游者的不同需求，在景区增设了为旅游者提供讲解服务的导游人员。对这部分导游人员，由省、自治区、直辖市人民政府参照《导游人员管理条例》制定相应的管理办法。

二、导游人员的计分管理制度

（一）计分管理

1. 计分管理部门及其职责

国家对导游人员实行计分管理。国务院旅游行政管理部门负责制定全国导游人员计分管理的政策并组织实施、监督检查。省级旅游行政管理部门负责本行政区域内导游人员计分管理的组织实施和监督检查。所在地旅游行政管理部门在本行政区域内负责导游人员计分管理的具体执行。

规定由所在地旅游行政管理部门在本行政区域内负责导游人员计分管理的具体实施，是为了方便操作，使导游人员的计分管理落到实处。导游人员是根据旅游行程来从事导游活动的，如果甲地的导游人员带团前往乙地，并在该地为旅游者提供服务时有违规行为，乙地的旅游行政管理部门又不便对其实施有效的管理，则可能由于违法行为不能得到及时纠正而导致旅游者权益受损害，计分管理制度就会形同虚设。

旅游执法人员玩忽职守、不按照规定随意进行扣分或处罚的，由上级旅游行政管理部门提出批评和通报，本级行政管理部门给予行政处分。

2. 计分管理的具体办法

导游人员计分办法实行年度10分制。导游人员的10分分值被扣完后，由最后扣分的旅游执法单位暂时保留其导游证，出具保留导游证证明，并于10日内通报导游人员所在地旅游行政管理部门和登记注册单位。正在带团过程中的导游人员，可持执法单位出具的保留导游证的证明完成团队剩余行程。导游人员的10分分值扣完后，暂停从事导游业务，须接受旅游行政管理部门的培训，培训考核合格后，方能继续从事导游业务。

导游人员通过年审后，年审单位应核销其遗留分值，重新输入初始分值。

（二）计分管理的实施标准

1. 扣除 10 分的行为

（1）有损害国家利益和民族尊严的言行的；

（2）诱导或安排旅游者参加黄、赌、毒活动项目的；

（3）有殴打或谩骂旅游者行为的；

（4）欺骗、胁迫旅游者消费的；

（5）未通过年审继续从事导游业务的；

（6）因自身原因造成旅游团重大危害和损失的。

2. 扣除 8 分的行为

（1）拒绝、逃避检查，或者欺骗检查人员的；

（2）擅自增加或者减少旅游项目的；

（3）擅自终止导游活动的；

（4）讲解中掺杂庸俗、下流、迷信内容的；

（5）未经旅行社委派私自承揽或者以其他任何方式直接承揽导游业务的。

3. 扣除 6 分的行为

（1）向旅游者兜售物品或购买旅游者物品的；

（2）以明示或者暗示的方式向旅游者索要小费的；

（3）因自身原因漏接漏送或误接误送旅游团的；

（4）讲解质量差或不讲解的；

（5）私自转借导游证供他人使用的；

（6）发生重大安全事故不积极配合有关部门救助的。

4. 扣除 4 分的行为

（1）私自带人随团游览的；

（2）无故不随团活动的；

（3）在导游活动中未佩戴导游证或未携带计分卡的；

（4）不尊重旅游者宗教信仰和民族风俗的。

5. 扣除 2 分的行为

（1）未按规定时间到岗的；

（2）10 人以上团队未打接待社社旗的；

（3）未携带正规接待计划的；

（4）接站未出示旅行社标识的；

（5）仪表、着装不整洁的；

（6）讲解中吸烟、吃东西的。

三、导游人员的年审管理制度

导游人员的年审管理制度，是指旅游行政管理部门对导游人员当年从事导游业务的情况、扣分情况、接受行政处罚情况和游客反映情况等进行考评的管理制度。国家对导游人员实行年度审核制度。导游人员必须参加年审。

（一）年审管理部门及职责

国务院旅游行政管理部门负责制定全国导游人员年审工作政策，组织实施并监督检查。省级旅游行政管理部门负责组织、指导本行政区域内导游人员的年审工作并监督检查。所在地旅游行政管理部门具体负责组织实施对导游人员的年审工作。

（二）年审的内容和结论

年审以考评为主，考评的内容应包括：当年从事导游业务情况、扣分情况、接受行政处罚情况、游客反映情况等。考评等级为通过年审、暂缓通过年审和不予通过年审 3 种。

（三）不予通过或暂缓通过年审的情形

一次扣分达到 10 分的，不予通过年审；累计扣分达到 10 分的，暂缓通过年审，暂缓通过年审的，通过培训和整改后，方可重新上岗；一次被扣 8 分的，全行业通报；一次被扣 6 分的，警告批评。

（四）年审培训

导游人员必须参加所在地旅游行政管理部门举办的年审培训。培训时间应根据导游业务的需要灵活安排。每年累计培训时间不得少于 56 小时。

（五）年审的内部管理

旅行社或导游管理服务机构应为注册的导游人员建立档案，对导游人员进行工作培训和指导，建立对导游人员工作情况的检查、考核和奖惩的内部管理机制，接受并处理对导游人员的投诉，负责对导游人员年审的初评。

四、导游人员的等级考核制度

为了加强导游人员队伍建设，不断提高导游人员的业务素质和服务水平，国家对导游人员实行等级考核制度。国家旅游局于 1994 年发布了《关于对全国导游员实行等级评定的意见》和《导游员职业等级标准》，又于 2005 年 7 月 3 日制定了《导游人员等级考核评定管理办法（试行）》。导游人员等级考核制度的实行，可以客观、公正地评价和选拔人才，调动导游员钻研业务和努力工作的积极性，同时引入竞争机制，为改革全国导游员管理体制、建立导游人才市场创造条件，也为旅行社服务的等级化创造了人员条件。导游人员等级考核评定工作，遵循自愿申报、逐级晋升、动态管理的原则。凡通过全国导游人员资格考试并取得导游员资格证书，符合全国导游人员等级考核评定委员会规定报考条件的导游人员，均可申请参加相应等级的考核评定。

（一）导游人员的等级分类及考评办法

1. 导游人员等级分类

导游人员等级分为两个系列、四个等级。所谓两个系列是指等级考核分为外语导游员系列和中文导游员系列；而四个级别则是指通过考核，将导游员划分为特级导游员、高级导游员、中级导游员和初级导游员。

2. 导游人员等级考核评定办法

根据国家旅游局《导游人员等级考核评定管理办法（试行）》（2005年），导游人员等级考核评定工作，按照申请、受理、考核评定、告知、发证的程序进行。

（1）特级导游员：采取论文答辩方式。考核内容主要是工作表现、导游技能、遵纪守法和游客反应；考试第二外语或一种方言。评定工作不定期进行，按照省（自治区、直辖市）旅游局初评、国家旅游局评定的工作步骤进行。

（2）高级导游员：采取笔试方式。考试科目为"导游案例分析"和"导游词创作"。对高级导游员的评定每3年进行一次。

（3）中级导游员：采取笔试方式。中文导游人员考试科目为"导游知识专题"和"汉语言文学知识"；外语导游人员考试科目为"导游知识专题"和"外语"。考核方式与高级导游员相同。中级导游员的评定每2年组织一次。

（4）初级导游员：采取考核方式。凡取得导游人员资格证书后工作满1年的人，经考核合格，即可成为初级导游员。

（二）导游人员等级考核评定的组织管理

导游人员等级考试评定采取由国家旅游局统一政策、统一领导，与地方旅游局分工负责组织实施的办法。各省（区、市）旅游局要完善导游人员资格考试的组织机构，加强对这项工作的组织领导和监督、检查，以保证导游员等级评定工作的质量。为了加强对等级导游员的管理，国家旅游行政管理部门和省（区、市）旅游局建立导游员等级注册登记制度。各级资格有效期一般为5年。有效期满后，持证者要按有关部门规定主动到发证机构办理注册登记，并进行相应的培训和考核。逾期不办者，其证件自行作废。

国家旅游局组织设立全国导游人员等级考核评定委员会。全国导游人员等级考核评定委员会负责全国导游人员等级考核评定工作的组织实施。省、自治区、直辖市和新疆生产建设兵团旅游行政管理部门组织设立导游人员等级考核评定办公室，在全国导游人员等级考核评定委员会的授权和指导下开展相应的工作。

参加省部级以上单位组织的导游技能大赛获得最佳名次的导游人员，报全国导游人员等级考核评定委员会批准后，可晋升一级导游人员等级。一人多次获奖只能晋升一次，晋升的最高等级为高级。

导游员等级证书由国家旅游局统一制作并核发。每次等级考试后，国家旅游局通过新闻媒介向国内外公布特级、高级和中级导游员名单及旅行社、导游公司导游员的等级构成情况。各旅行社、导游公司应在待遇方面对不同级别的导游员加以区别，拉开档次。已实行岗位技能工资的单位，应以导游员等级作为岗位技能工资的评定依据。

导游员等级证书由国家旅游局统一编号。导游员等级证书与导游人员资格证书的编号规则一般由五部分组成：

第一部分表示证书类别，由三个大写字母组成。导游人员资格证用 DZG 来标示，初级导游员证书用 DCJ 标示，中级导游员证书用 DZJ 标示，高级导游员证书用 DGJ 标示，特级导游员证书用 DTJ 标示。

第二部分表示导游人员参加考试、考核、评审的年份，由表示年份的四位阿拉伯数字组成。如 2001 年参加考试合格，证书号第二部分为 2001。

第三部分表示考生参加考试所在省份，为地区识别码，由 2～3 个大写字母组成，是各省份汉语拼音字母的简写。各省、自治区、直辖市的地区识别码如 BJ（北京）、HLJ（黑龙江）、HUN（湖南）、XZ（西藏）等。

第四部分表示报考语种，用 1～9 的一位阿拉伯数字组成，分别表示为：1—中文；2—英语；3—日语；4—俄语；5—法语；6—德语；7—西班牙语；8—朝鲜语；9—其他小语种。

第五部分表示证书序号，由从 0001～9999 的四位阿拉伯数字组成。

如 DZG2001HLJ10059 编号表示该证是导游人员资格证书，持证人 2001 年在黑龙江省参加资格考试并合格，考试语种为中文，证书序号为第 59 号；又如 DZJ2002BJ40007 编号表示该证是中级导游员证书，持证人 2002 年在北京市参加中级导游员考试并合格，从事导游语种为俄语，证书序号为第 7 号。

（三）导游人员职业等级标准

导游员职业等级标准是考核评定导游员等级的依据。该标准由国家旅游局制定，在旅游行业中实行。

1. 初级导游员等级标准

（1）知识要求：了解我国的大政方针和旅游及其有关的政策法规；掌握当地主要游览点的导游知识，了解我国主要旅游景点和线路的基本知识；了解与业务有关的我国政治、经济、历史、地理、宗教和民俗等方面的基本知识；了解有关主要客源市场的概况和习俗；掌握导游工作规范。

外语导游员基本掌握一门外语，达到外语专业大学三年级水平；中文导游人员掌握汉语言文学基础知识，达到高中毕业水平。

（2）技能要求：能独立完成导游接待工作；能与旅游者建立良好的人际关系；能起草情况反映、接待简报等有关应用文。

（3）业绩要求：完成企业要求的工作，无服务质量方面的重大投诉，游客反映良好率不低于85%。

（4）学历要求：外语导游员具有外语专业大专或非外语专业本科及其以上学历；中文导游员须有高中及其以上学历。

（5）资历要求：取得导游员资格证书后工作满 1 年。

2. 中级导游员等级标准

（1）知识要求：熟悉我国的大政方针，掌握旅游及其有关的政策法规；全面掌握当地主要游览点的导游知识；了解我国主要旅游景点、线路的有关知识；掌握与业务有关的我国政治、经济、历史、地理、社会、宗教、艺术和民俗等方面的基本知识；熟悉有关主要客源市场的概况和特点；熟练掌握导游工作规范。

外语导游员掌握一门外语，达到外语专业本科毕业水平；中文导游人员掌握汉语言文学的有关知识，达到大专毕业水平。

（2）技能要求：能接待不同性质、类型和规模的旅行团；有比较娴熟的导游技能；能独立处理旅行中出现的疑难问题；能正确理解旅游者的服务要求，有针对性地进行导游服务；能与旅游者、有关业务单位和人员密切合作，有较强的公关能力；导游语言流畅、生动，语音、语调比较优美，讲究修辞。

外语导游员的外语表达正确，中文导游员能使用标准的普通话，并能基本听懂一种常用方言（粤语、闽南话或客家话）；能够培训和指导初级导游员。

（3）业绩要求：工作成绩明显，为企业的业务骨干；无服务质量方面的重大投诉，游客反映良好率不低于90%。

（4）学历要求：外语导游员的学历与初级导游员的学历要求相同，中文导游员具有大专及其以上学历。

（5）资历要求：取得初级导游员资格两年以上。

3. 高级导游员等级标准

（1）知识要求：全面掌握我国的大政方针和旅游及其有关的政策法规；全面、深入地掌握当地游览内容；熟悉我国有关的旅游线路和景点知识；有比较宽广的知识面；掌握有关客源市场的重要知识及其接待服务规律；熟练掌握导游工作规范。

外语导游员熟练掌握一门外语，初步掌握一门第二外语；中文导游员熟练掌握汉语言文学的有关知识，初步掌握一种常用方言（粤语、闽南话或客家话）。

（2）技能要求：有娴熟的导游技能，并有所创新；能预见并妥善处理旅行中出现的特殊疑难问题；有一定的业务研究能力，能创作内容健康、语言优美的导游词；外语导游员能用一门外语自如、准确、生动、优美地表达思想内容，并能胜任一般场合的口译工作，中文导游员能用标准的普通话和一种常用方言（粤语、闽南话或客家话）工作，语言准确、生动、形象；能够培训和指导中级导游员。

（3）业绩要求：工作成绩突出；无服务质量方面的重大投诉，游客反映良好率不低于95％；在国内外同行和旅行商中有一定影响，通过优质服务能为所在企业吸引一定数量的客源；有较高水平的导游工作研究成果（论文、研究报告等）。

（4）学历要求：与中级导游员的学历要求相同。

（5）资历要求：取得中级导游员资格4年以上。

4．特级导游员等级标准

（1）知识要求：对有关的方针、政策和法规有全面、深入和准确的理解；对当地游览内容有精到的认识；全面掌握我国有关旅游线路的景点知识；有宽广的知识面，在与业务有关的某一知识领域有较深的造诣；掌握有关客源市场的知识，全面、准确、具体地了解其特点和接待服务规律；熟练掌握导游工作规范。

外语导游员精通一门外语，基本掌握一门第二外语；中文导游人员掌握汉语言文学知识，基本掌握一种常用方言（粤语、闽南话或客家话）。

（2）技能要求：导游技能超群，导游艺术精湛，形成个人风格；能预见和妥善解决工作中的突发事件；能通过优质服务吸引客源；有较强的业务研究能力；有很高的语言表达能力，外语导游员能胜任旅游专业会议及其他重要场合的口译工作，中文导游员能胜任某一有关专业（如重点寺庙、古建筑或博物馆）的解说；能创作富有思想性、艺术性和立论确凿的导游词；能够培训和指导高级导游员。

（3）业绩要求：职业道德高尚，工作成绩优异，有突出贡献，在国内外同行和旅行商中有较大的影响；无服务质量方面的重大投诉，游客反映良好率不低于98%；有一定数量高水平并正式发表的导游工作研究成果。

（4）学历要求：学历要求与高级导游员相同。

（5）资历要求：取得高级导游员资格5年以上。

【习题】

一、填空题

1. 按等级可以将导游人员分为四类：（　　　）、（　　　）、（　　　）、（　　　）。

2. 按工作区域可将导游人员分为：（　　　）、（　　　）、（　　　）、（　　　）。

3. 导游人员资格考试条件：（　　　），（　　　），（　　　），（　　　）。

4. 导游人员是指依照《导游人员管理条例》的规定取得（　　　），接受（　　　），（　　　）。

5. 导游人员权利的主要内容：（　　　）、（　　　）、（　　　）。

二、单项选择题

1. 导游人员的年审培训时间每年累计不少于（　　　）。

A. 52 小时　　　　B. 54 小时　　　　C. 56 小时　　　　D. 55 小时

2. 导游人员年审一次被扣 8 分，将受（　　　）处罚。

A. 不予通过年审　　　　　　B. 暂缓通过年审

C. 全行业通报　　　　　　　D. 警告批评

3. 获得导游人员资格证，（　　　）未从业的，资格证自动失效。

A. 一年　　　　B. 三个月　　　　C. 三年　　　　D. 六个月

4. 省、自治区、直辖市人民政府旅游行政部门应当自收到申请领取导游证之日起（　　　）之内颁发导游证。

A. 15 日　　　　B. 30 日　　　　C. 45 日　　　　D. 10 日

5. 《旅行社条例》规定，导游人员对发生危及旅游者人身安全的情形，未采取必要的处置措施并及时报告，情节严重的，由旅游行政部门（　　　）。

A. 责令改正　　　　　　　　B. 罚款

C. 吊销导游证　　　　　　　D. 没收非法所得

6. 我国的导游人员等级分为（　　　）。

A. 两个系列，两个等级

B. 两个系列，四个等级

C. 四个系列，两个等级

D. 四个系列，四个等级

7. 导游人员王某因私事接机迟到，致使游客在机场等了 1 小时。王某的行为应当被扣除（　　　）。

A. 2 分　　　　B. 4 分　　　　C. 6 分　　　　D. 8 分

8. 中级导游人员的导游证颜色为（　　　）。

A. 灰色　　　　B. 淡黄色　　　　C. 粉米色　　　　D. 金黄色

9. 导游人员等级考核评定，采用笔试方式进行评定的是（　　　）。

A. 中级　　　　　　　　　　B. 高级

C. 中级和高级　　　　　　　D. 高级和特级

10. 导游私自转借导游证供他人使用的，应扣减（　　）分分值。

A. 4　　　　　　　B. 6　　　　　　　C. 8　　　　　　　D. 10

三、简答题

1. 不得颁发导游证的情形。

2. 导游人员的基本义务。

3. 导游人员资格证书与导游证的关系。

第六章　旅游安全保障法规制度

第一节　旅游安全保障的主要内容

为保障旅游者的人身财产安全，预防和减少突发事件对旅游者人身财产安全造成的危害，提高旅游安全保障能力，促进旅游业和谐发展，国家及国务院旅游行政管理部门制定了《中华人民共和国安全生产法》、《中华人民共和国突发事件应对法》、《中华人民共和国旅游法》、《旅行社条例》、《导游人员管理条例》、《中国公民出国旅游管理办法》等法律、法规。

一、旅游突发公共事件

（一）旅游突发公共事件的概念与分级

1. 旅游突发公共事件的概念

旅游突发公共事件，是指在旅游活动过程中突然发生，造成或者可能造成严重社会危害，需要采取应急处置措施予以应对的自然灾害、事故灾难、公共卫生事件和社会安全事件。

2. 旅游突发公共事件的分级

参照 2007 年 6 月 1 日开始实行的《生产安全事故报告和调查处理条例》的相关规定，旅游突发公共事件根据旅游者人身财产损失及对社会的危害、威胁程度分为特别重大（Ⅰ级）、重大（Ⅱ级）、较大（Ⅲ级）和一般（Ⅳ级）四级。旅游突发事件分级标准由国务院旅游行政管理部门依据国家突发事件分级标准另行制定。

（二）旅游安全预警信息发布制度

《旅游法》第七十七条规定："国家建立旅游目的地安全风险提示制度。"国务院旅游行政管理部门依据对旅游目的地的旅游安全状况的评估，向旅游者发布前往目的地旅游的安全预警信息。旅游目的地的旅游安全状况分别用红色、橙色、黄色和蓝色标示，对应向公众发布红色、橙色、黄色、蓝色旅游预警信息，分别表示：

红色旅游预警——建议不要前往该目的地旅游；

橙色旅游预警——建议重新考虑前往该目的地旅游的必要性；

黄色旅游预警——建议高度关注旅游目的地已经发生或可能产生的影响旅游安全的因素；

蓝色旅游预警——建议关注旅游目的地已经发生或可能发生的影响旅游安全的因素。

旅游目的地的旅游安全状况的划分标准，由国务院旅游行政管理部门根据国务院及相关部门的有关规定具体制定。

旅游行政管理部门应按照当地人民政府和上级旅游行政管理部门的规定和要求，视情况发布、调整、解除针对所辖区域的旅游安全预警信息。国务院旅游行政管理部门按照国务院的有关要求和规定，视情况发布、调整、解除区域性、全国性和旅游目的地国家的旅游安全预警信息，各地应及时转发。

《旅游法》第七十八条规定："县级以上人民政府应当依法将旅游应急管理纳入政府应急管理体系，制定应急预案，建立旅游突发事件应对机制。"

二、旅游安全保障工作的方针和原则

（一）方针

旅游者安全保障工作应贯彻"以人为本，安全第一，预防为主，综合治理"的方针。

所谓以人为本，是指在旅游活动中，处理旅游突发公共事件时以保障旅游者生命安全为根本目的。

所谓安全第一，是指在旅游活动中，无论旅游行政管理部门，还是旅游经营单位，抑或是旅游从业人员，都必须自始至终把安全工作放在首位，不得有丝毫懈怠的思想。

所谓预防为主，是指对于旅游活动中可能发生的安全事故，一定要把预防工作做在先，切不可等到安全事故发生后再去做。这就要求各级旅游行政管理部门及旅游产品或服务提供者切实增强旅游安全责任心，建立健全各项旅游安全规章制度，在实际工作中严格按照旅游安全规章制度去做，增强风险防范意识，切实做到预防为主。

所谓综合治理，是指在旅游安全保障工作中，在国务院旅游行政管理部门统一领导下，依靠和调动各级旅游行政管理部门、旅游企业和旅游从业人员及社会各方面的力量，分工协作，综合运用各种手段，做好旅游安全保障工作，以保障旅游者的合法权益。

（二）原则

旅游安全管理工作坚持"服务、协调、监管并重"的原则，建立"政府主导、部门协调、属地为主、分级负责"的服务管理体制，最大限度地为旅游者提供安全保障。

第二节　旅游者权利和义务

一、旅游者权利

（一）旅游者的安全保障权

旅游者使用旅游产品或接受旅游服务时，享有人身、财产安全不受损害的权利，有权要求使用的旅游产品或接受的服务符合保障人身财产安全的要求。

（二）旅游者的知情权

旅游者享有知悉其购买、使用的旅游产品或接受的服务的真实、完整安全信息的权利。

（三）旅游者的求偿权

旅游者使用旅游产品或接受服务受到人身、财产损害的，享有依法获得赔偿的权利。

（四）旅游者的监督权

旅游者享有对旅游产品和服务以及旅游者安全保障工作进行监督的权利。

二、旅游者义务

（一）旅游者的告知义务

旅游者应选择适合自身身体条件的旅游产品或服务，应就旅游产品或服务提供者询问的有关个人健康信息做出如实报告，不能故意隐瞒。

（二）旅游者应积极投保个人旅行保险

（三）旅游者有了解相关信息自我保护的义务

旅游者应主动获取权威机构发布的安全预警信息，了解可能发生的突发事件的特点及危害，掌握旅游安全常识，提高安全意识，增强自我防范能力。

（四）旅游者有遵守法律法规和风俗习惯的义务

旅游者应遵守旅游目的地的有关法律、法规，尊重目的地的风俗习惯和宗教禁忌，遵守旅游产品或服务提供者的相关安全规定及安全警示，对人身财产安全尽必要注意义务，配合采取相关防范措施。

（五）旅游者有自救互救的义务

突发事件发生时，旅游者应积极开展自救、互救，及时报警求助并向事发地政府相关部门或我驻外使领馆或政府派出机构报告。旅游者及其家属应积极配合政府及相关部门、旅游产品或服务提供者的救助和善后处置，防止损失的进一步扩大，依法维护自身合法权益。

第三节　旅游经营者及旅游行政管理部门旅游安全职责

《旅游法》中对旅游经营者和旅游行政管理部门的旅游安全职责作了明确的规定。

一、旅游经营者的旅游安全职责

（一）应具备安全生产条件并制定旅游者安全保护制度和应急预案

1. 法律规定

《旅游法》第七十九条规定："旅游经营者应当严格执行安全生产管理和消防安全管理的法律、法规和国家标准、行业标准，具备相应的安全生产条件，制定旅游者安全保护制度和应急预案。

旅游经营者应当对直接为旅游者提供服务的从业人员开展经常性应急救助技能培训，对提供的产品和服务进行安全检验、监测和评估，采取必要措施防止危害发生。

旅游经营者组织、接待老年人、未成年人、残疾人等旅游者，应当采取相应的安全保障措施。"

2. 具体要求

（1）旅游经营者应合法经营，经营的项目、提供的设施设备需取得合法安全资质，具备相应的安全保障能力。应建立旅游者安全保障制度，建立健全安全管理和责任制度，保证安全保障的资金投入，落实人防、物防、技防等措施；定期开展安全检查，及时消除事故隐患，保障旅游者安全。

（2）旅行社应对旅游产品所涉及的食、住、行、游、购、娱等环节进行安全评价，选择具有合法资质和安全保障能力的旅游辅助服务者，并在合同中约定各自的安全职责。组织出境游的，应为旅游者配备用目的地官方语言书写的、载明个人信息的安全保障卡。组织旅游者参加高风险旅游项目和组织老年人等特殊群体旅游时，应具备相适应的安全保障能力，制定完善保障措施。

（3）旅游景区应提供安全的旅游环境、设施和服务，根据景区容量合理控制旅游者接待数量，在高峰期设立游客安全疏导缓冲区；在重点部位和危险区域加强安全警示等防范措施，增强应对各类自然灾害的能力，不得开放无安全保障的区域和设施。《旅游法》第四十五条规定："景区接待旅游者不得超过景区主管部门核定的最大承载量。景区应当公布景区主管部门核定的最大承载量，制定和实施旅游者流量控制方案，并可以采取门票预约等方式，对景区接待旅游者的数量进行控制。旅游者数量可能达到最大承载量时，景区应当提前公告并同时向当地人民政府报告，景区和当地人民政府应当及时采取疏导、分流等措施。"《旅游法》第一百零五条规定："景区在旅游者数量可能达到最大承载量时，未依照本法规定公告或者未向当地人民政府报告，未及时采取疏导、分流等措施，或者超过最大承载量接待旅游者的，由景区主管部门责令改正，情节严重的，责令停业整顿1个月至6个月。"

（4）旅游住宿企业、旅游餐饮、旅游娱乐和旅游购物等场所等应提供安全的消费环境、设施和服务，依法加强防火、防盗、防食物中毒、防刑事治安案件、反恐、防爆等安全措施；配备报警装置和必要的应急救援定期监测、保养和维修各种设施设备，保证其安全运转；加强重点部位的监控巡查，确保疏散通道和安全出口畅通，并设置明显标志，不得遮挡、覆盖。

（5）旅游景区、住宿企业、购物娱乐场所等在规划设计阶段应进行安全论证。新建、改建、扩建旅游工程项目的安全设施，必须与主体工程同时设计、同时施工、同时投入生产和使用。

（6）旅游车船企业应提供符合法律法规及相关标准规定的运输工具，加强车船检查、保养、维修，保证其正常运行；应选用符合资质、熟悉路况、经验丰富的驾驶及服务人员，严禁疲劳驾驶和超速、超载驾驶，依法安全运营。

（7）经营漂流、热气球、滑翔等高风险旅游项目和客运索道、缆车、大型游乐设施的，其使用的设施、设备应具备法定检验机构的安全准用证件，开业前进行安全认证后方可运营。

（8）制定并实施从业人员安全及应急知识教育培训制度，积极开展对旅游者的安全及应急知识宣传。经营高风险旅游项目的，应对旅游者进行必要培训。旅游行业协会应组织开展成员单位从业人员的旅游安全及应急管理知识培训工作。

（二）旅游经营者应建立旅游安全风险监测评估及信息披露制度

1. 履行说明或警示的义务

《旅游法》第八十条规定，旅游经营者向旅游者作出说明或警示的事项包括：

（1）正确使用相关设施、设备的方法；

（2）必要的安全防范和应急措施；

（3）未向旅游者开放的经营、服务场所和设施、设备；

（4）不适宜参加相关活动的群体；

（5）可能危及旅游者人身、财产安全的其他情形。

2. 履行救助及报告义务

《旅游法》第八十一条规定："突发事件或者旅游安全事故发生后，旅游经营者应当立即采取必要的救助和处置措施，依法履行报告义务，并对旅游者作出妥善安排。"

旅行社、A级旅游景区、星级饭店、旅游车船企业应建立专职或兼职安全风险信息报告员制度，对暂时不能排除的严重安全隐患，应及时向当地旅游行政管理部门报告，并按相关规定填报涉及旅游者安全保障的信息。

（三）旅游经营者应依法投保法定保险

旅游经营者应依法投保法定保险，积极投保公共责任保险，提醒旅游者投保个人旅行保险。旅行社应依法投保旅行社责任保险，旅游道路交通运输企业应依法投保承运人责任险和机动车强制责任保险。

（四）履行对安全问题解释的职责

旅游经营者对旅游者提出的有关其提供的产品或者服务的安全性和防范措施等问题，应当作出真实、明确的答复。

（五）履行接受监督、检查的义务

旅游经营者应当听取旅游者对其提供的产品或者服务安全性的意见和建议，接受旅游者的监督。旅游行业协会应对会员单位的旅游者安全保障工作提出要求，积极引导成员单位提高旅游者安全保障工作水平，提高风险管控能力，按照制定和负责组织实施的国家或行业标准对其进行安全检查、复核。

（六）旅游从业人员应遵守法律、法规、规章和标准的规定，遵守职业道德，自觉履行岗位职责

一线从业人员应主动向旅游者进行安全风险提示，对可能危及旅游者人身财产安全的情形作出及时真实说明和明确警示，并采取有效防范措施，发生突发事件时要及时救助旅游者并向本单位和相关部门报告。

二、旅游行政管理部门的职责

根据《旅游法》、《生产安全事故报告和调查处理条例》及相关规定，旅游行政管理部门应当履行如下安全工作职责。

1. 各级旅游行政管理部门应当在地方人民政府的统一领导下，在上级旅游行政管理部门及相关部门的指导下，依照有关法律、法规、标准的规定，在旅游者安全保障工作中履行服务、协调和监管职责。发生旅游突发事件后，各级旅游行政管理部门应在当地政府的统一领导下，协同相关部门开展对旅游者的安全救助。

2. 各级旅游行政管理部门应根据有关法律、法规、规章的规定，针对本辖区的具体情况制定相应的旅游突发事件应急预案，并报上一级旅游行政管理部门备案，应急预案应根据实际需要和情势需要适时修订。

3. 各级旅游行政管理部门应建立旅游安全风险监测评估、旅游安全信息披露、旅游安全预警发布、旅游突发事件的信息报告和备案、旅游应急及善后处置制度。

4. 各级旅游行政管理部门应接受旅游者的安全咨询、信息查询，受理旅游者的安全投诉。组织开展面向旅游者的旅游安全常识的宣传普及活动，指导旅游经营者开展从业人员的旅游安全及应急管理知识培训工作。鼓励新闻媒体等社会力量共同开展针对旅游者的安全宣传与教育，鼓励旅游院校等科研机构开展旅游安全理论研究。

5. 各级旅游行政管理部门应在各自职责范围内，协同相关部门指导、引导下级旅游行政管理部门、旅游经营者、旅游从业人员、旅游者共同做好旅游者安全保障工作。贯彻落实国家对安全生产及应急管理的方针政策及工作部署，负责旅游安全政策、规范和标准的拟定、宣传贯彻及监督实施。

6. 各级旅游行政管理部门应对所辖区域内旅行社提供的旅游产品或者服务进行安全监管。通过标准化手段引导相关旅游经营者提高旅游者安全保障工作水平，按照制定和负责组织实施的国家或行业标准对其进行安全检查、复核。

7. 各级旅游行政管理部门应建立健全旅游者安全保障机构，加强部门间、区域间、国际间的协作，要积极探索建立政府主导与商业运作相结合的旅游者安全保障机制。

8. 各级旅游行政管理部门应定期组织开展各类和不同范围的应急演练，提高合成应急、协同应急的能力。

9. 各级旅游行政管理部门应推动旅游保险保障体系的建立，加强与专业救援机构及志愿者救援队伍的合作。

10. 各级旅游行政管理部门应建立旅游安全信息披露制度。及时披露所辖区域内旅行社、A 级旅游景区、星级饭店、旅游车船企业等报送的旅游突发事件信息，推动相关部门依法披露可能对旅游者人身财产安全造成严重损害的危险源和危险区域等信息。

11. 各级旅游行政管理部门应建立健全旅游安全风险监测评估制度。应根据旅游突发事件的种类和特点，加强部门间、区域间的信息交流与情报合作，及时汇总分析各类旅游安全风险信息和突发事件信息，必要时，协同相关部门，组织专业技术人员和专家学者进行会商评估；认为可能发生旅游突发事件的，应将评估结果及建议立即上报当地政府及上级旅游行政管理部门；认为可能发生重大或特别重大旅游突发事件的，应逐级上报至国务院旅游行政管理部门；必要时，可直接上报至国务院旅游行政管理部门。

第四节　旅游突发公共事件的处理

一、对旅游突发公共事件处理的一般程序

（一）报告和备案

1. 报告和备案的程序

旅行社、A 级旅游景区、星级饭店、旅游车船企业等发生旅游突发事件后，事发地或涉事单位所在地旅游行政管理部门接报后，在依法履行事故报告职责的同时，应依照下列规定进行报告或备案：

第一，一般旅游突发事件逐级上报至设区的市级旅游行政管理部门，并逐级备案至国务院旅游行政管理部门。

第二，较大旅游突发事件逐级上报省级旅游行政管理部门，并备案至国务院旅游行政管理部门。

第三，特别重大和重大旅游突发事件逐级上报至国务院旅游行政管理部门。

旅游突发事件发生在国外的，应逐级上报至国务院旅游行政管理部门。旅游团队发生突发事件的，需同时抄送组团社所在地旅游行政管理部门。

2. 报告和备案的时间要求

涉事旅行社、A 级旅游景区、星级饭店、旅游车船企业的单位负责人接到报告后 1 小时内应向事发地、单位所在地旅游行政管理部门及相关主管部门报告；情况紧急或发生重大或特别重大旅游突发事件时，事故现场有关人员可直接向事发地、单位所在地旅游行政管理部门及相关部门报告；旅游突发事件发生在境外的，现场有关人员应同时向我国驻事发国（地区）的使领馆或政府派出机构报告。

　　旅游突发事件逐级上报旅游行政管理部门，每级上报的时间不得超过 2 小时；当发生特别重大或重大旅游突发事件时，事发地或涉事单位所在地旅游行政管理部门在履行上述报告程序的同时，应在事故发生后 4 小时内直接向国务院旅游行政主管部门报告。国务院旅游行政管理部门接报后，应立即上报国务院，通报相关部门。旅游突发事件涉及海外旅游者的，需要向有关国家、地区、国际机构通报的，按照相关规定办理。旅游突发事件每级备案时间不得超过 48 小时。

　　3. 报告的内容

　　旅游突发事件首次报告的内容包括：突发事件发生的时间、地点、信息来源；简要经过、伤亡人数、影响范围；涉事的旅游经营者和其他有关单位；事件发生原因及发展趋势的初步判断；采取的应急措施及处置情况；需要支持协助的事项；报告人姓名、单位及联系电话。

　　旅游突发事件报告后出现新情况的，应及时补报。自事故发生之日起 30 日内，事故造成的伤亡人数发生变化的，应当及时补报。道路交通事故、火灾事故自发生之日起 7 日内，事故造成的伤亡人数发生变化的，应及时补报。

　　发生特别重大和重大旅游突发事件后，除首次报告外，应及时续报突发事件事态发展和应急处置工作信息，包括游客伤亡情况及身份；应急处置进展情况；原因分析；游客及家属的诉求；公众和媒体的反应；需要请示和支持的事项等。

　　报告旅游突发事件信息应做到及时、客观、真实，不得迟报、谎报、瞒报、漏报。对旅游突发事件报告中的违法行为，任何单位和个人有权向旅游行政管理部门、检察机关或者其他有关部门举报。

　　（二）保护现场

　　当旅游安全事故发生后，有关单位和人员应当妥善保护事故现场以及相关证据，任何单位和个人不得破坏事故现场、毁灭相关证据。因抢救人员、防止事故扩大以及疏通交通等原因，需要移动事故现场物件的，应当作出标志，绘制现场简图并做出书面记录，妥善保存现场重要痕迹、物证。

（三）协同有关部门进行抢救、侦查

当旅游安全事故发生后，地方旅游行政管理部门和有关旅游经营单位及其人员，要积极配合公安、交通、救护等有关方面，组织对旅游者进行紧急救援，并采取有效措施，妥善处理善后事宜。

（四）有关单位负责人应及时赶赴现场处理

当旅游突发事件发生后，事故发生单位负责人接到事故报告后应及时赶赴现场，启动事故相应应急预案，或者采取有效措施，组织抢救，防止事故扩大，减少人员伤亡和财产损失。

二、旅游突发公共事件应急救援处置程序

（一）突发自然灾害和事故灾难事件的应急救援处置程序

1. 当自然灾害和事故灾难影响到旅游团队的人身安全时，随团导游人员在与当地有关部门取得联系争取救援的同时，应立即向当地旅游行政管理部门报告情况。

2. 当地旅游行政管理部门在接到旅游团队、旅游区（点）等发生突发自然灾害和事故灾难报告后，应积极协助有关部门为旅游团队提供紧急救援，并立即将情况报告上一级旅游行政管理部门；同时，及时向组团旅行社所在地旅游行政管理部门通报情况，配合处理有关事宜。

3. 国家旅游局在接到相关报告后，应协调相关地区和部门做好应急救援工作。

（二）突发重大传染病疫情应急救援处置程序

1. 旅游团队在行程中发现疑似重大传染病疫情时，随团导

游人员应立即向当地卫生防疫部门报告，服从卫生防疫部门作出的安排。同时向当地旅游行政管理部门报告，并提供团队的详细情况。

2. 旅游团队所在地旅游行政管理部门接到疫情报告后，要积极主动配合当地卫生防疫部门做好旅游团队住宿的旅游饭店的消毒防疫工作，以及游客的安抚、宣传工作。如果卫生防疫部门作出就地隔离观察的决定，旅游团队所在地旅游行政管理部门要积极安排好旅游者的食宿等后勤保障工作，同时向上一级旅游行政管理部门报告情况，并及时将有关情况通报组团社所在地旅游行政管理部门。

3. 经卫生防疫部门正式确诊为传染病病例后，旅游团队所在地旅游行政管理部门要积极配合卫生防疫部门做好消毒防疫工作；监督相关旅游经营单位按照国家有关规定采取消毒防疫措施，同时向团队需经过地区旅游行政管理部门通报有关情况，以便及时采取相应防疫措施。

4. 发生疫情所在地旅游行政管理部门接到疫情确诊报告后，要立即向上一级旅游行政管理部门报告。省级旅游行政管理部门接到报告后，应按照团队的行程路线，在本省范围内督促该团队所经过地区的旅游行政管理部门做好相关的消毒防疫工作。同时，应及时上报国家旅游局。国家旅游局应协调相关地区和部门做好应急救援工作。

（三）重大食物中毒事件应急救援处置程序

1. 旅游团队在行程中发生重大食物中毒事件时，随团导游人员应立即与卫生医疗部门取得联系争取救助，同时向所在地旅游行政管理部门报告。

2. 事发地旅游行政管理部门接到报告后，应立即协助卫生、检验检疫等部门认真检查团队用餐场所，找出毒源，采取相应措施。

3. 事发地旅游行政管理部门在向上级旅游行政管理部门报告的同时，应向组团旅行社所在地旅游行政管理部门通报有关情况，并积极协助处理有关事宜。国家旅游局在接到相关报告后，应及时协调相关地区和部门做好应急救援工作。

（四）突发社会安全事件的应急救援处置程序

1. 当发生港澳台和外国旅游者伤亡事件时，除积极采取救援外，要注意核查伤亡人员的团队名称、国籍、性别、护照号码以及在国内外的保险情况，由省级旅游行政管理部门或通过有关渠道，及时通知港澳台地区的急救组织或有关国家的急救组织，请求配合处理有关救援事项。

2. 在大型旅游节庆活动中发生突发事件时，由活动主办部门按照活动应急预案，统一指挥协调有关部门维持现场秩序，疏导人群，提供救援。当地旅游行政管理部门要积极配合，做好有关工作，并按有关规定及时上报事件有关情况。

（五）国（境）外发生突发事件的应急救援处置程序

在组织中国公民出国（境）旅游中发生突发事件时，旅行社领队要及时向所属旅行社报告，同时报告我国驻所在国或地区使（领）馆或有关机构，并通过所在国或地区的接待社或旅游机构等相关组织进行救援，要接受我国驻所在国或地区使领馆或有关机构的领导和帮助，力争将损失降到最低限度。

三、民航、铁路的事故赔偿

（一）民航事故的赔偿

根据 2006 年国务院批准发布的《国内航空运输承运人赔偿责任限额规定》的规定，国内航空运输承运人应当在下列规定的赔偿责任限额内按照实际损害承担赔偿责任，但《民用航空法》另有规定的除外：

1. 对每名旅客的赔偿责任限额为 40 万元人民币；

2. 对每名旅客随身携带物品的赔偿责任限额为 3000 元人民币；

3. 对旅客托运的行李和对运输的货物的赔偿责任限额，为每千克 100 元人民币。

（二）铁路事故的赔偿

根据 2007 年国务院批准发布的《铁路交通事故应急救援和调查处理条例》的规定，事故造成铁路旅客人身伤亡和自带行李损失的，铁路运输企业对每名铁路旅客人身伤亡的赔偿责任限额为人民币 15 万元，对每名铁路旅客自带行李的赔偿责任限额为人民币 2000 元。铁路运输企业与铁路旅客可以书面约定高于前款规定的赔偿责任限额。

事故造成人身伤亡的，铁路运输企业应当承担赔偿责任；但是如果人身伤亡是不可抗力或者受害人自身原因造成的，铁路运输企业不承担赔偿责任。

违章通过平交道口或者人行过道，或者在铁路线路上行走、坐卧造成的人身伤亡，属于受害人自身的原因造成的人身伤亡。

四、外国旅游者在华旅游期间发生死亡情况的处理

对在华死亡的外国旅游者应该严格按照外交部《外国人在华死亡后的处理程序》办理。

（一）死亡的确定

死亡可分正常死亡和非正常死亡。因年迈或其他疾病而自然死亡的，属于正常死亡；因意外突发事故死亡的，属于非正常死亡。在旅游活动中，外国旅游者在华旅游期间的死亡情况，也可分为正常死亡和非正常死亡。

一经发现外国人在华死亡，发现人（包括个人或单位）应当立即报告当地公安局、外事办公室并在上述部门同意后通知死者所属的旅游团组负责人。如属正常死亡，善后处理工作由

接待单位负责。没有接待单位的（包括零散旅客），由公安机关会同有关部门共同处理。如属非正常死亡，应保护好现场，由公安机关进行取证并处理。一般来说，尸体在处理前应妥为保存（如防腐、冷冻等）。

（二）通知外国使领馆及死者家属

一经确定死亡后，根据《维也纳领事关系公约》或双边领事条约的规定以及国际惯例，应尽快通知死者家属及其所属国家驻华使领馆。

凡属正常死亡的外国人，在通报公安部门和地方外事办公室后，由接待或聘用单位负责通知；如死者在华无接待单位，由公安部门负责通知。如果死者所属国家已同我国签订的领事条约有通知时限规定，要按条约规定办；如无此类条约规定，应按《维也纳领事关系公约》的规定和国际惯例尽快通知。

（三）尸体解剖

正常死亡者或者死因明确的非正常死亡者，一般不需做尸体解剖。若死者家属或其所属驻华使领馆要求解剖，我方可同意，但必须有死者家属或使领馆有关官员签字的书面请求。对于非正常死亡者，为查明死因，需要进行解剖时，由公安、司法机关按其有关规定办理。

（四）出具证明

正常死亡，由县级或县级以上医院出具死亡证明书。

如死者死前曾住医院治疗或抢救，应其家属要求，医院可提供诊断书或病历摘要。对于非正常死亡，可由公安机关或司法机关的法医出具死亡鉴定书。为了减少不必要的麻烦，证明书的内容应简单明了，解剖证明书也不必过于详细。交死者家属或死者所属使领馆的死亡证明书、死亡鉴定书、解剖结果证明书等，应注意与死因相符。对外公布死因要慎重。如死因尚不明确，或有其他致死原因，在查明前不要轻易对外公布，待查清或内部意见统一后，再对外公布和提供证明。

县级或县级以上的医院出具的死亡证明书、公安机关或司法机关的法医出具的死亡鉴定书，如死者家属要求办理认证手续（按规定这两种证书无须办理认证），可直接办理认证或有关外国驻华使领馆认证。

（五）对尸体的处理

对在华死亡的外国人尸体的处理，可在当地火化，亦可将尸体运回其本国。究竟如何处理，应尊重死者家属或所属使领馆的意愿。如果死者家属要求火化尸体，必须由死者家属或所属使领馆提出书面请求并签字后进行，骨灰由其带回或运送回国。如外方不愿在中国火化，可同意将尸体运送回国。但是，运输手续和费用原则上均由外方自理。如果办理手续有困难，接待单位或有关部门可给予必要的协助。

对于生前有甲类传染病或者乙类传染病中传染性非典型肺炎、炭疽中的肺炭疽和人感染高致病禽流感的遗体，死者家属、亲友接待人员或者聘用单位应当配合医疗卫生机构做好遗体消毒处理后，立即送往死亡发生地殡仪馆火化。所需费用由死者家属、亲友、接待人或者聘用单位承担。

为了做好对方工作和从礼节上考虑，对受聘或有接待单位的死者，在火化或尸体运送回国前，可由聘用或接待单位为死者举行一次简单的追悼仪式。如对方要求举行宗教仪式，应视当地条件允许，可安排举行一个简单的宗教仪式。

如对方要求将死者在中国土葬，可以我国殡葬改革，提倡火葬为由，予以婉拒。如果对方要求将骨灰埋在中国或撒在中国的土地上，一般亦予以婉拒。但如死者是对中国做出特殊贡献的友好知名人士，应报请省级或国家民政部门决定。

（六）骨灰和尸体运输出境

中国民航国内运输，一般不办理尸体的运输业务。特殊情况需向当地民航管理局提出申请，并应按照民航运输的规定包装，且提供必要的证明文件。

（七）死者遗物的清点处理

清点死者遗物，应有死者偕行人员及其所属使领馆人员和我方人员在场。如无偕行人员，使领馆人员又不能到场时，可请公证处公证人员到场。遗物清点必须清点造册，并列出清单，清点人要逐一签字。接收遗物者要开出收据，并注明接收时间、地点、在场人等。签字后办理公证手续。如死者有遗嘱，应将遗嘱拍照或复制，原件交死者家属或所属使领馆。

（八）写出《死亡善后处理情况报告》

死者善后事宜处理结束后，聘用或接待单位应写出《死亡善后处理情况报告》报主管领导单位、外办、办公厅（局）、外交部。内容应包括死亡原因、抢救措施、诊断结果、善后处理情况及外方反应等。

第五节　旅行社责任保险

2011 年 2 月 1 日起施行的《旅行社责任保险管理办法》和2013 年 10 月 1 日起实施的《中华人民共和国旅游法》对旅行社责任保险作了明确的规定。

一、旅行社责任保险概述

（一）旅行社责任保险的概念

《旅行社责任保险管理办法》第二条规定："本办法所称旅行社责任保险，是指以旅行社因其组织的旅游活动对旅游者和受其委派并为旅游者提供服务的导游或者领队人员依法应当承担的赔偿责任为保险标的的保险。"

（二）旅行社责任保险的保险责任

旅行社责任保险的保险责任，应当包括旅行社在组织旅游活动中依法对旅游者的人身伤亡、财产损失承担的赔偿责任和依法对受旅行社委派并为旅游者提供服务的导游或者领队人员的人身伤亡承担的赔偿责任。具体包括下列情形：

1. 因旅行社疏忽或过失应当承担赔偿责任的；

2. 因发生意外事故旅行社应当承担赔偿责任的；

3. 国家旅游局会同中国保险监督管理委员会规定的其他情形。

（三）保险期限、赔偿限额与保险费率

1. 保险期限

旅行社责任保险的保险期限为一年，但对约定的附加险可以进行短期投保。

2. 赔偿责任限额

《旅行社责任保险管理办法》第十八条规定："责任限额可以根据旅行社业务经营范围、经营规模、风险管控能力、当地经济社会发展水平和旅行社自身需要，由旅行社与保险公司协商确定，但每人人身伤亡责任限额不得低于 20 万元人民币。"

3. 保险费率

旅行社责任保险的保险费率应遵循市场化原则，并与旅行社行业风险相匹配。

（四）对旅行社未投保旅行社责任保险的处罚

《旅游法》第九十七条规定，对旅行社未投保旅行社责任保险的，由旅游主管部门或者有关部门责令改正，没收违法所得，并处 5000 元以上 5 万元以下罚款；违法所得 5 万元以上的，并处违法所得 1 倍以上 5 倍以下罚款；情节严重的，责令停业整顿或者吊销旅行社业务经营许可证；对直接负责的主管人员和其他直接责任人员，处 2000 元以上 2 万元以下罚款。

二、保险合同

《旅行社责任保险管理办法》第七条至十六条对旅行社责任保险合同作出了明确规定。

（一）保险合同的签订

旅行社投保旅行社责任保险的，应当与保险公司依法订立书面旅行社责任保险合同；旅行社与保险公司订立保险合同时，双方应当依照《中华人民共和国保险法》的有关规定履行告知和说明义务；订立保险合同时，保险公司不得强制旅行社投保其他商业保险；保险合同成立后，旅行社按照约定交付保险费；保险公司应当及时向旅行社签发保险单或者其他保险凭证，并在保险单或者其他保险凭证中载明当事人双方约定的合同内容，同时按照约定的时间开始承担保险责任。

（二）保险合同的解除

保险合同成立后，除符合《中华人民共和国保险法》规定的情形外，保险公司不得解除保险合同；保险合同成立后，旅行社要解除保险合同的，应当同时订立新的保险合同，并书面通知所在地县级以上旅游行政管理部门，但因旅行社业务经营许可证被依法吊销或注销而解除合同的除外；保险合同解除的，保险公司应当收回保险单，并书面通知旅行社所在地县级以上旅游行政管理部门。

（三）保险合同的变更

旅行社的名称、法定代表人或者业务经营范围等重要事项变更时，应当及时通知保险公司，必要时应当依法办理保险合同变更手续。

三、理赔

（一）赔偿范围

旅行社责任保险的赔偿范围与旅行社责任保险的保险责任

一致，应当包括旅行社在组织旅游活动中依法对旅游者的人身伤亡、财产损失承担的赔偿责任和依法对受旅行社委派并为旅游者提供服务的导游或者领队人员的人身伤亡承担的赔偿责任。具体包括下列情形：（1）因旅行社疏忽或过失应当承担赔偿责任的；（2）因发生意外事故旅行社应当承担赔偿责任的；（3）国家旅游局会同中国保险监督管理委员会规定的其他情形。

（二）赔偿请求的提出

保险事故发生后，旅行社按照保险合同请求保险公司赔偿保险金时，应当向保险公司提供其所能提供的与确认保险事故的性质、原因、损失程度等有关的证明和资料。

保险公司按照保险合同的约定，认为有关的证明和资料不完整的，应当及时一次性通知旅行社补充提供。

旅行社对旅游者、导游或者领队人员应负的赔偿责任确定的，根据旅行社的请求，保险公司应当直接向受害的旅游者、导游或者领队人员赔偿保险金。旅行社怠于请求的，受害的旅游者、导游或者领队人员有权就其应获赔偿部分直接向保险公司请求赔偿保险金。

（三）赔偿义务的履行

保险公司收到赔偿保险金的请求和相关证明、资料后，应当及时作出核定；情形复杂的，应当在 30 日内作出核定，但合同另有约定的除外。保险公司应当将核定结果通知旅行社以及受害的旅游者、导游、领队人员；对属于保险责任的，在与旅行社达成赔偿保险金的协议后 10 日内，履行赔偿保险金义务。

因抢救受伤人员需要保险公司先行赔偿保险金用于支付抢救费用的，保险公司在接到旅行社或者受害的旅游者、导游、领队人员通知后，经核对属于保险责任的，可以在责任限额内先向医疗机构支付必要的费用。

因第三者损害而造成保险事故的，保险公司自直接赔偿保险金或者先行支付抢救费用之日起，在赔偿、支付金额范围内代位行使对第三者请求赔偿的权利。旅行社以及受害的旅游者、导游或者领队人员应当向保险公司提供必要的文件和所知道的有关情况。

【习题】

一、填空题

1. 旅游突发公共事件的分级：（　　）、（　　）、（　　）、（　　）。

2. 旅游安全保障工作应贯彻"（　　）、（　　）、（　　）、（　　）"的方针。

3. 旅游安全管理工作坚持"（　　　）"的原则，建立"（　　）"的管理体制，最大限度地为旅游者提供安全保障。

4. 旅游者的权利有旅游者的（　　）、（　　）、（　　）。

5. 旅游行政管理部门应按照当地人民政府和上级旅游行政管理部门的规定和要求，视情发布、调整、解除针对所辖区域的（　　）。

6. 在旅游者安全保障工作中做出显著成绩或有突出贡献的单位和个人，由（　　）给予通报表彰或奖励。

7. 旅游者应选择适合自身身体条件的旅游产品或服务，应就旅游产品或服务提供者询问的有关（　　）做出如实报告，不能故意隐瞒。

8. 旅游产品或服务提供者应（　　）。

9. 旅游从业人员应遵守法律、法规、规章和标准的规定，遵守（　　），自觉履行（　　）。

10. 报告旅游突发事件信息应做到（　　），不得（　　）。对旅游突发事件报告中的违法行为，任何单位和个人有权向旅游行政管理部门、检察机关或者其他有关部门举报。

二、单项选择题

1. 贯彻旅游安全工作的方针和原则的重点在于（　　）。

A. 国家旅游局　　　　　　B. 省级旅游局

C. 地方旅游局　　　　　　D. 旅游经营单位

2. 根据各级旅游行政管理部门建立旅游安全预警信息发布制度，建议重新考虑前往该目的地旅游必要性的是（　　）。

A. 红色旅游预警　　　　　B. 橙色旅游预警

C. 黄色旅游预警　　　　　D. 蓝色旅游预警

3. 当特大旅游安全事故发生后，首先应做好（　　）工作。

A. 报告　　　　　　　　　B. 现场保护

C. 现场保护与报告　　　　D. 成立处理小组

4. 某国际旅行社接待美国入境旅游团旅游，旅游期间美国一名旅游者不幸死亡，该国际旅行社不正确的做法是（　　）。

A. 立即通过有关途径通知美国驻华使馆

B. 立即通知境外组团社

C. 为前来了解处理事故的外方人员提供方便

D. 立即将尸体火化

5. 旅行社责任保险的保险期限为（　　）。

A. 1 年　　　　B. 2 年　　　　C. 3 年　　　　D. 4 年

6. 旅行社向保险公司投保旅行社责任保险采取按（　　）投保的方式。

A. 月度　　　　B. 季度　　　　C. 年度　　　　D. 旅游团队

7. 旅游保险具有（　　）的性质。

A. 社会补助　　B. 社会扶助　　C. 国家扶助　　D. 社会救助

8. 保险人对旅游保险合同中的主要内容及责任免除条款向投保人没有明确说明的，保险人违背了（　　）。

A. 公平原则　　　　　　　B. 保险利益原则

C. 诚实信用原则　　　　　D. 近因原则

9. 保险公司应当自收到旅行社提供证明和材料之日起（　　）内，对是否属于保险责任范围作出核定，并将结果通知被保险旅行社。

A. 2 日　　　　B. 3 日　　　　C. 5 日　　　　D. 10 日

10. 旅游突发事件每级备案时间不得超过（　　）小时。

A. 12　　　　　B. 24　　　　　C. 36　　　　　D. 48

三、简答题

1. 简述对民航事故的赔偿规定。

2. 简述外国旅游者在华旅游期间发生死亡情况的处理程序。

3. 简述旅游者权利。

4. 简述旅行社责任险的赔偿范围。

第七章　旅游者出入境与边境
管理法律制度

随着社会经济的不断发展，为加强国际间的交流与合作，促进共同发展，每个国家都制定了关于外国人、本国公民出入境管理的法律法规，以确保国家主权和安全，同时保护本国公民和外国人的合法权益。我国在 1985 年 11 月 22 日颁布了《中华人民共和国公民出境入境管理法》和《中华人民共和国外国人入境出境管理法》；为了规范旅行社组织中国公民出国旅游活动，保障出国旅游者和出国旅游经营者的合法权益，于 2002 年 7 月 1 日起开始施行《中国公民出国旅游管理办法》；为了适应全球化的社会经济发展需要，我国于 2007 年 1 月 1 日正式施行《中华人民共和国护照法》。此外，《中华人民共和国海关法》、《中华人民共和国出入境边防检查条例》等法律、法规也是规范我国旅游者出入境行为的重要法律制度。

第一节　中国公民出入境管理制度

一、中国公民出入境的有效证件及申请办理

（一）中国公民出入境的有效证件

1. 护照

护照是一国政府依法颁发给本国公民出入本国国境和在国外旅行、居留使用的合法身份证件和国籍证明，以便持证人及

时取得外国主管当局和本国外交代表机关和领事机关的协助和保护。护照载有"请各国军政机关对持照人予以通行的便利和必要的协助"字样，由公民所在国的外交或公安机关颁发。护照一般分为外交护照、公务护照和普通护照3种。

外交护照：发给政府高级官员、外交和领事官员、负有特殊外交使命的人员和政府代表团成员等。持有外交护照者在外国享受外交礼遇。

公务护照：发给政府一般官员、驻外使、领馆工作人员、因公派往国外执行文化、经济等任务的人员。

普通护照：发给出国的一般公民、国外侨民等。

《中华人民共和国护照法》规定，普通护照的有效期为：护照持有人未满十六周岁的五年，十六周岁以上的十年，取消延期。

2. 签证

签证是一国外交、领事或公安机关或由上述机关授权的其他机关，根据外国人要求入境的申请，依照有关规定在其所持证件（护照或其他旅行证件）上签注、盖印，表示准其出入本国国境或者过境的手续。中国公民凭护照或其他有效证件出入境，无须办理签证。但作为允许旅游者前往一个国家或中途经过或停留的证件，中国旅游者在经批准出境获得护照后，应申办所要前往国的签证。出国旅游应向目的地国驻华使、领馆办理签证申请。若没有使、领馆，也没有其他使馆代办业务的，则需到办理该国签证机关的国家办理。出国旅游要提前办理签证；办理好签证要特别注意有效期和停留期；需延长的应向有关单位办理申请延长手续。

3. 旅行证

中华人民共和国旅行证是由中国驻外的外交代表机关、领事机关或者外交部授权的其他驻外机关颁发的中国旅游者出入境的主要证件。旅行证分为一年一次有效和两年多次有效两种，由持证人保存、使用。如因情况变化，需要变更或加注旅行证的记载事项，应提交变更材料、加注事项的证明或说明材料向颁证机关提出申请。

4. 出入境通行证

由省、自治区、直辖市公安厅（局）及其授权的公安机关签发。持该证件在有效期内一次或者多次入出境有效。注明是一次有效的在出境时由边防检查站收缴。

（二）中国公民出入境申请的办理

因公出境的中国公民使用的护照由外交部或外交部授权的地方外事部门颁发；因私出境的中国公民使用的护照由公安部或公安部授权的地方公安机关颁发；海员证由港务监督局或者港务监督局授权的港务监督机构颁发；

中国公民在国外申请护照和证件，由中国驻外国的外交代表机关、领事机关或外交部授权的其他驻外机关颁发。公安部、外交部、港务监督局和原发证机关各自对其发出的或者其授权的机关发出的护照和证件有权吊销或宣布作废。

定居国外的中国公民因中短期回国探亲、访友、投资、经商、旅游的，凭有效护照、旅行证或者其他有效证件入境。要求回国定居的，在入境前应向中国驻外国的外交代表机关、领事机关或外交部授权的其他驻外机关办理手续，也可以向有关省级公安机关办理手续。入境定居或者工作的中国公民，入境后应按照户口管理规定办理暂行登记。

二、中国旅游者出入境的权利义务及其限制

（一）出入境的权利义务

中国旅游者出入境的合法权益受中国法律保护，同时受前往国法律的保护。当今世界上许多国家为发展旅游业，对旅游者在旅游活动中最关心的安全、服务质量、发生意外事故得到法律保障等问题通过立法建立了相应的法律制度，签订双边和多边协定规定外国旅游者应受到与本国国民同等的法律保护，并给予若干优惠，中国旅游者理应得到相关外国法律的保护。中国旅游者持护照出入境无须办理签证；公安机关对于中国旅游者出境申请应在规定时间内给予答复；申请人有权查询规定时间内没有审批结果的原因，受理部门应作出答复；申请人认为不批准出境不符合法律规定，可向上一级公安机关申诉，受理机关应作出处理和答复；旅游者本人保存和使用其护照，非经法定事由和特定机关，不受吊销、收缴和扣押；旅游者有义务按规定缴纳有关费用。

中国公民出国旅游应申办有效证件及出境登记卡，并妥善保管护照等证件；在指定口岸或对外开放的口岸出入境，应向边检站出示中国护照或其他有效证件，填写出入境登记卡，接受"一关四检"的检查及各种检查，遵守中国及前往国国家法律，不得有危害祖国安全、荣誉和利益的行为。

（二）出境限制

《中华人民共和国公民出境入境管理法》规定，有下列情形之一的，不批准出境：

1. 刑事案件的被告人和公安机关或者人民检察院或者人民法院认定的犯罪嫌疑人；

2. 人民法院通知有未了结民事案件的；

3. 被判处刑罚正在服刑的；

4. 正在被劳动教养的；

5. 国务院有关机关认为出境后将对国家安全造成危害或者对国家利益造成重大损失的。

（三）法律责任

中国公民违反《中华人民共和国公民出境入境管理法》，有下列情形之一的，由公安机关处以警告或者 10 日以下的拘留处罚，情节严重，构成犯罪的，依法追究刑事责任：

1. 中国公民包括旅游者非法出境、入境的；

2. 伪造、涂改、冒用、转让出境、入境证件的。

受公安机关拘留处罚的公民对处罚不服的，在接到通知之日起 15 日内，可以向上一级公安机关提出申诉，由上一级公安机关作出最后裁决，也可以直接向当地人民法院提起诉讼。

三、中国公民出入境管理制度

（一）国家开展出国旅游的方针

出国旅游在广义上也称出境旅游，指持护照前往其他国家或地区的旅游，包括边境游、港澳游和出国游。前往地区不同，旅行所持证件也就不同。根据旅游费用来源可分为公费、自费以及其他三类；根据出境方式可分为有组织与非组织两类。我国目前所指出国旅游，特指中国公民自费出国旅游，即由中国旅游企业组织中国公民以团队形式自费前往国外旅游，包括探亲、访友等其他短期因私出国事宜。

针对我国作为发展中国家的国情及经济实力，参照国际上的一般做法，我国对开展公民自费出国旅游采取"有计划、有组织、有控制发展"的指导方针。有计划指国家根据全国入境旅游的情况，包括创汇额和接待外国旅游者人数，并考虑国内市场的需求，制订出国旅游的年度计划，确定每年出国旅游的总体规模，以保证旅游业的外汇收入的增长大于支出；有组织是指现阶段从国际国内的实际情况出发，公民出国旅游仍以团队形式进行，不办理散客出国旅游业务，要求整团出入国境；有控制指对出国旅游实行总量控制和配额管理，并对特许经营出国旅游业务的旅行社进行审批和数量控制。

开办公民自费出国旅游有着重要的政治意义和经济意义。

制约我国发展出国旅游的因素有：国家不宜将外汇大量用于服务贸易出口；公费旅游和滞留不归等问题也对出国旅游业务的发展构成障碍。为加强对中国公民出国旅游的管理，规范出国旅游活动，保障参游人员的合法权益，2002 年 7 月 1 日国家旅游局、公安部经国务院批复，联合发布了《中国公民出国旅游管理办法》。

（二）出国旅游管理的几项制度

1. 总量控制和配额管理制度

国家旅游局根据发展旅游业的基本方针、每年创汇情况和接待海外旅游者总量并考虑我国基本国情和公民的外汇支付能力，制定每年的出国旅游配额总量。根据"总量控制、入出挂钩"的原则，分配给有经营权的旅行社具体的出国配额，使各地区和各旅行社所得出国旅游配额与其入境旅游所做贡献、招徕和接待海外旅游者人数挂钩。配额制是国家对出国旅游实施管理的一项具体措施，通过国家旅游局统一印制、发放中国公民自费出国旅游"审核证明"、"旅游团队名单表"，在总量上进行宏观调控。从 2002 年 1 月 1 日起，国家旅游局取消了赴香港旅游的配额限制。

2. 组团社审批制度

旅行社取得经营许可满两年，且未因侵害旅游者合法权益受到行政机关罚款以上处罚的，可以申请经营出境旅游业务。申请经营出境旅游业务的，应当向国务院旅游行政管理部门或者其委托的省、自治区、直辖市旅游行政管理部门提出申请。受理申请的旅游行政管理部门应当自受理申请之日起 20 个工作日内作出许可或者不予许可的决定。予以许可的，向申请人换发旅行社业务经营许可证，旅行社应当根据《旅行社条例》持换发的旅行社业务经营许可证到工商行政管理部门办理变更登记；不予许可的，书面通知申请人并说明理由。

3. 出国旅游目的地审批制度

出国旅游目的地是指经我国政府批准，允许旅行社组织团队前往的国家和地区。出国旅游目的地的国家和地区是由国家旅游局提出，经外交部、公安部同意后报国务院批准。开放中国公民出国旅游目的地的条件是：对方为我国客源国；有利于双方合作与交流；政治上对我国友好，开展国民外交符合我国对外政策目标；旅游资源具有吸引力，具备适合我国旅游者的接待服务设施；对我国旅游者在政治、法律等方面没有歧视性、限制性和报复性政策；旅游者有安全保障，具有良好的可进入性。

4. 以团队方式开展出国旅游制度

团队是指由特许经营出国旅游的旅行社组织 3 人以上的旅游团。为保障参游人员的人身安全及合法权益，便于旅游质量的监督管理，防止旅游者非法滞留，涉足色情、赌博和毒品，我国规定公民自费出国旅游主要以团队形式进行，且每团派遣领队，领队负责团队活动安排，代表组团社负责与境外接待社接洽，以保证团队旅游服务质量并处理突发事故。

团队应以整团从国家开放口岸出入境，因不可抗力原因在境外分团时，领队应及时报告组团社。

（三）组团社、公安机关的职责及其法律责任

1. 组团社职责

按国家旅游局核定人数组织出国旅游，办理参游人员报名、收费手续，填写《审核证明》和《名单表》；按我国与目的地国商定的办法开展旅游业务；出境前已确定在境外分团的应事先报经公安边防机关批准；与参游人员签订旅游合同，办理旅行社责任保险，派遣专职领队；明确要求接待社按双方商定的团队活动计划安排旅游活动，不得拒接、漏接，不得擅自增加或减少旅游项目，不得安排参游人员涉足色情、赌博、毒品以

及危险性活动；对参游人员在境外滞留不归的应及时向公安机关和旅游行政管理部门报告，并协助有关查询或遣返人员追偿；协助有关部门做好团队行李验收管理工作等。

2. 公安机关职责

查验参游人员提交的"审核证明"和费用发票；确认组团社和参游人员的合法资格后，依照有关法律、法规办理出国旅游手续；在法定期限内作出批准出境，由公安机关出入境管理部门颁发护照，并附发出境登记卡。

3. 法律责任

未经批准经营出国旅游业务的旅行社，由旅游行政管理部门会同公安机关、工商行政管理部门依法查处；违反组团社职责的由旅游行政管理部门给予通报批评、暂停经营出国旅游业务直至取消经营出国旅游业务资格；接待社造成旅游者损害时，旅游者可要求组团社赔偿；对以自费出国旅游名义，弄虚作假、骗取出境证件、偷越国（边）境的，或者为组织、运送他人偷越国（边）境使用的，依照《刑法》、《公民出入境管理法》及其《实施细则》和《全国人民代表大会常务委员会关于严惩组织、运送他人偷越国（边）境犯罪的补充规定》的有关规定处罚。

第二节　外国人入出境管理制度

一、外国人入出境管理制度概述

为维护中华人民共和国的主权、安全和社会秩序，有利于发展国际交往，中国政府制定了《中华人民共和国外国人入境出境管理法》（1985 年 11 月 22 日第六届全国人民代表大会通过，1986 年 2 月 1 日起施行），以下简称《外国人入境出境管理法》）；1994 年 7 月 15 日，公安部、外交部发布了《中华人民共和国外国人入境出境管理法实施细则》（以下简称《实施细则》）。凡外国人入、出、通过中华人民共和国国境和在中国居留、旅行，均适用于本法。

外国人入出我国国境、居留、旅行必须遵循下列原则：

1. 主管机关许可的原则

根据《外国人入境出境管理法》规定，外国人入境、过境和在中国居留，必须经中国政府主管机关许可。

2. 指定口岸通行、接受边防检查的原则

根据《外国人入境出境管理法》规定，外国人入境、出境、过境，必须从对外国人开放的或指定的口岸通行，接受边防检查机关的检查和监护。

3. 保护外国人合法权利和利益的原则

根据《外国人入境出境管理法》规定，中国政府保护在中国境内的外国人的合法权利和利益。外国人的自由不受侵犯，非经人民检察院批准或者决定或者人民法院决定，并由公安机关或者国家安全机关执行，不受逮捕。

4. 遵守中国法律的原则

根据《外国人入境出境管理法》规定，外国人在中国境内，必须遵守中国法律、不得危害中国国家安全、损害社会公众利益、破坏社会公共秩序。

二、外国人入出境管理机关及有效证件

（一）外国人入出境管理机关及其职责

中国政府在国外受理外国人入境、过境申请的机关是中国的外交代表机关、领事机关和外交部授权的其他驻外机关；中国政府在国内受理外国人入境、过境、居留、旅行申请的机关是公安部、公安部授权的地方公安机关和外交部、外交部授权

的地方外事部门。受理外国人入境、过境、居留、旅行的机关有权拒发签证和证件；对已发出的签证和证件，有权吊销或者宣布作废。公安部或外交部在必要时可以改变各自授权的机关作出的决定。对非法入境、非法居留的外国人，县级以上公安机关可以拘留审查、监视居住或者遣返出境。县级以上公安机关外事民警在执行任务时，有权查验外国人的护照和其他证件。外事民警查验时，应当先出示自己的工作证件，有关组织或者个人有协助的责任。

（二）外国旅游者入境有效证件

1. 护照

凡入出中国边境的外国旅游者应持有效护照或一些国家颁发的代替护照的证件，如法国颁发的通行证和英国颁发的旅游证，以便中国有关当局查验。

2. 签证

签证手续实际上是一国实施有条件准许入境的措施。根据外国人来中国的身份和所持护照的种类，分别发给外交签证、礼遇签证、公务签证和普通签证。根据需要次数和时间限制，分别发给长期和短期签证，一般是一次出入境有效。有的国家为加强友好交往，在互惠原则下互免签证手续，也有许多双边条约规定互免签证手续。如欧盟成员国的往来，一律不需签证。我国同罗马尼亚、古巴、伊朗、孟加拉国和智利等有互免签证协议。旅游者办理护照后，应在申请所去国和中途经过或停留国家的有效证件上签证。

旅游者申请签证，须口头答复被询问的有关情况并履行相关手续：提供有效证件；填写签证申请表；交近期2寸半身正面免冠照片；交验中国旅游部门的接待证明（签证通知）；向法律规定的部门申请 L 字签证（L 字签证是发给来中国旅游、探亲或处理其他私人事务入境的人员，其中 9 人以上来中国旅游的发给团体旅游签证）。

国家旅游局、省级旅游局及特定的旅行社依法行使来我国境内旅游的签证通知权。中国政府驻外使、领馆和外交部及其授权的其他机关是办理签证事宜的部门。经授权的地方公安机关作为口岸签证机关，按法律规定的事宜，对在外事或旅游活动中确需来华而来不及在中国驻外机关申办签证的外国人办理签证的，申办人一下飞机即可办理签证，这种方式俗称"落地签证"。

我国采取3种签证制度：通常情况下采取一次签证一次有效的方法，此外党政军有多次签证和免除签证。签证有一定格式和内容，包括签证有效期、有效次数、停留期、入出境口岸和偕行人员。外国旅游者应在签证有效期内，按指定的入境口岸、交通工具和线路通行；非经许可，中途不得停留。

旅游者领取签证和证件后，需要申请变更或延期的，如有效期延长、增加偕行人员和增加不对外国人开放地点等，应向证件发放机关申办，并办理以下手续：交验护照、签证和旅行证等证件；填写变更或延期申请表；提供与变更和延期有关的证明并缴纳规定的费用。

3. 旅行证

持有效证件的旅游者可以前往我国规定对外开放的地区旅游，根据有关规定，此类地区称为甲类地区；已对外开放、控制开放的新增加开放地区为乙类地区；只准许经常去考察、进行技术交流和现场施工等公务活动的一般性对外开放地区为丙类地区；不对外国人开放的地区为丁类地区。前往乙、丙和丁类地区应办理旅行证。

旅行证是指外国人前往不对外国人开放的地区旅行时，必须向当地公安机关申请的旅行证件，由旅游者临时居留地或开放地的市、县公安局办理。申请人应交验护照或居留证件，提供旅行事由的有关证明，填写旅行申请表。外国人旅行证有效期最长为一年，如需延长有效期、增加不对外国人开放的地点、增加偕行人数，必须向公安局申请延期或变更。

我国法律规定对不办理外国人旅行证、未经批准前往不对外国人开放地的外国人，可以处警告或者 500 元以下罚款；情节严重的，并处限期出境。

旅行社还可接受外国旅游者、华侨、港澳台同胞、外国华人的委托，代办中国入境、过境、居留和旅行等签证，代向海关办理申报、检验手续。

三、外国人入出境管理制度

（一）外国人入境管理

一个国家是否准许外国人入境，完全由各国国内法律规定。在国际法上，一个国家并没有必须准许外国人入境的义务。但在现代国际社会，各国都是在互惠的基础上允许外国人为合法目的入境的。外国人入境一般须持有护照并经过签证手续；无国籍人入境则应持有其居留国签发的旅行证明。为维护本国的安全和利益，国家有权禁止本国政府认为有害于本国的人入境。按照这一原则我国规定，下列外国人不准入境：

1. 被中国政府驱逐出境、未满允许入境年限的；
2. 被认为入境后可能进行恐怖、暴力、颠覆活动的；
3. 被认为入境后可能进行走私、贩毒、卖淫活动的；
4. 患有严重精神病和麻风病、开放性肺结核等传染病的；
5. 不能保障其在中国期间所需费用的；
6. 被认为入境后可能进行危害我国国家安全和利益的其他活动的。

（二）外国人居留、住宿管理

1. 外国人居留管理

外国人在中国居留必须持有中国政府主管机关签发的身份证件或者居留证件。按规定，外国人申请居留证件须回答被询问的有关情况并履行下列手续：交验护照、签证和与居留事由有关的证明；填写居留申请表；申请外国人居留证的还要交验健康证明书，交近期2寸半身正面免冠照片。

身份证件或者居留证件的有效期限是根据入境的事由确定的。外国人居留证件是发给在中国居留一年以上的人员；外国人的临时居留证是发给在中国居留不满一年的人员；在中国投资或同中国的企事业单位进行经济、科技、文化合作以及因其他需要在中国长期居留的外国人，经中国政府的主管机关批准，可获得长期居留或永久居留资格。

对因政府原因要求避难的外国人，经中国政府主管机关批准，准许在中国居留；对不遵守中国法律的外国人，中国政府主管机关可以缩短其在中国停留的期限或者取消其在中国居留的资格；持居留证件的外国人在中国变更居留地点，必须依照规定办理迁移手续。未持居留证件的外国人和来中国留学的外国人，未经中国政府主管机关允许，不得在中国就业；外国人在居留证件有效期满后继续在中国居留，须于期满前申请延期。

2. 外国人住宿管理

外国人在中国境内临时住宿，应当依照规定办理住宿登记。海外旅游者在各地游览中的住宿，也依此规定办理。

外国人在宾馆、饭店、旅店、招待所、学校等企事业单位或者机关、团体及其他中国机构内住宿，应出示有效护照或者居留证件，并填写临时住宿登记表。在非开放地区住宿还要出示旅行证。

外国人在中国居民家住宿时，在城镇的须于抵达后24小时内，由留宿人或本人持住宿人护照、签证和留宿人户口簿到当地公安机关申报，填写临时住宿登记表；在农村的须于 72 小时内向当地派出所或户籍办公室申报。

外国人在中国的外国机构或中国的外国人家中住宿，须于住宿人抵达后 24 小时内，由留宿机构、留宿人或者本人持住宿人的护照或居留证件，向当地公安机关申报并填写临时住宿登记表。

外国人在移动性住宿工具内临时住宿时须于 24 小时内向当地公安机关申报。为外国人的移动性住宿工具提供场地的机构或个人，应于 24 小时前向当地公安机关申报。

（三）外国人出境管理

按照《外国人入境出境管理法》及其《实施细则》的规定，对外国人出境的管理有下列要求：

1. 外国人出境须凭本人的有效护照和其他有效证件；

2. 外国人应当在签证准予停留的期限内或居留证件的有限期内出境；

3. 持有外国人居留证件的人，在其居留证件有效期内出境并返回中国的，应当在出境前按规定办理返回中国的入境申请签证手续并提供有关证明。持有居留证件的外国人出境后不再返回中国的，在出境时应向边防检查站缴销居留证件。

对于在中国境内的外国人，只要符合出境规定的，国家就不能禁止该外国人出境。对于合法出境的外国人，应允许带走其合法财产。但有下列情形之一的外国人不准出境：

1. 刑事案件的被告人和公安机关或人民检察院或人民法院认定的犯罪嫌疑人；

2. 人民法院通知有未了结民事案件不能离境的；

3. 有其他违反中国法律的行为尚未处理，经有关主管机关认为需要追究的。

此外《实施细则》还规定，有下列情形之一的外国人，边防检查机关有权阻止出境并依法处理：

1. 持用无效出境证件的；

2. 持用他人出境证件的；

3. 持用伪造或者涂改的出境证件的。

（四）法律责任

对违反《外国人入境出境管理法》及其《实施细则》的规定，非法入境、出境的外籍人员；在中国境内非法居留或者停留的外籍人员；未持有效旅行证件前往不对外国人开放的地区旅行的外籍人员；伪造、涂改、冒用、转让入境、出境证件的外籍人员，县级以上公安机关可以处以警告、罚款或10日以下的拘留处罚，情节严重，构成犯罪的，依法追究刑事责任。上述情节严重者，公安部门可处以限期出境或者驱逐出境处罚。

受公安机关罚款或者拘留处罚的外国人，对处罚不服的在接到通知之日起15日内，可以向上一级公安机关提出申诉，由上一级公安机关做出最后裁决，也可以直接向人民法院申诉。

四、外国人入出境检查制度

我国有关法律规定了对外国旅游者进行"一关四检"的检查制度。

（一）海关检查

海关是国家的门户，是国家的出入境管理机构。海关检查是指海关在国境口岸依法对进出国境的货物、运输工具、行李物品、邮递物品和其他物品执行监督管理、代收关税和查禁走私等任务时所进行的检查。我国海关在执行任务时贯彻既严格又方便的原则，既保卫国家的政治经济利益，维护国家主权，又便利正常往来。

外国旅游者来中国，主要接受海关对其入境运输工具和行李物品的检查。在现代旅游实践中，旅游者不仅搭乘飞机、船舶或列车，而且在邻近国家之间，往往驾驶车辆、船舶等，因此各国都制定了对外国旅游者运输工具的监督和检查制度。

进出中国国境的旅游者应将携带的行李物品交海关检查。旅游者应填写"旅客行李申报表"一式两份，经海关查验行李物品后签章，双方各执一份，在旅游者回程时交海关验核。来我国居留不超过六个月的旅游者，携带海关认为必须复运出境的物品，由海关登记后放行，旅游者出境时必须将原物带出；旅游者携带的金银、珠宝、钻石等饰物，如准备携带出境，应向海关登记并由海关发给证明书，以便出境时海关凭证核放。进出国境的旅游者携带的行李物品符合纳税规定的，应照章纳税。

目前由于各国出入境旅游的人数大增，绝大多数国家在海关检查时简化了手续。有的国家免检，如西欧一些国家在海关处写明"不用报关"或无人办公；有的国家实行口头申报，过关时只口头问一问，很少开箱检查；只有少数国家在过关时既要填申报单，又要开箱检查。我国的海关也简化了手续，未带违禁物品和征税物品的人员，可以从绿色通道直接过关。

（二）边防检查

为维护中华人民共和国的主权、安全和社会秩序，禁止非法出入境。为便利出境入境的人员和交通运输工具的通行，我国在对外开放的港口、航空港、车站和边境通道口等口岸设立出境入境边防检查站，对入出国境的人员、交通运输工具和行李物品进行检查。根据《出境入境边防检查条例》，我国的边防检查工作由公安部主管。

（三）安全检查

中国海关和边防站为保证旅游者生命和财产安全，禁止携带武器、凶器和爆炸物品，采用通过安全门使用磁性探测检查、红外线透视、搜身开箱检查等方法，对旅游者进行安全检查。

（四）卫生检疫

为防止传染病由国外传入或由国内传出，保护人身健康，各国都制定了国境卫生检疫法。我国依据《国境卫生检疫法》设立了国境卫生检疫机关，在入出境口岸依法对包括旅游者在内的有关人员及其携带的动植物和交通运输工具等实施传染病检疫、检测和卫生监督；只有经过检疫，由国境卫生检疫机关许可，才能入出境。

在国外或国内有检疫传染病大流行的时候，国务院可以下令封锁有关国境或采取其他紧急措施。

（五）动植物检疫

为了保护我国农、林、牧、渔业生产和人体健康，维护对外贸易信誉，履行国际间义务，防止危害动植物的病、虫、杂草及其他有害生物由国外传入或由国内传出，我国同世界各国都制定了动植物检疫的法律。在我国边境口岸设立的口岸动植物检疫站，代表国家对入出境的动物、动物产品、植物、植物产品及运载动植物的交通工具等执行检疫任务。旅游者应主动接受动植物检疫并按有关规定出入境。

第三节　西藏自治区边境管理法规制度

2000 年 6 月 1 起实施的《西藏自治区边境管理条例》和 2002 年 10 月 1 日起实施的《西藏自治区边境管理区通行证签发管理办法》共同构成了西藏自治区边境管理法规制度的主体。

一、边境管理机关

《西藏自治区边境管理条例》规定，各级人民政府领导边境管理工作。公安部门负责边境管理和本条例的实施。公安边防、外事部门，人民解放军边防部队，按照各自的职责，分工负责，互相配合，共同负责边境管理工作。

二、国（边）界管理

国（边）界标志的设立、修复和重建，按照我国与邻国签订的边界条约和边界议定书的规定执行。

任何单位和个人不得从事下列活动：

1. 毁坏或擅自移动、拆除国（边）界标志和标志国（边）界的方位物；

2. 毁坏或擅自移动国（边）界线的交通、通信、水利、电力、测绘、边防、国土保护等设施；

3. 在国（边）界标志等设施上刻画、涂改或拴系牲畜；

4. 擅自修建影响国（边）界线走向或清晰的设施；

5. 擅自在国（边）界线旁边、界江（河、湖）岸边爆破、砍伐树木、挖沙取石、狩猎、炸鱼、毒鱼、电鱼等活动；

6. 其他危害国（边）界线秩序的活动。

任何单位和个人发现外国或不明国籍的飞行器、空飘物、交通工具等非法进入我境内时，应及时报告当地人民政府、公安机关、公安边防部门或人民解放军边防部队。

三、边境管理

（一）边境管理区的概念

《西藏自治区边境管理条例》第二条规定，边境管理区是指沿国（边）界我侧划定的县、乡行政区域。

（二）证件管理

《西藏自治区边境管理条例》第十一条规定："出入边境管理区的人员应持以下有效证件，并接受公安边防部门的检查和管理。"

1. 常住边境管理区十六周岁以上的中国公民，应持中华人民共和国居民身份证和西藏自治区边境管理区居民证；

2. 非常住边境管理区十六周岁以上的中国公民进入边境管理区，应持中华人民共和国边境管理区通行证和中华人民共和国居民身份证；

3. 常住边境管理区未满十六周岁的中国公民，应持当地乡级以上人民政府出具的有效证件；非常住边境管理区未满十六周岁的中国公民，应持当地县级以上公安机关出具的有效证件；

4. 海外华侨、国外藏胞、港澳台同胞前往未对外开放的边境管理区，应持中华人民共和国边境管理区通行证和本人有效证件；

5. 外国人、无国籍人前往未对外国人开放的边境管理区，应持公安机关签发的中华人民共和国外国人旅行证和出入境有效证件；

6. 中国人民解放军和中国人民武装警察部队官兵进出边境管理区，应持中国人民解放军军人通行证、中国人民武装警察通行证和本人有效证件；驻边境管理区的中国人民解放军和中国人民武装警察部队官兵，凭本人有效证件进出边境管理区。

进入未开放的边境前沿地区的，接受中国人民解放军边防部队检查。

（三）对游客进入边境管理区旅游的规定

1. 海外游客进藏旅游

外国游客和台湾同胞、华侨进入西藏旅游，必须是有组织的旅游，即必须有接待单位和已经确定的行程（必须组团进藏旅游），并且必须办理入藏旅游批准函。港澳同胞持有效的回乡证进藏不需办理以上手续。外国游客进入边境管理区旅游还应持有公安机关签发的中华人民共和国外国人旅行证和出入境有效证件；港澳台同胞和华侨进入边境管理区旅游还应持有公安机关签发的中华人民共和国边境管理区通行证和本人有效证件。

2. 国内游客

国内游客既可以以散客形式，也可以以团队形式进入边境管理区旅游，但必须持有公安机关签发的中华人民共和国边境管理区通行证和本人有效证件。

四、边民往来管理

根据我国与邻国达成的协议，双方边境居民持有效证件临时进入邻国边境地区的，可以在规定范围内从事探亲访友、求医治病、边境贸易及其他正常的民间往来活动。

境外边民需在我境内留宿的，应持边民有效证件，并在公安边防部门登记。留宿人或为留宿人提供场地的单位和个人必须向公安边防部门申报，经批准后方可留宿。对进入我边境的邻国边民要求定居的，当地政府应动员其返回，经劝阻无效的，由公安边防部门强行遣送出境。

【习题】

一、填空题

1. 旅游者出入境的有效证件为：（　　　）、（　　　）、（　　　）、（　　　）。

2. 针对我国为发展中国家的国情及其经济实力，国家对开展公民自费出境旅游采取（　　　）、（　　　）、（　　　）的指导方针。

3. 外国人入出境检查制度包括（　　　）、（　　　）、（　　　）、（　　　）、（　　　）。

4. 公安部、外交部、港务监督局和原发证机关各自对其发出的或者其授权的机关发出的护照和证件有权（　　　）。

5. 为了规范大陆居民赴台湾旅游，国家旅游局、公安部、国务院台湾事务办公室于 2006 年 4 月 16 日颁布了（　　　）（简称《办法》）。

6. 旅行社取得经营许可满（　　），且未因（　　）受到行政机关罚款以上处罚的，可以申请经营出境旅游业务。

7. 在中国公民出境旅游目的地的开放上，我国强调和坚持的是（　　）的原则，积极而又稳妥地推进出境旅游目的地的开放工作。

8. 护照是主权国家发给本国公民出入境和在（　　）的证件，以证明其（　　）。凡入中国边境的外国旅游者应持有效护照，以便中国有关当局查验。

9. 我国有关法律规定了对外国旅游者入出境进行（　　）的检查制度。

二、单项选择题

1. 外国旅游者前往（　　）地区，无须办理旅行证。

A. 甲类地区　　　　　　　　B. 乙类地区

C. 丙类地区　　　　　　　　D. 丁类地区

2. 我国法律规定对不办理外国人旅行证，未经批准前往限制或不对外开放区域的外国人，可以处以警告或者（　　）罚款，情节严重的，并处限制出境。

A. 100 元以上 500 元以下　　B. 100 元以上

C. 500 元以下　　　　　　　D. 视认错态度而定

3. 因公务出境的中国公民所使用的护照，由（　　）颁发。

A. 公安部或者公安部授权的地方机关颁发

B. 港务监督局授权的港务监督机构颁发

C. 中国驻外的外交代表机关、领事机关或外交部授权的其他驻外机关颁发

D. 外交部或外交部授权的地方外事部门颁发

4. 申请经营出境旅游业务的，应当向旅游行政管理部门提

出申请，受理申请的旅游行政管理部门应当自受理相关申请之日起（　　）个工作日内作出许可或不予许可的决定。

    A. 5　　　　　　B. 8　　　　　　C. 10　　　　　　D. 20

5. 西安市居民王某应聘在珠海某公司短期工作，他欲报名参加当地旅行社组织的出境旅游，他应当向（　　）的市、县公安机关申请办理出境证件。

    A. 组团旅行社所在地　　　　　　B. 出境口岸所在地

    C. 户口所在地　　　　　　　　　D. 公司所在地

6. 对进出过境的人和物进行检查。边防检查的主要内容不包括（　　）。

    A. 对出入境人员的检查　　　　　B. 对交通工具的检查

    C. 对行李物品、货物的检查　　　D. 对出境人员进行检疫

7. 受理申请经营出境旅游业务的旅游行政管理部门应当自受理申请之日起（　　）个工作日内作出许可或者不予许可的决定。

    A. 5　　　　　　B. 10　　　　　C. 15　　　　　D. 20

8. 国务院旅游行政管理部门根据上年度全国入境旅游业绩、出境旅游目的地的增加情况和出国旅游的发展趋势，在每年的（　　）月底以前确定本年度组织出国旅游的人数安排总量，并下达省、自治区、直辖市旅游行政部门。

    A. 1　　　　　　B. 2　　　　　　C. 11　　　　　D. 12

三、简答题

1. 外国人在什么情况下不得出境？

2. 简述"一关四检"的内容。

3. 简述海外游客进入西藏边境地区进行游览活动的具体要求。

第八章 旅游资源管理法律制度

第一节 旅游资源概述

一、旅游资源概述

（一）旅游资源的概念与特征

1. 旅游资源的概念

根据2003年颁布的国家标准《旅游资源分类、调查与评价》（GB/T18972—2003），自然界和人类社会凡能对旅游者产生吸引力，可以为旅游业开发利用，并可产生经济效益、社会效益和环境效益的各种事物和因素都称为旅游资源。旅游资源是构成旅游业发展的基础，是发展旅游业的物质条件，没有旅游资源的存在，人们的旅游活动是不可能实现的。

2. 旅游资源的特征

从上述旅游资源的概念可概括出其具有如下特征：

（1）旅游资源是客观存在的。旅游资源是客观存在的旅游活动的客体，可以是物质的，也可以是精神的、非物质的；可以是已被开发利用的，也可以是尚未被开发利用的。

（2）能对旅游者产生吸引力。旅游资源具有美学特征，能满足旅游者求新、求异、求知、求美等精神需求，吸引旅游者参加旅游活动，是旅游资源的核心特征。

（3）旅游资源能被旅游业所利用，产生经济效益、社会效益和环境效益。旅游资源的概念随着人们认识水平的提高在不断发展，旅游资源的范畴也随着科学技术的进步不断扩大。

（二）旅游资源的分类

在《旅游资源分类、调查与评价》中，依据旅游资源现存状况、形态和特征进行划分，旅游资源被划分成地文景观、水域风光、生物景观、天象与气候景观、遗址遗迹、建筑与设施、旅游商品和人文活动8个主类、31个亚类、155个基本类型。从属性上看，这8个主类旅游资源仍然是从自然旅游资源和人文旅游资源的角度进行划分的，前4个主类和后4个主类都分属人们已熟知的自然旅游资源与人文旅游资源。

二、旅游资源法概述

（一）旅游资源法的概念

旅游资源法是指调整在对旅游资源进行有效利用、合理开发与保护过程中所形成的各种社会关系的法律规范的总称。

（二）旅游资源保护法的渊源

我国并没有专门的旅游资源保护法，与旅游资源保护有关的法律、法规主要散见于各环境与资源单行要素保护的法律及行政法规、部门规章中。其相关法律法规有：《森林法》、《草原法》、《野生动物保护法》、《文物保护法》、《自然保护区条例》、《风景名胜区条例》、《森林公园管理办法》、《旅游资源保护暂行办法》等。我国还参加了一些有关旅游资源保护的国际公约，如《可持续旅游发展宪章》、《关于保护世界文化与自然遗产公约》、《生物多样性公约》等。

第二节　旅游资源管理法律制度

一、风景名胜区管理法律制度

（一）风景名胜区的概念与管理部门

1. 风景名胜区的概念

根据《风景名胜区条例》的规定，风景名胜区是指具有观赏、文化或者科学价值，自然景观、人文景观比较集中，环境优美，可供人们游览或者进行科学、文化活动的区域。

风景名胜区划分为国家级风景名胜区和省级风景名胜区。

2. 风景名胜区的管理部门和机构

中华人民共和国建设部（城乡与住房建设部）负责全国风景名胜区的监督管理工作。国务院其他有关部门按照国务院规定的职责分工，负责风景名胜区的有关监督管理工作。

省、自治区人民政府建设主管部门和直辖市人民政府风景名胜区主管部门，负责本行政区域内风景名胜区的监督管理工作。

风景名胜区所在地县级以上地方人民政府设置的风景名胜区管理机构，负责风景名胜区的保护、利用和统一管理工作。

（二）风景名胜区的开发

1. 风景名胜区的规划

根据《风景名胜区条例》的规定，风景名胜区规划分为总体规划和详细规划。

风景名胜区总体规划的编制，应当体现人与自然和谐相处、区域协调发展和经济社会全面进步的要求，坚持"保护优先、开发服从保护"的原则，突出风景名胜资源的自然特征、文化内涵和地方特色。总体规划的规划期一般为 20 年。

风景名胜区详细规划应当根据核心景区和其他景区的不同要求编制，确定基础设施、旅游设施、文化设施等建设项目的选址、布局与规模，并明确建设用地范围和规划设计条件。

2. 风景名胜区的保护

风景名胜区的景观和自然环境，应当根据可持续发展的原则，严格保护，不得破坏或者随意改变。风景名胜区管理机构要建立健全风景名胜资源保护的各项管理制度。国家建立风景名胜区管理信息系统，对风景名胜区规划实施和资源保护情况进行动态监测。

风景名胜区内的居民和游览者应当保护风景名胜区内的景物、水体、林草植被、野生动物和各项设施。

在风景名胜区内禁止进行下列活动：①开山、采石、开矿、开荒、修坟立碑等破坏景观、植被和地形地貌的活动；②修建储存爆炸性、易燃性、放射性、毒害性、腐蚀性物品的设施；③在景物或者设施上刻画、涂污；④乱扔垃圾。

风景名胜区内的土地、森林等自然资源和房屋等财产的所有权人、使用权人的合法权益受法律保护。

3. 风景名胜区的利用和管理

国家对风景名胜区实行科学规划、统一管理、严格保护、永续利用的原则。

风景名胜区管理机构应当根据风景名胜区的特点，保护民族民间传统文化，合理利用风景名胜资源，改善交通、服务设施和游览条件，开展健康有益的游览观光和文化娱乐活动，普及历史文化和科学知识。

风景名胜区管理机构应当建立健全安全保障制度，加强安全管理，保障游览安全，禁止超过允许容量接纳游客和在没有安全保障的区域开展游览活动。

二、自然保护区管理法律制度

（一）自然保护区的概念与管理机构

1. 自然保护区的概念

根据《中华人民共和国自然保护区条例》（以下简称《自然保护区条例》）的规定，自然保护区是指对有代表性的自然生态系统、珍稀濒危野生动植物物种的天然集中分布区、有特殊意义的自然遗迹等保护对象所在的陆地、陆地水体或者海域，依法划出一定面积予以特殊保护和管理的区域。

我国的自然保护区分为国家级自然保护区和地方级自然保护区两个等级。

2. 自然保护区管理机构

我国自然保护区的类型很多，包括森林、草原、海洋、地质遗迹、古生物遗迹、野生动物、野生植物，其中野生动植物还有陆生与水生之分。正是由于保护区类型众多，保护对象复杂，任何一个行业部门都难以有效协调各有关部门之间的关系，需要由综合管理部门实施协调和综合管理。

国务院环境保护行政管理部门负责全国自然保护区的综合管理，负责对国家级自然保护区进行执法检查。

国务院林业、农业、地质矿产、水利、海洋等有关行政管理部门在各自的职责范围内，主管有关的自然保护区。

县级以上地方人民政府负责保护区管理部门的设置，职责由省、自治区、直辖市人民政府根据当地具体情况确定。

（二）自然保护区的区域构成及管理

自然保护区可以分为核心区、缓冲区和实验区3个区域。

自然保护区内保存完好的天然状态的生态系统以及珍稀、濒危动植物的集中分布地，应当划为核心区，禁止任何单位和个人进入；因科学研究的需要，必须进入核心区从事科学研究观测、调查活动的，应当事先向自然保护区管理机构提交申请和活动计划，并经省级以上人民政府有关自然保护区行政管理部门批准。

核心区外围可以划定一定面积的缓冲区，只准进入从事科学研究观测活动，禁止开展旅游和生产经营活动。

缓冲区外围划为实验区，可以进入从事科学实验、教学实习、参观考察、旅游以及繁殖培育珍稀、濒危野生动植物等活动。

在自然保护区内禁止违法砍伐、放牧、狩猎、捕捞、采药、开垦、烧荒、开矿、采石、挖沙、影视拍摄以及其他法律、法规禁止的活动。

三、森林公园管理法律制度

（一）森林公园的概念与管理部门

1. 森林公园的概念

根据原林业部颁行的《森林公园管理办法》的规定，森林公园是指森林资源丰富，自然景观集中，环境优美，具有一定规模和范围，经批准供人们旅游观光和进行科学文化教育活动的场所。

森林公园分为以下 3 级：国家级森林公园；省级森林公园；市、县级森林公园。

2. 森林公园的管理部门

国家林业局主管全国森林公园工作。县级以上地方人民政府林业管理部门主管本行政区内的森林公园工作。

森林公园经营管理机构负责森林公园的规划、建设、经营和管理，享有经营管理权。

（二）森林公园的保护与管理

森林公园范围内的森林资源和其他旅游资源由森林公园管

理机构依法管理、保护和合理利用；任何单位和个人不得擅自占用、出租、转让。

公安机关设在森林公园的派出机构，应当维护社会治安和旅游秩序，保护森林资源及其他财产。

在森林公园内从事导游工作的，必须经有关部门培训考核发证，并经森林公园管理机构同意。禁止随意抬高导游价格，坑害旅游者；禁止无证导游。

森林公园经营管理机构经有关部门批准可以收取门票及有关费用。

旅游者应当文明游园，爱护森林资源和设施，维护公共秩序，遵守森林公园制度。在森林公园内禁止下列行为：①在禁火区内吸烟、取火、营火、烧烤食物；②损毁花草树木及设施、设备；③随意丢弃生活垃圾；④伤害或者擅自捕猎国家保护的野生动物；⑤擅自采集野生药材和其他林副产品；⑥法律、法规禁止的其他行为。

四、文物保护法律制度

（一）文物的概念与范畴

1. 文物的概念

文物是指人类在历史发展过程中遗留下来的遗物、遗迹。

2. 文物的范畴

《文物保护法》规定，在中华人民共和国境内，下列具有历史、艺术、科学价值的文物，受国家保护：

（1）具有历史、艺术、科学价值的古文化遗址、古墓葬、古建筑、石窟寺和石刻；

（2）与重大历史事件、革命运动和著名人物有关的，具有重要纪念意义、教育意义和史料价值的建筑物、遗址、纪念物；

（3）历史上各时代珍贵的艺术品、工艺美术品；

（4）重要的革命文献资料以及具有历史、艺术、科学价值的手稿、古旧图书资料等；

（5）反映历史上各时代、各民族社会制度、社会生产、社会生活的代表性实物。

《文物保护法》同时规定："具有科学价值的古脊椎动物化石和古人类化石同文物一样受到国家的保护。"

（二）文物保护规定

根据《文物保护法》，文物保护的具体规定体现在以下方面：

1. 文物所有权

我国的文物所有权分为国家所有、集体所有和私人所有3种。

归国家所有的文物包括：中华人民共和国境内地下、内水和领海中遗存的一切文物；古文化遗址、古墓葬、石窟寺；国家指定保护的纪念建筑物、古建筑、石刻等（国家另有规定的除外）；国有文物收藏单位以及其他国家机关、部队和国有企业、事业组织等收藏、保管的文物。

归集体所有和私人所有的文物包括：属于集体所有和私人所有的纪念建筑物、古建筑和祖传文物以及依法取得的其他文物。

2. 文物保护单位

古文化遗址、古墓葬、古建筑、石窟寺、石刻、壁画、近代和现代重要史迹和代表性建筑等不可移动文物，根据它们的历史、艺术、科学价值，可分别确定为市（县）级文物保护单位、省级文物保护单位、全国重点文物保护单位。截至2013年5月，我国共有4295处全国重点文物保护单位。

为保护好文物保护单位，避免它们在建筑施工中受到破坏，并使文物保护单位周围的环境与受保护的文物相协调以及维护文物原貌，我国采取了一系列保护措施：①划定保护范围、建立记录档案；②将保护措施纳入城乡建设规划；③确保文物保护单位环境风貌不受破坏；④遵守不改变文物原状的原则对文物保护单位进行迁移、修缮。

《文物保护法》规定："对不可移动文物进行修缮、保养、迁移必须遵守不改变文物原状的原则。"使用不可移动文物，也必须遵守不改变文物原状的原则。"不改变文物原状"就是对文物进行修缮、保养、迁移的时候，应保持它原来的形状、结构、色彩，以及尽可能选用与文物材质相同的材料。文物的价值在于一个"古"字，只有"修旧如旧"、"迁旧如旧"才能体现出它的价值。

此外，《文物保护法》还规定了"历史文化名城"，是指"保存文物特别丰富，具有重大历史文化价值和革命意义的城市"。历史文化名城在我国的文物保护中居特别重要的地位。我国对历史文化名城实行"科学规划、保护为主、严格管理"的方针。

（三）文物的管理

1. 出土文物的管理

（1）考古发掘的规定

考古发掘，是对埋藏在我国领域内的地下、水中的文物进行考古发掘。为加强保护和管理，《文物保护法》对考古发掘作出了严格规定："一切考古发掘工作，都必须履行报批手续。"也就是说，任何人、任何单位都不得擅自进行考古发掘。从事考古发掘的单位为科研进行考古发掘，应当提出发掘计划，报国务院文物行政管理部门审核后报国务院批准。非经国务院文物行政管理部门报国务院特别许可，任何外国人或者外国团体不得在中国境内进行考古调查、勘探、发掘。

（2）出土文物的归属

考古发掘的文物，应当登记造册，妥善保管。按照国家有关规定，移交省、自治区、直辖市人民政府文物行政管理部门或者国务院文物行政管理部门指定的国有博物馆、图书馆或者其他国有收藏文物的单位收藏。

（3）出土文物的调用

根据保证文物安全、进行科学研究和充分发挥文物作用的需要，省、自治区、直辖市文物行政管理部门经本级人民政府批准，可以调用本行政区域内的出土文物；国务院文物行政管理部门经国务院批准，可以调用全国的重要出土文物。

（4）对大型基本建设项目单位保护文物的规定

进行大型基本建设项目时，建设单位应当事先会同省级文物管理部门组织从事考古发掘的单位在工程范围内有可能埋藏文物的地方进行考古调查、勘探。在进行建设工程或者在农业生产中，任何单位或者个人发现文物，应当保护现场，立即报告当地文物行政管理部门。发现的文物属于国家所有，任何单位或者个人不得哄抢、私分、藏匿。

2. 馆藏文物的管理

博物馆、图书馆和其他文物收藏单位对收藏的文物，必须区分文物等级，设置藏品档案，建立严格的管理制度，并报主管的文物行政管理部门备案。未经批准，任何单位或个人不得调取馆藏文物。

文物收藏单位应当充分发挥馆藏文物的作用，通过举办展览、科学研究等活动，加强对中华民族优秀的历史文化和革命传统的宣传教育。

3. 私人收藏文物的管理

文物收藏单位以外的公民、法人和其他组织可以通过下列方式取得文物：依法继承或者赠予；从文物商店购买；从经营文物拍卖的拍卖企业购买；公民个人合法所有的文物相互交换或者依法转让；国家规定的其他合法方式。

文物收藏单位以外的公民、法人和其他组织通过上述方式收藏的文物可以依法流通。但国家禁止出境的文物，不得转让、出租、质押给外国人。

4. 文物出境的管理

国有文物、非国有文物中的珍贵文物和国家规定禁止出境的其他文物，除经国务院文物行政管理部门批准出境展览以外，一律不得出境。一级文物中的孤品和易损品，禁止出境展览。

文物出境，应当经国务院文物行政管理部门指定的文物进出境审核机构审核。经审核允许出境的文物，由国务院文物行政管理部门发给"文物出境许可证"，从指定口岸出境，海关凭"文物出境许可证"放行。

五、国家地质遗迹（地质公园）管理法律制度

（一）国家地质遗迹（地质公园）的概念与管理部门

1. 国家地质遗迹（地质公园）的概念

国家地质遗迹（地质公园）是以具有国家级特殊地质科学意义、较高的美学观赏价值的地质遗迹为主体，并融合其他自然景观与人文景观而构成的一种独特的自然区域。

国家地质公园由国土资源部组织专家审定，并正式批准授牌。截至 2011 年 11 月，国土资源部一共公布六批共 218 家国家地质公园。

2. 国家地质遗迹（地质公园）的管理部门

国土资源部于 2000 年 8 月成立了国家地质遗迹（地质公园）保护领导小组，及国家地质遗迹（地质公园）评审委员会，制定了有关申报、评选办法。

《地质遗迹保护管理规定》明确指出：对具有国际、国内和

区域性典型意义的地质遗迹，可建立国家级、省级、县级地质遗迹保护区、地质遗迹保护段、地质遗迹保护点或地质公园。

（二）国家地质遗迹（地质公园）的保护

地质遗迹是在地球形成、演化的漫长地质历史时期，受各种内、外动力地质作用，形成、发展并遗留下来的自然产物。它不仅是自然资源的重要组成部分，更是珍贵的、不可再生的地质自然遗产。

国家地质公园的建立是以保护地质遗迹资源、促进社会经济的可持续发展为宗旨，遵循"在保护中开发，在开发中保护"的原则，依据《地质遗迹保护管理规定》，在政府有关部门的指导下而开展的工作。

六、世界遗产及其保护

1972 年 11 月，联合国教科文组织在巴黎举行的第 17 届会议上通过了《保护世界文化和自然遗产公约》，该公约包括前言和 38 条正文，1975 年 12 月生效。公约的宗旨是为集体保护具有突出的普遍价值的文化和自然遗产，建立一个根据现代科学方法制定的户外性有效制度。

为有效保护世界遗产，公约规定：保护世界遗产主要是有关国家的责任，并规定，在尊重遗产所在国的主权、不使所在国规定的财产权受到损失的前提下，承认这类遗产是世界遗产的一部分，整个国际社会有责任合作予以保护。依照该公约，在联合国教科文组织内建立一个政府间的"世界遗产委员会"，并根据各缔约国的申请编制《世界遗产名录》，对被列入名录的世界遗产由国际社会提供援助并安排保护、保存、陈列以及传与后代的义务。

世界遗产是指被联合国教科文组织世界遗产委员会确认的人类罕见的目前无法替代的财富，是全人类公认的具有突出意义的和普遍价值的文物古迹和自然景观，包括世界文化遗产、世界自然遗产、世界文化与自然遗产、文化景观4类。2001年5月起加设人类口头遗产和非物质遗产代表作，作为对世界文化遗产保护活动的补充。

我国于1985年参加了该公约，截至2013年6月，我国共有45处自然、文化遗产被收入《世界遗产名录》，居世界第二位。

第三节 旅游景区质量等级评定制度

一、旅游景区概述

（一）旅游景区的概念

旅游景区是指具有参观游览、休闲度假、康乐健身等功能，具备相应旅游服务设施并提供相应旅游服务的独立管理区。

该管理区应有统一的经营管理机构和明确的地域范围。包括风景区、寺庙观堂、旅游度假区、自然保护区、主题公园、森林公园、地质公园、游乐园、动物园、植物园及工业、农业、经贸、科教、军事、体育、文化艺术等各类旅游景区。

（二）旅游景区质量等级评定的范围、级别

旅游景区质量等级评定是依据中华人民共和国国家标准《旅游景区质量等级划分与评定》（GB/T 17775—2003）进行的。

凡在中华人民共和国境内、正式开业接待旅游者1年以上的旅游景区均可申请参加质量等级评定。

旅游景区质量等级划分为5级，从高到低依次为：AAAAA级、AAAA级、AAA级、AA级、A级。

旅游景区质量等级的标志、标牌、证书由国家旅游局统一规定。

二、旅游景区质量评定监督部门及其权限

国家旅游局设立旅游景区质量等级评定委员会，负责全国旅游景区质量等级评定的组织、领导工作，并具体负责 AAAAA 级、AAAA 级旅游景区。对于初步评定的 AAAAA 级、AAAA 级旅游景区采取分级公示、征求社会意见的方法。

各省级旅游行政管理部门设立地方旅游景区质量等级评定机构，在国家旅游局旅游景区质量等级评定委员会的指导下，负责本地区旅游景区质量等级评定工作，具体负责本地区 AAA 级、AA 级和 A 级旅游景区的评定，并向国家旅游局推荐本地区符合条件的 AAAAA 级、AAAA 级旅游景区。评定的 AAA 级、AA 级、A 级旅游景区须向国家旅游局备案。

三、旅游景区质量等级的划分条件和依据

根据旅游景区质量等级划分条件确定旅游景区质量等级，按照《服务质量与环境质量评分细则》、《景观质量评分细则》的评估得分，并结合《游客意见评分细则》的得分综合进行。

旅游景区质量等级划分主要是依据以下 12 个条件：（1）旅游交通；（2）旅游条件；（3）卫生状况；（4）旅游安全；（5）邮电服务；（6）旅游购物；（7）经营管理；（8）资源与环境的保护；（9）旅游资源吸引力；（10）市场吸引力；（11）年接待旅游者规模；（12）旅游者抽样调查满意率。

【习题】

一、填空题

1.《自然保护区条例》将我国自然保护区分为（　　）、（　　）、（　　）三种地带，不同地带进行不同的保护和管理。

2.《中华人民共和国文物保护法》规定，文物保护工作贯

彻（　　）的方针。

3. 依据《文物保护法》的规定，将我国文物分为三个级别：（　　）、（　　）、（　　）。

4. （　　）、（　　）、（　　）应担负起教育游客在旅游活动中保护旅游资源的职责。

5. 风景名胜区从立法角度必须具备三个条件：（　　）；（　　）；（　　）。

6. 风景名胜区内的景观和自然环境，应当根据（　　）的原则，严格保护，不得破坏或者随意改变。

二、单项选择题

1. 可以在自然保护区开展旅游和生产经营活动的是（　　）。

A. 核心区　　　　B. 缓冲区　　　　C. 实验区

2. 在景物、设施上刻画、涂污或者在风景名胜区乱扔垃圾的处（　　）元罚款。

A. 20　　　　　B. 50　　　　　C. 100　　　　　D. 200

3. 风景名胜区规划分为（　　）和（　　）。

A. 总体规划和详细规划　　　　B. 总体规划和部门规划

C. 长远规划和现实规划

4. 文物收藏单位之间借用文物的最长期限不得超过（　　）。

A. 1 年　　　　B. 2 年　　　　C. 3 年　　　　D. 4 年

5. 国家对风景名胜区实行（　　）的原则。

A. 科学规划、统一管理、严格保护、永续利用

B. 以人为本、科学规划、预防为主、综合治理

C. 政府主导、部门协调、属地为主、分级负责

6. 风景名胜区应当自设立之日（　　）内编制完成总体规划。总体规划的规划期为 20 年。

A. 1 年　　　　B. 2 年　　　　C. 3 年　　　　D. 4 年

7. 属于集体所有和个人所有的（　　），其所有权受国家保护。

A. 纪念建筑物、古墓葬和传世文物

B. 纪念建筑物、古建筑和传世文物

C. 纪念建筑物、古文化遗址和传世文物

D. 纪念建筑物、石窟寺和传世文物

8. 旅游者在中国境内购买的文物出境时，经鉴定属于不能出境的文物，对此文物，国家可以（　　）。

A. 收购　　　　B. 没收　　　　C. 征购　　　　D. 拍卖

9. 一渔民在南沙群岛附近捕鱼时，打捞到一箱古董，内有不少的瓷器和玉器，经行家鉴定是我国宋代官中的酒器，该渔民正确的做法是（　　）。

A. 是捕鱼所得，个人收藏

B. 上交国家

C. 卖给外国人，获取高额回报

D. 是珍贵文物，卖给古玩店

10. 某外国考古旅行团与我河南省考古研究团体合作，在与河南某地进行考古调查和挖掘。按我国《文物保护法》规定，须经（　　）。

A. 省旅游行政管理部门许可

B. 省文化行政管理部门报省政府特别许可

C. 国家旅游行政管理部门报国务院特别许可

D. 国家文化行政管理部门报国务院特别许可

三、简答题

1. 简述旅游资源的概念。

2. 简述自然保护区的概念。

3. 哪些文物是公民、法人和其他组织不得买卖的？

第九章　住宿、饮食、娱乐管理法律法规

第一节　住宿业管理法律法规

一、旅游住宿业概述

（一）旅游住宿业概念

旅游住宿业，是指为旅游者提供住宿、餐饮及多种综合服务的行业。在旅游业的食、住、行、游、购、娱六大要素中，旅游住宿业是一个十分重要的环节，与旅行社业、旅游交通业并称为旅游业的三大支柱。

（二）旅游住宿业的发展

旅游住宿业，起源于古代罗马和中国的驿站。近代工业革命刺激了这类行业的发展。20 世纪中叶旅游活动的发展，使旅游住宿业成为国际性的经营项目和许多国家重要的经济成分。从旅游住宿业的发展历史看，随着旅行游览活动的出现、发展，旅游住宿业在国际上大体经历了设备简易、只供睡眠和食物的客栈时期，专为王室和贵族享乐而建筑豪华的大饭店时期，为商业旅行者服务的方便、舒适、价格合理的商业饭店时期，发展到主要是为观光旅游者服务的新型旅馆时期。这种新型的旅游住宿场所，在旅游业不断发展的过程中，起着非常重要的作用。

（三）旅游住宿企业的种类

旅游住宿业，亦称旅馆业，具有形式各异、功能不同的种类。如最早流行于欧洲、盛行于美国的"B&B"家庭旅馆（意为仅提供"住宿和早餐"的旅馆）、"自己管理自己"旅馆以及农舍旅馆、青年旅舍、汽车旅馆、公寓式旅馆等。

在我国，旅游住宿企业主要是指旅馆、饭店、宾馆、快捷酒店以及各种招待所、客栈、农家旅店等经营接待旅游者并为旅游者提供住宿、饮食服务的场所。

由此可见，无论国内，还是国外，旅游住宿场所可谓名目繁多，其功能、形式也各不相同。但是，作为旅游住宿企业，必须具备能为旅游者提供住宿这一基本功能。如果不具备这一基本功能，就不能称其为旅游住宿企业。

二、旅游饭店的权利和义务

旅游饭店作为旅游法律关系的主体，必然要与其他主体发生联系，产生一定的权利和义务关系。与旅游饭店发生权利义务关系的主体主要有旅游者、旅行社、旅游饭店主管部门等。

（一）旅游饭店与旅游者间的权利和义务

1. 旅游饭店与旅游者间权利和义务的产生与终止

旅游饭店和旅游者之间的权利和义务属于平等主体间的权利和义务，这种权利义务关系通常是基于合同关系而产生和终止的。

旅游饭店与旅游者间的权利和义务始于住宿合同的成立。国际私法统一协会《关于旅馆合同的协定草案》第三章第一款规定："旅馆合同在一方明确表示接受另一方提出的要约时即告成立。"具体来说，旅游饭店和旅游者之间权利义务的产生有两种情况：一是旅游者直接来到旅游饭店，提出住宿要求，旅游饭店同意了旅游者的要求，并予以登记，自办完住宿登记手续之时起，合同关系成立，双方的权利义务关系产生；二是旅游者向旅游饭店预订客房，旅游饭店接受了旅游者的预订，即旅游者向旅游饭店发出要求预订客房的要约，并且旅游饭店接受了要约，作出了承诺，旅游饭店与旅游者之间的合同关系即告成立，权利和义务随之产生。

旅游饭店与旅游者之间的权利和义务关系终于住宿合同的终止。作为规定旅游饭店和旅游者权利、义务的具体的住宿合同，其终止不外乎如下三种原因：一是旅游者按约定结账交费，离开旅游饭店；二是旅游饭店或旅游者任何一方违反合同规定的义务，对方终止合同关系；三是因不可抗力致使旅游饭店或旅游者不能履行合同义务。

此外，旅游者同意延长使用已经居住的旅游饭店的房间，那么，旅游者和旅游饭店之间原有的合同关系终止，自延长使用之时起新的住宿合同关系成立。

2. 旅游饭店对旅游者的权利

旅游饭店的权利和义务同旅游者的权利和义务是密切相关、不可分割的。旅游者的权利往往通过旅游饭店的义务体现出来，旅游者的义务则是由旅游饭店的权利加以限定的。因此，一旦双方的权利义务关系形成，那么，一方享有权利时，另一方则必然承担相应的义务；反之亦然。旅游饭店对旅游者的权利主要体现在以下几个方面：

（1）在一定条件下，有权拒绝接待旅游者

普通法认为，饭店是一种公共行业，为公共利益服务是其义务，因而无权挑选顾客，只要顾客适于接待，并有钱支付费用，就应向旅游者提供完善的服务设施和周到的服务。这里虽然强调了旅游饭店的公共服务职能，但同时提出了接待的条件，不是说饭店可以无条件接待任何人。在我国，旅游饭店在下列情况下有权拒绝接待旅游者：①客人已满，无客房出租；②旅游者本人的举止不适合接待，如言行过于粗俗，不文明，手持凶器，衣冠不整等；③无支付能力或曾有过逃账记录者；④旅游者患有精神病而又无人监护或患有传染病的；⑤欲利用客房进行违法犯罪活动的；⑥拒不履行住宿登记手续的；⑦因不可抗力的原因。

（2）有权要求旅游者遵守饭店的有关规章

饭店的规章制度既有针对内部职工，要求职工执行的，又有针对旅游者，要求旅游者遵守的，如旅游者应正确使用旅游饭店提供的设施、设备，爱护饭店的公共财物，遵守饭店的作息时间，登记时查验旅游者的身份证明，旅游者不得私自留客住宿或转让床位等。

（3）有权按照有关法律规定对旅游者在饭店内的违法行为进行制止

旅游饭店虽然是为社会公众提供服务的场所，但它绝不允许使用者利用这种场所从事非法活动，把饭店变成违法犯罪活动的窝点。我国《旅馆业治安管理办法》第十三条明确规定："旅馆内严禁卖淫、嫖娼、赌博、吸毒、传播淫秽物品等违法犯罪活动。"对于在旅游饭店内进行违法犯罪活动的，饭店有权向公安机关报告并配合有关部门加以制止。

（4）有权按照有关规定收取服务费用

旅游饭店提供的服务一般都是有偿的，这是由旅游饭店自身的商业性质决定的。旅游饭店大都是独立核算、自负盈亏的经济实体，在其经营活动中必须讲究经济效益。因此，当旅游饭店向旅游者提供相应服务时，有权按照有关规定收取费用，但必须遵守国家物价管理部门的有关规定，其提供的服务必须质价相符。

（5）旅游饭店有权要求旅游者赔偿因自身过错给饭店造成的损失

　　如旅游者损坏饭店设施，旅游者预订的客房不住宿，又未及时通知饭店，造成饭店损失的，旅游饭店有权要求旅游者赔偿损失。

　　3. 旅游饭店对旅游者的义务

　　（1）按标准提供客房和服务

　　旅游饭店与旅游者的住宿合同一经成立，旅游饭店就有义务按约定向旅游者提供客房及相应服务，否则，即视为饭店违约，要承担违约责任。

　　对于提前预订了客房的，饭店届时就应为旅游者准备好房间。旅游饭店在接到预订通知时，应告知旅游者饭店对客房的保留时间界限，逾期不来住宿则被视为预订合同终止。饭店因某种客观原因不能向旅游者提供预订的房间时，在征得客人同意后，可在本饭店内另换标准相近的房间，并且就高不就低，还应免收第一天该房间高出原订房间的那部分费用；如饭店客房已满，则应该为旅游者在当地就近找到相同等级的替代饭店，并承担交通费用。替代饭店房价如高于预订饭店，高出部分的差价则应由预订饭店支付；如低于预订饭店，则将已经收取的余额部分退还客人。

　　对于未经预订直接来饭店要求住宿的客人，只要饭店有条件接待，饭店不得无故拒绝，更不能因种族、民族、性别、国籍、宗教信仰的不同加以拒绝。

　　旅游者住进饭店后，饭店就应为旅游者提供相应的食宿、交通、商品销售、康乐活动等服务设施和项目，这些服务设施和项目应该符合合同约定或有关法律法规规定的质量和标准。如提供食品和饮料要符合《中华人民共和国食品卫生法》的有关规定，以免造成旅游者食物中毒。

　　旅游饭店的收费应明码标价，符合物价管理的有关规定和合同约定。服务人员不得私自索要小费和回扣。

（2）保障旅游者的人身安全

旅游饭店有义务保障旅游者的人身安全。在旅游饭店里有多种因素可能影响到旅游者的人身安全，如设备故障、食物变质、工作人员疏忽大意、他人的侵害等，这都要求旅游饭店把旅游者的人身安全放在十分重要的位置上，排除损害旅游者人身安全的各类事故发生，消除旅游者的不安全感。

我国对旅游者在旅游饭店内遭受人身伤害的处理，主要适用于《民法通则》的有关规定。一般来说，如果是因饭店的过错而使旅游者遭受人身伤害，则由饭店承担侵权的民事责任；如果是旅游者自身的过错造成的伤害，则饭店不承担责任；如果是因第三人的过错造成旅游者人身伤害，则先由饭店承担赔偿责任，然后由饭店向第三人追偿。

（3）保障旅游者的财物安全

旅游饭店对旅游者带入饭店的财物有保障安全的责任。因为旅游者办理了住宿手续，住进了饭店，就意味着双方的合同关系成立，双方的权利义务关系产生。在饭店的各项义务中，自然包括保障旅游者财物安全的内容，且这一内容无须明示。就是说，只要住宿合同成立，旅游饭店就要保障旅游者的财物安全，避免失窃、火灾、损毁等现象发生。同时饭店对旅游者的行李负有寄存保管义务，旅游者应把带入饭店的贵重财物交饭店寄存起来，饭店要设置保险箱、柜、室，指定专人负责保管，还要建立登记、领取、交接制度。根据我国《民法通则》的有关规定，当事人一方不履行合同义务或者履行合同义务不符合约定的条件的，另一方有权要求履行者采取补救措施，并有权要求赔偿损失。如因饭店的过错，造成旅游者财物损毁、灭失、被盗，则应承担赔偿损失的民事责任。《民法通则》还规定，当事人一方因另一方违反合同受到损失的，应当及时采取措施防止损失扩大，没有及时采取措施致使损失扩大的，无权就扩大的损失要求赔偿。相应地，旅游者不将应交给饭店寄存的财物寄存起来，或者可以通过采取一定的措施减少损失而不采取措施，致使财物遭受损失的或损失扩大的，旅游饭店则不负赔偿责任或不就扩大了的损失负赔偿责任。

（4）其他义务

旅游饭店还应尊重客人的住宿权利，不干涉客人的安宁和私人事务；对住宿设施要定期检修，保持完好，建立健全各项安全保卫措施等。只有这样才能有效保障旅游者的人身财产安全。

（二）旅游饭店与其他方面的权利和义务关系

1. 旅游饭店与旅行社之间的权利和义务关系

旅游饭店在其经营过程中，除了与旅游者发生联系外，还经常与旅游行业中的其他企事业单位发生联系，其中与旅行社的联系最为密切。在我国，旅游饭店和旅行社都是独立的企业法人，它们之间的关系是一种平等主体间的关系。一般来说，旅行社对外招徕、接待旅游者、组织旅行游览活动离不开旅游饭店，因为旅行社要想安排好旅游者的食宿，满足旅游者愈来愈多样化的要求，单靠自身的力量是不行的，必须与旅游饭店就旅游者的住宿安排、康乐保健等达成协议；反之，旅游饭店要想拥有充足的客源，也要借助于旅行社的帮助。因此，它们之间是一种平等、协作的关系，其权利和义务完全通过合同来确定。

2. 旅游饭店与主管部门间的权利和义务关系

由于旅游饭店是综合性较强的企业，对其进行监督管理的部门就相对较多，如旅游行政管理部门、工商行政管理部门、税务部门、卫生监督部门等。这些部门的权利是依法对旅游饭店进行审查、批准、监督管理，保证旅游饭店遵守国家有关法律、法规及行业规章；旅游饭店的义务则是服从各主管部门的管理监督，依法进行经营活动；同时，各主管部门也有义务对旅游饭店的合法经营活动给予保护，尊重旅游饭店的自主经营权，不干涉其正常业务活动，不硬性摊派各种费用等。这种领导与尊重共存、管理与保护并行的关系，构成了主管部门与旅游饭店之间权利义务关系的特征。

3. 旅游饭店和非旅游者间的权利和义务关系

非旅游者是指不以签订住宿合同为目的而来到旅游饭店的人。这些人不具有旅游者身份，通常是临时来饭店办事或访友的，因而这些人与饭店之间的权利和义务完全不同于旅游者。首先，在接待上不同于旅游者。只要旅游者无不适合接待的情况，饭店一般都应接待，而对非旅游者，饭店则可根据实际情况决定是否接待，如饭店工作人员在上班时间不接待访友者，餐厅要首先保证旅游者用餐等。其次，在保护人身安全和财物安全方面所承担的义务不同于旅游者。对非旅游者的人身、财物的保护是一般性的，饭店不负特定义务，即使是在饭店内发生了侵害非旅游者人身、财物的事件，饭店承担的责任也相对较轻。

4. 旅游饭店和供应商之间的权利和义务关系

旅游者在旅游饭店内需要有各种各样的消费，而饭店不可能对旅游者所需的消费品全部生产出来，必须通过购买方式从商品销售者那里获得，这就会产生旅游饭店与供应商之间的权利与义务关系。但这种关系也是一种平等主体间的关系，即合同关系，双方的权利和义务均应通过合同来体现，只要双方遵守平等、自愿、等价有偿、诚实信用的原则，双方的权利与义务就能得以实现。

（三）旅游饭店的法律责任

旅游饭店的法律责任即旅游饭店对其违法行为所承担的法律后果。旅游饭店作为法律关系的主体，如果在经营活动中不依法履行义务或实施了侵害他人合法权益的行为，就应当承担法律责任。

1. 因违反合同而产生的责任

旅游饭店在其经营活动中，经常要以平等主体的身份与其他主体签订合同，如与旅游者签订住宿合同、与旅行社签订预订房间合同、与商品供应商签订商品购销合同等；一旦旅游饭店违约，就要承担相应的法律责任；旅游饭店承担违反合同的责任形式有赔偿损失、支付违约金、采取补救措施等，对于旅游饭店已经接受了他人定金而又不履行合同的，则适用"定金罚则"，即要双倍返还定金；反之，旅游饭店交付了定金而又不履行合同的，则无权要求返还定金。

2. 因侵权行为产生的责任

侵权行为是指因过错侵害他人财产或人身权利的违法行为，因此而产生的责任称为侵权责任。过错包括故意和过失两个方面。无论故意，还是过失，依照我国《民法通则》规定均应承担侵权民事责任。旅游饭店因自己的过错致使旅游者或其他主体财产或人身权利遭受损害的，则应当承担侵权民事责任。旅游饭店承担一般侵权责任的方式有停止侵害、排除妨碍、消除危险、返还财产、恢复原状、赔偿损失、消除影响、恢复名誉、赔礼道歉等。旅游饭店的工作人员在执行职务过程中造成旅游者人身或财产的损害，饭店也应承担责任，因为工作人员执行职务的行为，可视为饭店的行为，这种侵权行为属于特殊侵权行为；如果饭店工作人员的损害行为与执行职务无关，则由其个人承担侵权责任。

3. 因违反行政管理规定而产生的责任

违反国家行政管理机关管理规定的行为很多，就旅游饭店而言，主要涉及以下几个方面：

（1）违反旅游行政管理部门管理规定的行为。如违反国家旅游价格管理规定的，降低服务标准和接待规格，造成不良影响的，违反旅游涉外饭店星级管理规定的等，都属于违反旅游行政管理部门管理规定的行为。

（2）违反治安管理规定的行为。如未经公安机关签署意见私自开业的，饭店工作人员发现违法犯罪分子不向公安机关报告的，允许违法分子在饭店卖淫、嫖宿、赌博、吸毒、传播淫秽物品的等，都属于违反治安管理规定的行为。

（3）违反卫生管理规定的行为。如卫生质量不符合国家卫生标准的，从业人员未获得健康合格证的，拒绝卫生监督的，未取得卫生许可证擅自营业的等，都属于违反卫生管理规定的行为。

（4）违反消防管理规定的行为。如擅自将消防设备、器材挪作他用或损坏的，对存在火险隐患拒不整改的，对造成火灾有直接责任的等，都属于违反消防管理规定的行为。

对上述各类违反行政管理规定的行为，国家有关行政机关有权对旅游饭店加以处罚。行政处罚的方式主要有：警告、通报批评、罚款、没收非法收入、责令停业整顿、吊销营业执照等。

此外，旅游饭店的违法行为，如触犯刑律、构成犯罪的，有关人员还应承担刑事责任。

三、旅游饭店星级评定制度

旅游饭店的星级评定，是国际上通行的惯例。通过贯彻执行星级评定制度，使旅游饭店的管理工作更加规范化、科学化，便于国际旅游者选择。为使我国旅游业与国际接轨，提高旅游饭店的管理和服务水平，国家旅游局先后颁布了一系列关于饭店星级评定的规定，现在全国通用实行的是 2003 年 7 月颁布实施的《旅游饭店星级的划分与评定》（GB/T14308—2003）。该标准按国际惯例明确了旅游饭店的定义，下面对该规定的主要内容作简要介绍。

（一）几个术语和定义

1. 旅游饭店

旅游饭店是指能够以夜为时间单位向旅游者提供配有餐饮及相关服务的住宿设施，按不同习惯它也被称为宾馆、酒店、旅馆、旅社、宾舍、度假村、俱乐部、大厦、中心等。

2. 星级

用五角星的数量和颜色表示旅游饭店的等级。星级分为 5 个等级，即一星级、二星级、三星级、四星级、五星级（含白金五星级）。最低为一星级，最高为白金五星级。

3. 预备星级

作为星级的补充，其等级与星级相同。

4. 符号

星级以镀金五角星为符号，用一颗五角星表示一星级，两颗五角星表示二星级，三颗五角星表示三星级，四颗五角星表示四星级，五颗五角星表示五星级，五颗白金五角星表示白金五星级。

（二）星级评定的范围、基本标准和有效期

1. 星级评定的范围与有效期

根据《旅游饭店星级的划分与评定》规定，此标准适用于中华人民共和国境内正式营业的各种经济性质的旅游饭店。

饭店开业 1 年后可申请星级，经过星级评定机构评定批复后，可以享有 5 年有效的星级及其标志使用权。开业不足 1 年的饭店可以申请预备星级，有效期为 1 年。

2. 星级的划分与依据

我国按照《旅游饭店星级的划分与评定》的规定将旅游饭店划分为 5 个星级，即一星级、二星级、三星级、四星级、五星级（含白金五星级）。星级越高，表示旅游饭店的档次越高。

以 5 个星级来划分旅游饭店的依据有以下五项：饭店的建筑、装潢、设备、设施条件；饭店的设备、设施的维修保养状况；饭店的管理水平；饭店的服务质量；饭店的服务项目。

（三）星级评定的机构及其分工

根据《旅游饭店星级的划分与评定》规定，旅游饭店星级评定工作由全国旅游饭店星级评定机构统筹负责，其责任是制定星级评定工作的实施办法和检查细则，授权并督导省级以下旅游饭店星级评定机构开展星级评定工作，组织实施五星级饭店的评定与复核工作，保有对各级旅游饭店星级评定机构所评定饭店星级的否决权。

省、自治区、直辖市旅游饭店星级评定机构按照全国旅游饭店星级评定机构的授权和督导，组织本地区旅游饭店星级评定与复核工作，保有对本地区下级旅游饭店星级评定机构所评饭店星级的否决权，并承担推荐五星级饭店的责任。同时，负责将本地区所评星级饭店的批复和评定检查资料上报全国旅游饭店星级评定机构备案。

其他城市或行政区域旅游饭店星级评定机构按照全国旅游饭店星级评定机构的授权和所在地区省级旅游饭店星级评定机构的督导，实施本地区旅游饭店星级评定与复核工作，保有对本地区下级旅游饭店星级评定机构所评饭店星级的否决权，并承担推荐较高星级饭店的责任。同时，负责将本地区所评星级饭店的批复和评定检查资料逐级上报全国旅游饭店星级评定机构备案。

（四）星级评定的程序

根据《旅游饭店星级的划分与评定》规定，我国星级饭店的评定程序分为申请、受理、检查、评审、批复 5 个环节。

1. 申请

申请星级的饭店，均须执行《旅游统计调查制度》，承诺履行向全国旅游饭店星级评定机构提供不涉及本饭店商业秘密的经营管理数据的义务。

旅游饭店申请星级，应向相应评定权限的旅游饭店星级评定机构递交星级申请材料；申请四星级以上的饭店，应按属地原则逐级递交申请材料。申请材料包括：饭店星级申请报告、自查自评情况说明及其他必要的文字和图片资料。

2. 受理

接到饭店星级申请后，相应评定权限的旅游饭店星级评定机构应在核实申请材料的基础上，于14天内做出受理与否的答复。对申请四星级以上饭店，其所在地旅游饭店星级评定机构在逐级递交或转交申请材料时应提交推荐报告或转交报告。

3. 检查

受理申请或接到推荐报告后，相应评定权限的旅游饭店星级评定机构应在一个月内以明察或暗访的方式安排评定检查。不论检查合格与否，检查员均应提交检查报告，对检查未予通过的饭店，相应星级评定机构应加强指导，待接到饭店整改完成并要求重新检查的报告后，于一个月内再次安排评定检查。

对申请四星级以上的饭店，检查分为初检和终检。初检由相应评定权限的旅游饭店星级评定机构组织，委派检查员以暗访或明察的形式实施检查，并将检查结果及整改意见记录在案，供终检时对照使用；初检合格，方可安排终检。终检由相应评定权限的旅游饭店星级评定机构组织，委派检查员对照初检结果及整改意见进行全面检查；终检合格，方可提交评审。

4. 评审

接到检查报告后的一个月内，旅游饭店星级评定机构应根据检查员意见对申请星级的饭店进行评审。评审的主要内容有：审定申请资格，核实申请报告，认定本标准的达标情况，查验违规及事故、投诉的处理情况等。

5. 批复

对于评审通过的饭店，旅游饭店星级评定机构应给予评定星级的批复，并授予相应星级的标志和证书。对于经评审认定达不到标准的饭店，旅游饭店星级评定机构不予批复。

（五）星级的评定原则

饭店所取得的星级表明该饭店所有建筑物、设施设备及服务项目均处于同一水准。如果饭店由若干座不同建筑水平或设施设备标准的建筑物组成，旅游饭店星级评定机构应按每座建筑物的实际标准评定星级，评定星级后，不同星级的建筑物不能继续使用相同的饭店名称。例如，一家名为"中州"的饭店由三座不同的建筑物所构成。在星级评定中，该饭店的主楼被评定为五星级，而另外两座建筑物则分别被评为四星级和三星级。在这种情况下，被评为四星、三星级的建筑物不得继续使用"中州"饭店名称。否则，旅游饭店星级评定机构应将不予批复或收回星级标志和证书。

饭店取得星级后，因改造发生建筑规格、设施设备和服务项目的变化，关闭或取消原有设施设备、服务功能或项目，导致达不到原星级标准的，必须向原旅游饭店星级评定机构申报，接受复核或重新评定。否则，原旅游饭店星级评定机构应收回该饭店的星级证书和标志。

某些特色突出或极其个性化的饭店，若自身条件与本标准规定的条件有所区别，可以直接向全国旅游饭店星级评定机构申请星级。全国旅游饭店星级评定机构应在接到申请后一个月内安排评定检查，根据检查和评审结果给予评定星级的批复，并授予相应星级的证书和标志。

（六）星级的复核及处理

星级复核是星级评定工作的重要补充部分，其目的是督促已取得星级的饭店持续达标，其责任划分完全依照星级评定的责任分工。对已经评定星级的饭店，旅游饭店星级评定机构应按照标准进行复核，每年一次。复核工作应在饭店对照星级标准自查自纠，并将自查结果报告旅游饭店星级评定机构的基础上，由旅游饭店星级评定机构以明察或暗访的形式安排抽查验收。旅游饭店星级评定机构应于本地区复核工作结束后进行认真总结，并逐级上报复核结果。

对严重降低或复核认定达不到本标准相应星级的饭店，按以下办法处理：

1. 旅游饭店星级评定机构根据情节轻重给予签发警告通知书、通报批评、降低或取消星级的处理，并在相应范围内公布处理结果；

2. 凡在一年内接到警告通知书三次以上或通报批评两次以上的饭店，旅游饭店星级评定机构应降低或取消其星级，并向社会公布；

3. 被降低或取消星级的饭店，自降低或取消星级之日起一年内，不予恢复或重新评定星级；一年后，方可重新申请星级；

4. 已取得星级的饭店如发生重大事故，造成恶劣影响，其所在地旅游饭店星级评定机构应立即反映情况或在权限范围内做出降低或取消星级的处理。

饭店接到警告通知书、通报批评、降低星级的通知后，必须认真整改并在规定期限内将整改情况报告处理机构。旅游饭店星级评定机构对星级饭店进行处理的责任分工依照星级评定的责任分工办理。全国旅游饭店星级评定机构保留对各星级饭店的直接处理权。凡经旅游饭店星级评定机构决定提升或降低、取消星级的饭店，应立即将原星级标志和证书交还授予机构，由旅游饭店星级评定机构做出更换或没收的处理。

四、旅游住宿业治安管理法规制度

（一）旅游住宿业治安管理概述

1987 年 9 月 23 日，经国务院批准，1987 年 11 月 10 日，公安部发布了《旅馆业治安管理办法》（简称《办法》），这是我国旅游住宿业治安管理的基本行政法规，也是我国旅游住宿业健康发展的一个法制保障。

（二）旅游住宿业治安管理的主要内容

1. 开办旅游住宿企业的治安管理

《办法》规定，开办旅馆，其房屋建筑、消防设备、出入口和通道等，必须符合消防治安法规的有关规定，并且要具备必要的防盗安全设施。这一规定在于保障旅馆企业的正常经营，同时是为了保障旅客的生命财产的安全。申请开办旅馆应经主管部门审查批准，经当地公安机关签署意见，向工商行政管理部门申请登记，领取营业执照后，才可以开业。经批准开业的旅馆，如有歇业、转业、合并、迁移、改变名称等情况，应当在工商行政管理部门办理变更登记后三日内，向当地的县、市公安局、公安分局备案。之所以作这样的规定，从治安管理的角度出发，便于掌握旅馆的有关情况，加强对旅馆的治安管理。

2. 对旅馆经营中的治安管理

旅馆的经营，必须遵守国家的法律，要建立各项安全管理制度，设置治安保卫组织或者指定安全人员。我国的旅游住宿企业，形式多种多样，有旅馆饭店、宾馆、招待所、客栈等，凡是经营旅游住宿业务的，按照《办法》都必须设置治安保卫部门，如饭店的保安部等。为了加强治安管理，《办法》规定旅馆接待旅客住宿必须登记；同时，旅客住店登记时，旅馆必须查验旅客的身份证件，并要求旅客按规定的项目如实登记。在接待境外旅客住宿时，除了要履行上述查验身份证件、如实登记规定项目外，旅馆还应当在 24 小时内向当地公安机关报送住宿登记表。

旅客住店时，往往都随身携带一些财物，为了保障旅客财物的安全，减少失窃、被盗等治安案件的发生，《办法》规定，旅馆必须设置旅客财物保管箱、保管柜或者保管室、保险柜，并指定专人负责保管工作。对旅客寄存的财物，要建立严格、完备的登记、领取和交接制度。这种规定是完全必要的，因为在旅馆，常会发生旅客财物丢失的事件，造成旅客与旅馆之间的纠纷。旅馆建立财物保管制度，可以减少这种纠纷的出现。

旅馆对旅客遗留的物品，应当加以妥善保管，并根据旅客登记所留下的地址，设法将遗留物品归还原主；如果遗留物主不明，则应当揭示招领，经招领 3 个月后仍然无人认领的，则应当登记造册，并送当地公安机关按拾遗物品处理。这种处理方法，不仅是我国社会主义道德的要求，而且是法规的规定。对于旅客遗留物品中的违禁物品和可疑点，旅馆应当及时报告公安机关处理。同时，旅馆在经营中，如果发现旅客将违禁的易燃、易爆、剧毒、腐蚀性和放射性等危险物品带入旅馆，必须加以制止并及时报告公安机关处理，以避免安全事故的发生。公安机关对违禁将上述危险物品带入旅馆的旅客，可以依照《中华人民共和国治安管理处罚法》有关条款的规定，予以行政处罚。如果因此造成重大事故、造成严重后果并构成犯罪的，由司法机关依法追究刑事责任。

3. 旅馆企业开办歌舞厅等娱乐服务场所的管理

随着旅游业的发展，旅馆也从以往单纯提供住宿、餐饮服务，发展为提供住宿、餐饮、娱乐、健身等多项服务，特别是旅游星级饭店也规定必须要提供上述服务项目。对此，《办法》规定，在旅馆内开办舞厅、音乐茶座等娱乐、服务场所的，除执行本《办法》有关规定外，还应当按照国家和当地政府的有关规定管理。具体内容见本章第三节。

4. 严禁在旅馆内卖淫、嫖宿、赌博、吸毒、传播淫秽物品等违法犯罪活动

旅馆，是一个对社会公众开放的公共场所，任何人只要持有效证件即可在旅馆住宿、就餐以及娱乐。因此，难免会有一些违法犯罪分子混迹其间，进行某种违法犯罪活动。为此，《办法》规定，旅馆内严禁卖淫、嫖宿、赌博、吸毒、传播淫秽物品等违法犯罪活动。对于上述违法犯罪活动，公安机关可以依照《中华人民共和国治安管理处罚法》有关条款的规定，处罚有关人员，对于情节严重构成犯罪的，由司法机关依照《中华人民共和国刑法》追究刑事责任。

旅馆工作人员在工作中，如果发现违法犯罪分子、行迹可疑的人员和被公安机关通缉的罪犯，应当立即向公安机关报告，不得知情不报或者隐瞒包庇。如果旅馆工作人员发现犯罪分子知情不报或者隐瞒包庇，公安机关可以酌情予以处罚。如果旅馆负责人参与违法犯罪活动，其所经营的旅馆已成为犯罪活动场所，公安机关除依法追究其刑事责任外，还应当会同工商行政管理部门对该旅馆依法处理。

5. 公安机关对旅馆治安的管理职责

公安机关是旅游住宿业治安的主管部门，依法负有以下职责：

（1）指导、监督旅馆建立各项安全管理制度和落实安全防范措施；

（2）协助旅馆对工作人员进行安全业务知识的培训；

（3）依法惩办侵犯旅馆和旅客合法权益的违法犯罪分子。

公安人员到旅馆执行公务时，应当出示证件，严格依法办事，要文明礼貌待人，维护旅馆的正常经营和旅客的合法权益。旅馆工作人员和旅客应当予以协助，同心协力，共同维护和搞

好旅游住宿业的治安管理工作。

第二节 食品安全管理法律法规

在旅游业的食、住、行、游、购、娱六要素中，"食"居首位。我国自古就有"民以食为天"的说法，那么，在一定程度上也可以说"旅以食为先"，由此可见"食"在旅游中的重要性。食品安全直接关系到人们的身体健康和生命安全，我国于1995年10月30日颁布了《中华人民共和国食品卫生法》，2006年4月29日颁布了《中华人民共和国农产品质量安全法》，2009年2月28日又颁布了《中华人民共和国食品安全法》，原《食品卫生法》废止，2009年7月8日颁布了《中华人民共和国食品安全法实施条例》。这些法律法规的颁布实施，对食品安全的监督和管理以法律的形式作出了具体的规定。

一、食品安全概述

（一）食品安全的含义

食品安全是指食品无毒、无害，符合应当有的营养要求，对人体健康不造成任何急性、亚急性或者慢性危害。世界卫生组织认为，食品安全问题就是"食物中有毒、有害物质对人体健康影响的公共卫生问题"。食品安全也是一个专门探讨在食品加工、存储、销售等过程中确保食品卫生及食用安全，降低疾病隐患，防范食物中毒的跨学科领域。

（二）食品安全标准

食品安全标准是强制执行的标准，以保障公众身体健康为宗旨。除食品安全标准外，不得制定其他的食品强制性标准。

食品安全标准应当包括下列内容：

1. 食品、食品相关产品中的致病性微生物、农药残留、兽药残留、重金属、污染物质以及其他危害人体健康物质的限量规定；

2. 食品添加剂的品种、使用范围、用量；

3. 专供婴幼儿和其他特定人群的主辅食品的营养成分要求；

4. 对与食品安全、营养有关的标签、标识、说明书的要求；

5. 食品生产经营过程的卫生要求；

6. 与食品安全有关的质量要求；

7. 食品检验方法与规程；

8. 其他需要制定为食品安全标准的内容。

二、食品安全管理

（一）食品安全管理部门

食品安全管理部门，是指国家各级人民政府的卫生行政部门、质量监督、工商行政管理和食品药品监督管理部门。

我国《食品安全法》规定，国务院卫生行政部门承担食品安全综合协调职责，负责食品安全风险评估、食品安全标准制定、食品安全信息公布、食品检验机构的资质认定条件和检验规范的制定，组织查处食品安全重大事故。国务院质量监督、工商行政管理和国家食品药品监督管理部门分别对食品生产、食品流通、餐饮服务活动实施监督管理。

农业行政部门依照《农产品质量安全法》规定的职责，对食用农产品进行监督管理。

（二）食品安全管理的对象

从事以下经营活动，应当遵守《食品安全法》。

1. 食品生产和加工（以下称食品生产），食品流通和餐饮服务（以下称食品经营）；

2. 食品添加剂的生产经营；

3. 用于食品的包装材料、容器、洗涤剂、消毒剂和用于食品生产经营的工具、设备（以下称食品相关产品）的生产经营；

4. 食品生产经营者使用食品添加剂、食品相关产品；

5. 对食品、食品添加剂和食品相关产品的安全管理。

此外，供食用的源于农业的初级产品（以下简称食用农产品）的质量安全管理，遵守《农产品质量安全法》的规定。

（三）食品安全管理制度

1. 食品安全风险监测、评估与公布制度

国家通过建立食品安全风险监测制度，对食源性疾病、食品污染以及食品中的有害因素进行监测。通过建立食品安全风险评估制度，对食品、食品添加剂中生物性、化学性和物理性危害进行风险评估。

国家建立食品安全信息统一公布制度，国务院卫生行政部门统一公布下列信息：

（1）国家食品安全总体情况；

（2）食品安全风险评估信息和食品安全风险警示信息；

（3）重大食品安全事故及其处理信息；

（4）其他重要的食品安全信息和国务院确定的需要统一公布的信息。

2. 食品生产经营许可证制度

我国《食品安全法》第二十九条规定："国家对食品生产经营实行许可证制度。从事食品生产、食品流通、餐饮服务的企业，应当依法取得食品生产许可、食品流通许可、餐饮服务许可。"

取得食品生产许可的食品生产者在其生产场所销售其生产的食品，不需要取得食品流通的许可；取得餐饮服务许可的餐饮服务提供者在其餐饮服务场所出售其制作加工的食品，不需要取得食品生产和流通的许可；农民个人销售其自产的食用农产品，不需要取得食品流通的许可。

此外，国家还对食品添加剂的生产实行许可证制度。申请食品添加剂生产许可的条件、程序，按照国家有关工业产品生产许可证管理的规定执行。

3. 食品从业人员健康管理制度

食品生产经营者应当建立并执行从业人员健康管理制度。患有痢疾、伤寒、病毒性肝炎等消化道传染病的人员，以及患有活动性肺结核、化脓性或者渗出性皮肤病等有碍食品安全的疾病人员，不得从事接触直接入口食品的工作。

食品生产经营人员每年应当进行健康检查，取得健康证明后方可参加工作。

4. 食品召回制度

国家建立食品召回制度。食品生产者发现其生产的食品不符合食品安全标准，应当立即停止生产，召回已经上市销售的食品，通知相关生产经营者和消费者，并记录召回和通知情况。

食品经营者发现其经营的食品不符合食品安全标准，应当立即停止经营，通知相关生产经营者和消费者，并记录停止经营和通知情况。食品生产者认为应当召回的，应当立即召回。

食品生产者应当对召回的食品采取补救、无害化处理、销毁等措施，并将食品召回和处理情况向县级以上质量监督部门报告。

食品生产经营者未依照本条规定召回或者停止经营不符合食品安全标准的食品的，县级以上质量监督、工商行政管理、食品药品监督管理部门可以责令其召回或者停止经营。

5. 食品检验检疫制度

（1）食品生产经营者检验检疫管理制度

食品生产企业应当建立食品原料、食品添加剂、食品相关产品进货查验记录制度，如实记录食品原料、食品添加剂、食品相关产品的名称、规格、数量、供货者名称及联系方式、进货日期等内容。食品原料、食品添加剂、食品相关产品进货查验记录应当真实，保存期限不得少于两年。

食品生产企业应当建立食品出厂检验记录制度，查验出厂食品的检验合格证和安全状况，并如实记录食品的名称、规格、数量、生产日期、生产批号、检验合格证号、购货者名称及联系方式、销售日期等内容。食品出厂检验记录应当真实，保存期限不得少于两年。

食品经营企业应当建立食品进货查验记录制度，如实记录食品的名称、规格、数量、生产批号、保质期、供货者名称及联系方式、进货日期等内容。食品进货查验记录应当真实，保存期限不得少于两年。

实行统一配送经营方式的食品经营企业，可以由企业总部统一查验供货者的许可证和食品合格的证明文件，进行食品进货查验记录。

（2）食品安全管理部门检验检疫制度

食品安全监督管理部门对食品不得实施免检，质量监督、工商行政管理、食品药品监督管理部门应当对食品进行定期或者不定期的抽样检验。进行抽样检验，应当购买抽取的样品，不收取检验费和其他任何费用。

进口的食品、食品添加剂以及食品相关产品应当符合我国食品安全国家标准。进口的食品应当经出入境检验检疫机构检验合格后，海关凭出入境检验检疫机构签发的通关证明放行。

三、食品安全事故的处置

（一）建立食品安全事故应急预案

国务院组织制定国家食品安全事故应急预案。

县级以上地方人民政府应当根据有关法律、法规的规定和上级人民政府的食品安全事故应急预案以及本地区的实际情况，制定本行政区域的食品安全事故应急预案，并报上一级人民政府备案。

食品生产经营企业应当制定食品安全事故处置方案，定期检查本企业各项食品安全防范措施的落实情况，及时消除食品安全事故隐患。

（二）食品安全事故的处理

发生食品安全事故的单位对导致或者可能导致食品安全事故的食品及原料、工具、设备等，应当立即采取封存等控制措施，并自事故发生之时起两小时内向所在地县级人民政府卫生行政部门报告。

县级以上卫生行政部门接到食品安全事故的报告后，应当立即会同有关农业行政、质量监督、工商行政管理、食品药品监督管理部门进行调查处理，并采取下列措施，防止或者减轻社会危害：

1. 开展应急救援工作，对因食品安全事故导致人身伤害的人员，卫生行政部门应当立即组织救治；

2. 封存可能导致食品安全事故的食品及其原料，并立即进行检验；对确认属于被污染的食品及其原料，责令食品生产经营者依照《食品安全法》第五十三条的规定予以召回、停止经营并销毁；

3. 封存被污染的食品及用具，并责令进行清洗消毒；

4. 做好信息发布工作，依法对食品安全事故及其处理情况进行发布，并对可能产生的危害加以解释、说明。

发生重大食品安全事故的，县级以上人民政府应当立即成立食品安全事故处置指挥机构，启动应急预案，按规定进行处置。

第三节　娱乐场所管理法律法规

现代饭店一般都设有设备先进、功能齐全的娱乐场所，娱乐服务是饭店服务的一项重要内容。加强娱乐场所的管理，对丰富游客的旅行生活、保障娱乐者的人身和财产安全、促进社会主义精神文明建设都具有十分重要的意义。为此，国务院在1999年3月颁布了《娱乐场所管理条例》，并于2006年1月进行了修改。修改后的《娱乐场所管理条例》自2006年3月1日起施行。非娱乐场所经营单位兼营娱乐项目，应参照该《条例》执行。

一、娱乐场所管理法律概述

（一）娱乐场所的含义

娱乐场所，特指向公众开放的、消费者自娱自乐的营业性歌舞、游艺等场所。主要包括歌舞厅、卡拉 OK 场所等各类歌舞娱乐场所和以操作游戏、游艺设备进行娱乐的各类游艺娱乐场所。

（二）《娱乐场所管理条例》的宗旨及娱乐场所的经营方向

1. 《娱乐场所管理条例》的宗旨

以加强娱乐场所的管理，丰富人民群众文明、健康的娱乐生活，促进社会主义精神文明建设为宗旨。

2. 娱乐场所的经营方向

娱乐场所经营单位应当坚持为人民服务、为社会主义服务的方向，开展文明、健康的娱乐活动。

二、娱乐场所管理相关法律规定

（一）娱乐场所经营单位的设立

1. 设立娱乐场所经营单位应具备的条件

（1）有单位名称、住所、组织机构和章程；

（2）有确定的经营范围和娱乐项目；

（3）有与其提供的娱乐项目相适应的场地和器材设备；

（4）娱乐场所的安全、消防设施和卫生条件符合国家规定的标准。

2. 娱乐场所的禁设地

娱乐场所不得在可能干扰学校、医院、机关正常工作、学习秩序的地点设立；不得在居民楼、博物馆、图书馆和被核定为文物保护单位的建筑物内；不得在车站、机场等人群密集的场所；不得在建筑物地下一层以下或与危险化学品仓库毗连的区域。娱乐场所的边界噪声，应当符合国家规定的环境噪声标准。

3. 设立娱乐场所的人员要求

因犯有强奸罪；强制猥亵、侮辱妇女罪；组织、强迫、引诱、容留、介绍卖淫罪；赌博罪；制作、贩卖、传播淫秽物品罪；或者走私、贩卖、运输、制造毒品罪；曾被判处有期徒刑以上刑罚；因犯罪曾被剥夺政治权利的，不得担任娱乐场所经营单位的法定代表人和主管人员，不得参与娱乐场所的经营管理活动。

（二）娱乐场所的监督管理

县级以上人民政府文化行政主管部门、公安机关在各自的职责范围内，依照《娱乐场所管理条例》的规定，分别对娱乐场所的经营活动和消防、治安管理工作，加强指导和监督。

文化行政主管部门、公安机关的工作人员在娱乐场所依法执行公务时，应出示执法证件，文明礼貌，依法办事。不得收取任何费用。

各级人民政府文化行政主管部门、公安机关及其工作人员不得开办娱乐场所，并不得参与或者变相参与娱乐场所的经营活动。

（三）娱乐场所活动内容的管理

国家倡导弘扬民族优秀文化，禁止在娱乐场所从事含有下列内容的活动：

（1）反对宪法确定的基本原则的；

（2）危害国家的统一、主权或者领土完整的；

（3）危害国家安全、利益或者社会性稳定的；

（4）煽动民族分裂、侵害少数民族风俗习惯、破坏民族团结的；

（5）宣扬淫秽、色情、迷信或者宣扬暴力，有害消费者身心健康的；

（6）违背社会公德或者诽谤、侮辱他人的。

（四）娱乐场所的经营活动

1. 任何单位未经文化行政主管部门、公安机关、卫生行政管理部门审核合格，并领取营业执照，不得从事娱乐场所经营活动；娱乐场所经营单位不得涂改、转借、出租营业执照，不得将娱乐场所转包他人经营。

2. 娱乐场所提供的种种娱乐项目、服务项目等的收费，必须明码标价。

3. 游艺娱乐场所不得设置使用有赌博功能的电子游戏机机型等。

4. 歌舞娱乐场所不得接待未成年人。

5. 娱乐场所从业人员在营业时间内，应统一着装并佩戴工作标志。

6. 歌舞娱乐场所聘请文艺表演团或个人从事营业性演出的，应当符合国家有关营业性演出管理的规定。

（五）娱乐场所的治安管理

1. 娱乐场所的安全保障及要求

（1）娱乐场所经营单位应当建立、健全各项安全制度，按照国家有关规定，配备保安人员。保安人员必须经县级以上地方人民政府公安机关培训；经培训并取得资格证书的方可上岗。

（2）娱乐场所的从业人员应当持有居民身份证。其中，外地务工人员还应当持有暂住证和务工证明。外国人及其境外人员在娱乐场所就业的，应当按照国家有关规定，取得外国人就业许可证书。

2. 娱乐场所禁止的行为

（1）严禁娱乐场所经营单位及其人员组织、强迫、引诱、容留、介绍他人卖淫，开设赌场、赌局，引诱、教唆、欺骗、强迫他人吸毒、注射毒品，进行封建迷信活动，贩卖、传播淫秽书刊、影片、录像带、录音带、图片及其他淫秽物品，提供以营利为目的的陪侍，或者为进入娱乐场所的人员从事上述活动提供方便条件。

（2）严禁进入娱乐场所的人员在娱乐场所卖淫、嫖娼、吸毒，贩卖、传播淫秽书刊、影片、录像带、录音带、图片及其他淫秽物品，从事淫秽、色情或者违背社会公德的活动和封建迷信活动，或者从事以营利为目的的陪侍。

3. 对从业人员及进入娱乐场所的人员的要求

（1）凡发现在娱乐场所实施违禁行为的，必须予以制止，并立即向当地公安机关报告。

（2）任何人不得在娱乐场所内打架斗殴、酗酒、滋事，不得调戏、侮辱妇女，不得进行扰乱娱乐场所正常经营秩序的活动。

（3）任何人不得非法携带枪支、弹药、管制刀具和爆炸性、易燃性、放射性、毒害性、腐蚀性物品进入娱乐场所。

（4）娱乐场所设置包厢、包间应当安装展现室内整体、环境的透明门窗，并不得有内锁装置。

（5）娱乐场所经营单位，应当加强防火措施，保证消防设施的正常使用。

（6）歌舞娱乐场所容纳的消费者不得超过核定人数。

（六）涉外旅游定点演出场所的管理

1. 涉外定点演出场所不得以给导游回扣、低价倾销等不正当经营方式招徕客源，导游人员和经营者、服务人员也不得以任何借口、索要小费、收受回扣。

2. 为涉外旅游团队演出的演出单位和个人，必须持有文化行政管理部门核发的营业性演出许可证。

3. 旅游涉外定点演出的节目，不得含有法律禁止的内容，并能为游客提供中英文节目单、英文报幕或者中英文字幕显示屏等服务。

4. 涉外定点演出场所的票价应当按物价管理部门的有关规定执行，并将票价的规定及变动情况报当地文化局、旅游局备案。

5. 演出场所的初、中、高级管理人员在获得涉外定点演出资格后的规定期限内取得全国旅游企业岗位职务培训证书，服务人员应当取得上岗证书。

6. 涉外旅游定点演出场所必须建立接待旅游团队（散客）的登记制度，并每半年将演出计划、经营统计、人员变化情况报送文化局、旅游局。

演出场所应自觉遵守文化、旅游行政管理部门的各项管理规定，接受其监督和指导。

【习题】

一、填空题

1.（　　）是一个十分重要的环节，与旅行社业、旅游交通业并称为旅游业的三大支柱，是人们在旅行游览活动中必不可少的"驿站"。

2. 旅游饭店是（　　　）的住宿设施。

3. 以 5 个星级来划分旅游饭店的依据有以下五项：（　　　）；（　　　）；（　　　）；（　　　）；（　　　）。

4.（　　　）作为星级的补充，其等级与星级相同。

5. 对申请四星级以上的饭店，检查分为（　　　）和（　　　）。

6. 食品安全管理制度包括：（　　　）、（　　　）、（　　　）、食品生产经营许可证制度和（　　　）。

7. 食品安全标准是强制执行的标准，以（　　　）为宗旨。

8. 食品安全管理部门，是指国家各级人民政府的（　　　）、质量监督、（　　　）和（　　　）部门。

9. 为涉外旅游团队演出的演出单位和个人，必须持有（　　　）核发的《营业性演出许可证》。

10. 设立娱乐场所经营单位应具备的条件：（　　　）；有确定的经营范围和娱乐项目；（　　　）；娱乐场所的安全、消防设施和卫生条件符合国家规定的标准。

二、单项选择题

1. 根据《旅游饭店星级的划分与评定》规定，省级旅游局设立的星级饭店评定机构，负责本行政区域内的（　　　）的评定工作。

　A. 各个星级饭店　　　　　　B. 二星级及其以下饭店
　C. 四星级及其以下饭店　　　D. 四星级及其以上饭店

2. 接到饭店星级申请后，相应评定权限的旅游饭店星级评定机构应在核实申请材料的基础上，于（　　　）内做出受理与否的答复。

　A. 10 天　　　　B. 12 天　　　　C. 14 天　　　　D. 16 天

3.《食品安全法》规定任何人和单位未取得（　　　），不得从事食品经营活动。

　A. 卫生许可证　　　　　　　B. 健康证明

C. 免疫证明　　　　　　　　D. 营业执照

4. 下列说法正确的是 （　　）。

A. 在任何条件下，旅游饭店都无权拒绝旅游者

B. 可以因为种族、民族、性别、国籍、宗教信仰的不同，旅游饭店对其加以拒绝

C. 旅游者本人的举止言行过于粗俗，不文明，手持凶器，可以不予接待

D. 旅游饭店可以不采取不明码标价的方式视不同人群和服务质量而定

5. 旅游饭店承担一般侵权责任的方式有 （　　）。

A. 停止侵害；赔礼道歉

B. 进行监督与举报

C. 支付违约金，采取补救措施

D. 罚款并没收非法收入

6. 下列不属于因违反行政法规规定而产生的责任的是
（　　）。

A. 违反治安管理规定的行为

B. 违反卫生管理规定的行为

C. 违反消防管理规定的行为

D. 违反星级标准规定的行为

7. 饭店开业 （　　） 后可以申请星级，经星级评定机构评定批复后，可以享有五年有效的星级及其标志使用权。

A. 一年　　　　B. 二年　　　　C. 三年　　　　D. 四年

8. 三鹿因三聚氰胺事件在第一时间通知所有经销商和各大超市将所有其品牌下的产品下架并召回，此举属于 （　　）。

A. 食品安全管理制度　　　　B. 食品召回制度

C. 食品检验检疫制度　　　　D. 食品安全事故的处理

9. 下列不属于娱乐场所经营单位设立的条件有 （　　）。

A. 不少于 30 万元的注册资本

B. 有单位、名称、住所、组织机构和章程

C. 有确定的经营范围和娱乐项目

D. 有与其提供的娱乐项目相适应的场地、器材和材料

10. 娱乐场所可以设在下列哪些地方？（   ）

A. 居民楼建筑物内   B. 机场附近

C. 学校附近   D. 市中心繁华地带

三、简答题

1. 简述旅游饭店的权利和义务。

2. 简述旅游饭店星级评定的程序。

3. 娱乐场所的经营活动有哪些？

4. 简述食品安全事故的处理过程。

第十章 旅游投诉处理法律法规制度

　　为了维护旅游者和旅游经营者的合法权益，依法公正解决旅游者与旅游经营者之间的旅游纠纷，科学有效地处理旅游投诉，国家旅游局依据《中华人民共和国消费者权益保护法》、《旅行社条例》、《导游人员管理条例》和《中国公民出国旅游管理办法》等法律、法规，于 2010 年 5 月以国家旅游局令的形式公布了《旅游投诉处理办法》，2013 年 10 月 1 日正式实施《中华人民共和国旅游法》又对各级旅游投诉处理机构的设置、旅游纠纷的处理途径、旅游纠纷处理的方式等作出了更为明确的规定。

第一节　旅游纠纷及处理概述

一、旅游纠纷概述

（一）旅游纠纷的定义

　　从法律的角度来看，旅游纠纷包括广义和狭义两个范畴。广义的旅游纠纷，是指旅游法律关系的主体之间，由于一方或者双方违反法律的规定或者合同而引起的旅游权利义务争议。而狭义的旅游纠纷，则仅限于旅游民事纠纷。自 2010 年 11 月 1 日起施行的《最高人民法院关于审理旅游纠纷案件适用法律若干问题的规定》第一条规定："旅游纠纷，是指旅游者与旅游经营者、旅游辅助服务者之间因旅游发生的合同纠纷或者侵权纠纷。"该规定界定的旅游纠纷，就属于狭义的旅游民事纠纷。

旅游纠纷的定义包含以下几个方面的内容：

第一，旅游纠纷是旅游法律关系主体之间的纠纷。旅游法律关系，是在旅游活动中形成的权利义务关系。旅游法律关系的主体主要包括旅游者、旅游经营者、旅游辅助服务者、旅游行政管理部门等。旅游经营者，是指以自己的名义经营旅游业务，向公众提供旅游服务的人。旅游辅助服务者，是指与旅游经营者存在合同关系，协助旅游经营者履行旅游合同义务，实际提供交通、游览、住宿、餐饮、娱乐等旅游服务的人。

第二，旅游纠纷的产生原因是一方或者双方违反法律规定或者合同约定。旅游民事纠纷的产生原因是侵权或违约。

第三，旅游纠纷是法律纠纷，不是一般的社会纠纷，它必须以旅游权利义务为内容。

（二）旅游纠纷的特征

1. 旅游纠纷与旅游活动密切相关

旅游纠纷是与旅游活动有关的纠纷，是因旅游活动产生的，二者之间具有明显的因果关系。无论从时间、空间还是内容来看，旅游纠纷都与旅游活动密切相关。

2. 旅游纠纷在内容上具有复杂性

由于旅游纠纷与旅游活动密切相关，而旅游活动具有庞大的市场，涉及面广泛，不仅涉及直接为旅游者提供食、住、行、游、购、娱等综合性服务行为，还跨越了不同的领域。旅游活动纷繁复杂，由此产生的旅游纠纷也就具有复杂性和多样性。

3. 旅游纠纷在主体上具有多元性

旅游纠纷是旅游法律关系主体之间的争议，旅游法律关系的多元性，决定了旅游纠纷既可能发生在旅游者与旅游经营者、旅游辅助服务者之间，也可能发生在旅游经营者之间，还会发生在旅游者或者旅游经营者、旅游辅助服务者与相关部门之间。

4. 旅游纠纷中心突出

旅游纠纷，是关于旅游法律关系主体权利义务的争议。特别是狭义的旅游纠纷（旅游民事纠纷），旅游者、旅游经营者、旅游辅助服务者因接受或者提供服务，购买或者提供商品而依法享有权利，纠纷发生或者是出于一方认为另一方侵犯了其合法权益，或者是双方均存在违法行为。

5. 有些纠纷解决难度大

由于旅游纠纷在主体上的多元性，内容上的复杂性，特别是实践中旅游者与旅游经营者、旅游辅助服务者之间可能发生严重的利益冲突，导致有些旅游纠纷解决的难度较大。如果不及时化解，很可能演化升级。

（三）旅游纠纷的分类

根据不同的标准，可将旅游纠纷分为以下几类：

根据旅游纠纷的性质不同，可分为：旅游民事纠纷和旅游行政纠纷。这样分类的主要意义在于，纠纷的性质不同，解决途径不同。旅游民事纠纷，可以通过协商、调解、投诉、仲裁、民事诉讼等方式解决。旅游行政纠纷则通过行政复议或者行政诉讼解决。

根据旅游纠纷的主体不同，可分为：旅游者与旅游经营者之间的纠纷；旅游者与旅游辅助服务者之间的纠纷；旅游经营者之间的纠纷；旅游者或者旅游经营者与相关部门之间的纠纷等。一般而言，旅游者与旅游经营者、旅游辅助服务者之间的纠纷是旅游民事纠纷，而旅游者、旅游经营者、旅游辅助服务者与相关行政部门之间的纠纷是旅游行政纠纷。

根据纠纷的内容不同，可分为：旅游交通服务纠纷、旅行社服务纠纷、住宿业服务纠纷、餐饮服务纠纷、旅游购物纠纷、旅游娱乐纠纷、旅游资源开发利用保护纠纷、旅游保险纠纷、旅游税收纠纷等。这样分类的主要意义在于，纠纷的内容不同，所适用的实体法不同。例如，旅行社服务纠纷主要以《旅行社条例》为法律依据，而旅游资源开发利用保护纠纷，则以相应的资源保护法为主要法律依据。

根据纠纷涉及的利益不同，可分为：涉及财产利益的纠纷、涉及人身利益的纠纷、涉及财产和人身利益的纠纷。这是对旅游民事纠纷的分类。民事权益主要分为人身权益和财产权益两大类，民法对这两类权益的救济有很大不同。将旅游民事纠纷作上述分类，也主要是从救济的角度来考察的。

根据纠纷当事人的数量多少，可分为：纠纷双方为一人的单一性纠纷、纠纷双方至少一方有多人的共同性纠纷。这样分类的意义在于：共同性纠纷较单一性纠纷更加复杂，处理程序有所区别。

根据纠纷产生的原因不同，可分为：侵权纠纷、损害赔偿纠纷、旅游保险理赔纠纷等。

（四）旅游纠纷产生的原因

旅游纠纷产生是多种因素共同作用的结果，既包括客观方面，也包括主观方面。在主观方面，既包括旅游经营者的因素，又包括旅游者的因素，还包括国家管理因素。

1. 旅游产品本身的特性

旅游是一种非物质化的一次性消费品，其所服务的对象是人。正所谓众口难调，基于文化、教育、年龄等差别，不同的旅游者对于同一旅游产品的消费感受是不同的。当旅游者对于旅游产品的满足程度低于期望值时，就会心有怨艾，易导致旅游纠纷。

旅游活动过程具有复杂性，涉及交通、住宿、餐饮、游览、购物等多个环节。每个环节本身又构成一个系统，给旅游经营者对旅游活动的管理和控制增加了难度，在一定程度上也是旅游纠纷产生的原因。

2. 旅游经营者和旅游辅助服务者的因素

从旅游经营者角度来讲，旅行社管理松散和服务理念滞后。不少旅游投诉是针对旅行社擅自降低服务标准、变更行程、擅自增加购物点，以及未经游客同意或在游客不明真相的情况下违规转、拼团，低价、虚假广告宣传等。

从旅游从业人员角度来讲，有些旅游从业人员不顾旅游者的利益、旅游企业的声誉、国家的法律，无理拒绝旅游者的合理要求，甚至侵犯旅游者的合法权益以满足个人的私利，这就不可避免地发生旅游纠纷。

3. 旅游者的因素

一些旅游者由于缺乏相关法律常识和法律意识，往往在自身合法权益受到侵害时不知道如何用法律手段维权。还有一些旅游者在权益受到侵害时又表现出过分维权，导致纠纷进一步扩大。

4. 国家旅游管理的缺陷

我国旅游业起步较晚，一方面，旅游纠纷处理的相关立法还不完善，表现在覆盖面不够广阔、立法层级较低、立法技术粗糙。另一方面，旅游纠纷处理的执法也不到位。虽然国家专门设立了旅游质量监督管理机构，有些地方也设立了专门的旅游执法机构，但由于旅游业的迅速发展，国家的执法投入和执法水平远远达不到及时处理和化解纠纷的要求。

二、《旅游法》关于旅游纠纷处理途径的规定

《旅游法》第九十二条规定，旅游者与旅游经营者发生纠纷，可以通过（1）双方协商；（2）向消费者协会、旅游投诉受理机构或者有关调解组织申请调解；（3）根据与旅游经营者达成的仲裁协议提请仲裁机构仲裁；（4）向人民法院提起诉讼4个途径解决。

第二节　旅游投诉概述

一、旅游投诉概述

（一）旅游投诉的概念与特点

1. 旅游投诉的概念

旅游投诉是指旅游者认为旅游经营者损害其合法权益，请求旅游行政管理部门、旅游质量监督管理机构或者旅游执法机构（以下统称"旅游投诉处理机构"），对双方发生的民事争议进行处理的行为。

2. 旅游投诉的特点

旅游投诉具有以下基本特点：

（1）投诉者是与案件有直接利害关系的人；

（2）有损害行为发生，这种损害行为必须具有违法、违规、违反服务规则的性质；

（3）被投诉者主观上有过错，过错包括故意和过失；

（4）投诉所涉及的纠纷应当发生在旅游活动中；

（5）投诉的处理机构是旅游行政管理部门所设立的旅游投诉管理机构，其处理投诉的行为，是旅游行政管理部门的具体行政行为。

二、旅游投诉管理部门

旅游投诉处理机构是指县级以上（含县级）旅游行政管理部门设立的旅游投诉处理机构，代表设置它的旅游行政主管部门处理投诉案件，作出投诉处理决定，但旅游投诉处理机构不具有独立的行政法人地位，不能以自己的名义做出行政行为，所作出的投诉决定的后果应当由设立它的旅游管理部门承担。

三、旅游投诉管辖规定

对旅游投诉的管辖，《旅游投诉处理办法》作了如下规定：

1. 旅游投诉由旅游合同签订地或者被投诉人所在地县级以上地方旅游投诉处理机构管辖；

2. 需要立即制止、纠正被投诉人的损害行为的，应当由损害行为发生地旅游投诉处理机构管辖；

3. 上级旅游投诉处理机构有权处理下级旅游投诉处理机构管辖的投诉案件；

4. 发生管辖争议时，旅游投诉处理机构可以协商确定，或者报请共同的上级旅游投诉处理机构指定管辖。

第三节　旅游投诉的受理与处理

一、旅游投诉受理程序

(一) 旅游投诉受理的概念及投诉事项规定

1. 旅游投诉受理的概念

旅游投诉的受理，是指有管辖权的旅游投诉处理机构接到旅游投诉者的投诉状或者口头投诉后，经审查认定符合受理条件予以立案的行政行为。

2. 投诉人的投诉事项规定

《旅游投诉处理办法》第八条规定，投诉人可以就下列事项向旅游投诉处理机构投诉：

(1) 认为旅游经营者违反合同约定的；

(2) 因旅游经营者的责任致使投诉人人身、财产受到损害的；

（3）因不可抗力、意外事故致使旅游合同不能履行或者不能完全履行，投诉人与被投诉人发生争议的；

（4）其他损害旅游者合法权益的。

《旅游投诉处理办法》第九条同时规定，下列情形不予受理：

（1）人民法院、仲裁机构、其他行政管理部门或者社会调解机构已经受理或者处理的；

（2）旅游投诉处理机构已经作出处理，且没有新情况、新理由的；

（3）不属于旅游投诉处理机构职责范围或者管辖范围的；

（4）超过旅游合同结束之日 90 天的；

（5）不符合旅游投诉条件的；

（6）本办法规定情形之外的其他经济纠纷。

3. 旅游投诉条件

《旅游投诉处理办法》第八条规定了旅游投诉应符合以下条件：

（1）投诉人与投诉事项有直接利害关系；

（2）有明确的被投诉人、具体的投诉请求、事实和理由。

（二）旅游投诉受理程序

1. 旅游者提起投诉

（1）旅游投诉可采取的形式

旅游者提起投诉可以采取书面和口头两种形式。《旅游投诉处理办法》规定，旅游投诉一般应当采取书面形式，一式两份，并载明下列事项：

①投诉人的姓名、性别、国籍、通讯地址、邮政编码、联系电话及投诉日期；

②被投诉人的名称、所在地；

③投诉的要求、理由及相关的事实根据。

《旅游投诉处理办法》第十二条还规定："投诉事项比较简单的，投诉人可以口头投诉，由旅游投诉处理机构进行记录或者登记，并告知被投诉人；对于不符合受理条件的投诉，旅游投诉处理机构可以口头告知投诉人不予受理及其理由，并进行记录或者登记。"

（2）委托投诉

投诉人委托代理人进行投诉活动的，应当向旅游投诉处理机构提交授权委托书，并载明委托权限。

（3）共同投诉

《旅游投诉处理办法》规定，投诉人4人以上，以同一事由投诉同一被投诉人的，为共同投诉。

共同投诉可以由投诉人推选1至3名代表进行投诉。代表人参加旅游投诉处理机构处理投诉过程的行为，对全体投诉人发生效力，但代表人变更、放弃投诉请求或者进行和解，应当经全体投诉人同意。

2. 旅游投诉处理机构决定是否受理

《旅游投诉处理办法》要求，旅游投诉处理机构接到投诉后，应当在5个工作日内作出以下处理：

（1）投诉符合《旅游投诉处理办法》有关规定的，予以受理；

（2）投诉不符合《旅游投诉处理办法》有关规定的，应当向投诉人送达《旅游投诉不予受理通知书》，告知不予受理的理由；

（3）依照有关法律、法规和《旅游投诉处理办法》有关规定的，本机构无管辖权的，应当以《旅游投诉转办通知书》或者《旅游投诉转办函》，将投诉材料转交有管辖权的旅游投诉处理机构或者其他有关行政管理部门，并书面告知投诉人。

二、旅游投诉处理程序

（一）旅游投诉处理的概念

旅游投诉处理是指旅游投诉处理机构受理投诉案件后调查核实案情、促进纠纷解决或作出处理决定所必须经过的程序和顺序。

（二）立案与调查

1. 立案

旅游投诉处理机构在受理投诉后，应当立案办理，填写《旅游投诉立案表》，并附有关投诉材料，在受理投诉之日起5个工作日内，将《旅游投诉受理通知书》和投诉书副本送达被投诉人。

对于事实清楚、应当即时制止或者纠正被投诉人损害行为的，可以不填写《旅游投诉立案表》和向被投诉人送达《旅游投诉受理通知书》，但应当对处理情况进行记录存档。

2. 调查

在接到被投诉人的答复及投诉人提供的证据后，旅游投诉处理机构对双方当事人提出的事实、理由及证据进行审查，此外，旅游投诉处理机构认为有必要收集新的证据，可以根据有关法律、法规的规定，自行收集或者召集有关当事人进行调查。

当旅游投诉处理机构认为被投诉人的答复和投诉人提供的证据不足以处理案件的，可出具《旅游投诉调查取证委托书》委托其他旅游投诉处理机构协助调查、取证，受委托的旅游投诉处理机构应当予以协助。

案件处理过程中，需要对专门性事项鉴定或者检测的，可以由当事人双方约定的鉴定或者检测部门鉴定。没有约定的，当事人一方可以自行向法定鉴定或者检测机构申请鉴定或者检测。鉴定、检测费用按双方约定承担。没有约定的，由鉴定、检测申请方先行承担；达成调解协议后，按调解协议承担。鉴定、检测的时间不计入投诉处理时间。

在投诉案件调查过程中，如果投诉人与被投诉人自行和解，应当将和解结果告知旅游投诉处理机构；旅游投诉处理机构在核实后应当予以记录并由双方当事人、投诉处理人员签名或者盖章。

（三）处理

1. 处理方式

调解是旅游投诉处理机构处理旅游投诉的主要方式，《旅游投诉处理办法》规定："旅游投诉处理机构受理投诉后，应当积极安排当事双方进行调解，提出调解方案，促成双方达成调解协议。"

2. 处理结果

（1）旅游投诉处理机构应当在受理旅游投诉之日起 60 日内，作出以下处理：

①双方达成调解协议的，应当制作《旅游投诉调解书》，载明投诉请求、查明的事实、处理过程和调解结果，由当事人双方签字并加盖旅游投诉处理机构印章；

②调解不成的，终止调解，旅游投诉处理机构应当向双方当事人出具《旅游投诉终止调解书》。

调解不成的，或者调解书生效后没有执行的，投诉人可以按照国家法律、法规的规定，向仲裁机构申请仲裁或者向人民法院提起诉讼。

（2）在下列情形下，经旅游投诉处理机构调解，投诉人与旅行社不能达成调解协议的，旅游投诉处理机构应当作出划拨旅行社质量保证金赔偿的决定，或向旅游行政管理部门提出划拨旅行社质量保证金的建议：

①旅行社因解散、破产或者其他原因造成旅游者预交旅游

费用损失的；

②因旅行社中止履行旅游合同义务、造成旅游者滞留，而实际发生了交通、食宿或返程等必要及合理费用的。

【习题】

一、填空题

1. 投诉人（　　）人以上，以同一事由投诉同一被投诉人的，为（　　）。

2.《旅游投诉处理办法》经 2010 年 1 月 4 日国家旅游局第一次局长办公会议审议通过，自（　　）起施行。

3. 投诉人委托代理人进行投诉活动的，应当向旅游投诉处理机构提交（　　），并载明（　　）。

4. 为了维护旅游者和旅游经营者的合法权益，依法公正处理旅游投诉，依据《中华人民共和国消费者权益保护法》、（　　）、（　　）和《中国公民出国旅游管理办法》等法律、法规，制定《旅游投诉处理办法》。

5. 旅游投诉，是指旅游者认为旅游经营者损害其合法权益，请求（　　）、旅游质量监督管理机构或者（　　），对双方发生的民事争议进行处理的行为。

6. 旅游投诉处理机构应当在查明事实的基础上，遵循（　　）、（　　）的原则进行调解，促使投诉人与被投诉人相互谅解，达成协议。

7. 被投诉人应当在接到通知之日起（　　）日内作出书面答复，提出答辩的事实、理由和证据。

8. 旅游投诉由旅游合同签订地或者被投诉人所在地（　　）管辖。

9. 共同投诉可以由投诉人推选（　　）代表进行投诉。

10. 需要委托其他旅游投诉处理机构协助调查、取证的，应当出具（　　　），受委托的旅游投诉处理机构应当予以协助。

二、选择题

1. 根据隶属原则和效率原则，在一般情况下，投诉者应向（　　）具有直接管辖权的县级以上人民政府投诉。

A. 投诉者　　　B. 被投诉者　　C. 消费者　　　D. 经营者

2. 依据《旅游投诉处理办法》规定，旅游投诉处理机构接到投诉，应当在（　　　）个工作日内作出处理。

A. 3　　　　　　B. 5　　　　　C. 8　　　　　　D. 10

3. 《旅游投诉处理办法》于（　　　）7月1日起施行。

A. 2002 年　　　B. 2008 年　　C. 2009 年　　　D. 2010 年

4. 旅游投诉管理机关可以依据有关法律、法规、规章的规定，对损害投诉者的旅游经营者给予（　　　）。

A. 行政处罚　　　　　　　　　B. 拘留

C. 罚款　　　　　　　　　　　D. 吊销营业执照

5. 需要立即制止、纠正被投诉人的损害行为的，应当由（　　）旅游投诉处理机构管辖。

A. 损害行为发生地　　　　　　B. 损害行为经过地

C. 损害结果发生地　　　　　　D. 被投诉者所在地

三、简答题

1. 旅游投诉处理机构接到投诉，应作出何种处理？

2. 旅游投诉一般应当采取书面形式，一式两份，并载明什么事项？

3. 简述旅游投诉处理机构不受理投诉的情况。

4. 旅游投诉应当符合哪些条件？

第十一章　《中华人民共和国旅游法》解读

第一章　总　则

第一条　为保障旅游者和旅游经营者的合法权益，规范旅游市场秩序，保护和合理利用旅游资源，促进旅游业持续健康发展，制定本法。

【条文解读】

立法目的，是指制定法律所要达到的目标。立法目的作为法律存在之原因贯穿于法律条文始终，并指引法律的适用，一部法律中每一具体条款应当围绕该法律的立法目的展开，并为实现立法目的服务。本条根据我国旅游业发展的现状和目标，总结旅游业发展的实践经验和存在的突出问题确定了以下立法目的：

1. 保障旅游者和旅游经营者的合法权益，规范旅游市场秩序；

2. 保护和合理利用旅游资源；

3. 促进旅游业持续健康发展。

第二条　在中华人民共和国境内的和在中华人民共和国境内组织到境外的游览、度假、休闲等形式的旅游活动以及为旅游活动提供相关服务的经营活动，适用本法。

【条文解读】

一、本法适用的地域范围

本条对旅游法适用的地域范围作出了明确表述。旅游法作为国内法其效力仅限于我国境内的旅游活动和旅游经营活动。一是在我国境内的旅游活动，主要包括我国公民在境内的旅游活动和外国旅游者的入境旅游活动；二是在我国境内，通过旅行社等经营者组织的，由我国境内赴境外的团队旅游活动，即旅行社组织的出境旅游活动的全程，包括对派出领队的管理、对境外导游和旅游者活动的监督、劝阻、旅游活动的内容安排都适用于本法。

二、本法适用的主体行为范围

根据本条规定，旅游法规范和调整的对象主要包括两类：一类是从事游览、度假、休闲等形式的旅游活动；一类是为这些旅游活动提供相关服务的经营活动。

第三条 国家发展旅游事业，完善旅游公共服务，依法保护旅游者在旅游活动中的权利。

【条文解读】

一、国家发展旅游事业

本条对国家在发展旅游业方面的职责提出了原则要求。各级人民政府及有关部门应当按照本法的要求，大力提升旅游产品的供给能力，加快完善以交通、旅游配套服务设施为重点的旅游基础设施建设，加强旅游市场监管，提高旅游业发展的质量。

二、国家完善旅游公共服务

本法在第三章"旅游规划和促进"中，对国家提供旅游公共服务提出了一系列具体要求，是对本条规定的具体细化。

三、国家依法保护旅游者在旅游活动中的权利

旅游者权益的保护，是衡量一个地区或国家旅游业发展水平的标志。随着我国旅游业的快速发展，旅游市场暴露出的问题也呈上升趋势，其中发生频率最高、社会反应最为强烈的就是"零负团费"、强迫购物等严重侵害旅游者合法权益的问题，

这在很大程度上也制约了我国旅游业的发展。针对这些问题，旅游法确立了以人为本，突出保护旅游者合法权益的宗旨，并始终贯穿于本法之中。

第四条 旅游业发展应当遵循社会效益、经济效益和生态效益相统一的原则。国家鼓励各类市场主体在有效保护旅游资源的前提下，依法合理利用旅游资源。利用公共资源建设的游览场所应当体现公益性质。

第五条 国家倡导健康、文明、环保的旅游方式，支持和鼓励各类社会机构开展旅游公益宣传，对促进旅游业发展做出突出贡献的单位和个人给予奖励。

第六条 国家建立健全旅游服务标准和市场规则，禁止行业垄断和地区垄断。旅游经营者应当诚信经营，公平竞争，承担社会责任，为旅游者提供安全、健康、卫生、方便的旅游服务。

【条文解读】

一、国家建立健全旅游服务标准和市场规则，禁止行业垄断和地区垄断

目前，国务院有关部门已制定了一些旅游行业的服务标准。由于旅游行业的特点，这些标准大多是非强制性的，由相关旅游经营者自愿根据这些服务标准申请取得相关质量标准等级，并可在经营活动中使用相应的质量标准等级标识，以标明其提供的服务质量等级并方便公众辨识。同时，国务院及其有关部门还制定了一些旅游市场管理的行政法规、部门规章，明确旅游市场规则，规范旅游市场秩序，维护旅游者权益。有关部门应当依照本法和旅游业快速发展的需要，建立健全旅游服务标准和市场规则。

所谓行业垄断是指行政机关、有关组织滥用行政权力或者有关行业通过协议等限制、排斥某一行业之外的企业、组织和个人进入本行业，或者实行歧视待遇，以排除或者限制竞争的行为；所谓地区垄断是指行政机关、有关组织滥用行政权力或者有关行业通过协议限制本地区之外的企业、组织和个人进入本地区，或者实行歧视待遇，妨碍商品或者服务在地区之间自由流通的行为。在反不正当竞争法、反垄断法、国务院关于禁止在市场经济活动中实行地区封锁的规定及相关法律法规中，对禁止行业和地区垄断都有明确规定，本条规定，一方面是对上述法律法规的衔接，另一方面也是为解决当前旅游市场中存在的个别地区、行业垄断问题的原则性规定。

二、旅游经营者应当诚信经营，公平竞争，承担社会责任，为旅游者提供安全、健康、卫生、方便的旅游服务

这是对旅游经营者遵守旅游服务标准和市场规则提出的具体要求。主要包括：一是诚信经营，即在经营活动中应以诚为本，公平确定与交易对方的权利义务，讲求信用，严格履行合同；二是公平竞争，即在经营活动中应当公平对待竞争对手，不得以虚假宣传、假冒他人标识、进行贿赂等不正当手段参与市场竞争，损害竞争对手的合法权益，破坏市场竞争秩序。

第七条 国务院建立健全旅游综合协调机制，对旅游业发展进行综合协调。

县级以上地方人民政府应当加强对旅游工作的组织和领导，明确相关部门或者机构，对本行政区域的旅游业发展和监督管理进行统筹协调。

【条文解读】

按照本法的规定，国务院旅游综合协调机制的主要任务是对旅游发展进行综合协调，如制定国家旅游发展战略，组织编制全国旅游发展规划，协调和部署旅游发展的近期、中期、远期重点工作；协调全国或跨区域、跨行业的旅游规划和建设；协调旅游与文化、体育、工业、农业等相关产业的融合发展；

协调全国旅游市场的综合监管、执法工作等。这一机制由与旅游业相关的多个部门组成，有明确的落实机构，有比较完善的工作机制和议事规则，对各部门在促进旅游业发展和规范旅游市场中的职责进行细化和明确。

本条在总结地方实践经验的基础上，要求县级以上地方人民政府加强对旅游工作的组织和领导，明确相关部门或者机构，对本行政区域的旅游业发展和监督管理进行统筹协调。各地方可以根据本地旅游资源和旅游业发展的实际情况和需要，指定或设立相应的部门、机构，加强对旅游工作的统筹协调。这些部门、机构可以是独立的，也可以是由相关部门组成的协调机构。

第八条　依法成立的旅游行业组织，实行自律管理。

第二章　旅游者

第九条　旅游者有权自主选择旅游产品和服务，有权拒绝旅游经营者的强制交易行为。

旅游者有权知悉其购买的旅游产品和服务的真实情况。

旅游者有权要求旅游经营者按照约定提供产品和服务。

【条文解读】

旅游者向旅游经营者购买旅游产品和服务，属于民事法律关系，其特点是双方的法律地位平等。但在实践中，作为一方当事人的旅游者，与另一方当事人旅行社、住宿、交通等旅游经营者及其导游等旅游从业人员相比，由于信息不对称等多种原因，导致旅游者在特定情况下处于相对被动、弱势的地位。同时，相当一部分旅游者不清楚自己的权利，自我保护意识薄弱。本条针对旅游活动中这些突出问题，明确规定了旅游者在购买旅游产品和服务时的权利，旨在增强旅游者的自我保护意识和旅游经营者的责任意识。旅游者享有的主要权利概括为：

一、自主选择权

旅游者在购买旅游产品和服务时，享有与旅游经营者进行公平交易的权利。一是自主选择价格合理的旅游产品和服务。即使是在已事先设计好的旅游服务格式合同中，旅游经营者也应当允许、尊重和保护旅游者的自主选择。如旅游者不希望参加旅游产品中的某类项目，旅游经营者应当同意，不得强迫其购买。二是旅游者有权拒绝旅游经营者的强制交易行为。有的旅游经营者往往违反平等自愿、公平交易的市场准则，以旅游者需要的旅游产品和服务已没有名额等为由，推荐价格更高的旅游产品和服务；有的旅游经营者在未达到约定的人数不能出团时，未征得旅游者的书面同意，擅自将旅游者转团、并团，甚至卖团，从而损害了旅游者的自主选择权。

二、知情权

知情权是指知悉、获取信息的自由与权利。旅游者一是有权要求宣传信息真实。旅游活动经常跨地域进行，信息的描述，对旅游者购买旅游产品和服务的决定起着至关重要的作用。多数旅游者是第一次接触旅游目的地信息，旅游经营者在宣传手册中提供的各项信息、行程安排、价格等，必须真实准确，对旅游中存在的风险必须予以充分提示，不能利用其掌握信息和情况的绝对优势，做夸大或者虚假宣传，误导、诱骗旅游者购买其旅游产品和服务。二是有权要求旅游经营者作为合同一方主体的情况真实。在包价旅游合同中，负责签约的旅行社将接待业务委托给地接社履行的，应当载明地接社的名称及相关信息；如果签约的旅行社是受其他旅行社的委托代理销售包价旅游产品的，应当载明委托社和签约旅行社的名称及相关信息。方便旅游者知道为其提供服务对象的真实身份，在发生问题和纠纷时，能够及时维护自身的合法权益。三是有权获知旅游产品和服务的真实详情。要求旅游经营者提供行程、项目的具体安排，入住饭店的星级情况，乘坐交通工具的种类和级别等信息。

三、获得诚信服务权

旅游者享有接受诚信服务的权利。一是有权要求旅游经营者按照约定提供产品和服务。约定可以是口头的，也可以是书面的。包价旅游合同必须采用书面形式，包价旅游服务合同随附的旅游行程单是合同的重要组成部分。二是要求旅游经营者严格依照合同约定和旅游行程单的安排，全面履行义务。根据本法和合同法等相关法律的要求，旅游经营者在旅游行程开始前、过程中，均应遵循诚实信用原则，不得随意增加或者减少旅游项目，降低服务标准，擅自变更旅游行程安排。如果旅游经营者不履行或者未按合同约定全面履行义务，旅游者有权要求其承担继续履行、采取补救措施或者赔偿损失等责任；如果发生不可抗力或者旅游经营者已尽合理注意义务仍不能避免的事件，影响旅游行程，导致合同不能完全履行的，旅游经营者应向旅游者作出说明，可以在合理范围内变更合同；旅游者不同意变更的，可以解除合同。无论是合同变更还是解除，旅游经营者应当采取适当措施，将损失减少到最小限度。三是除旅游者自己提出，或者发生本法第六十六条规定的因旅游者自身原因引起，第六十七条发生不可抗力或者旅游经营者已尽合理注意义务仍不能避免的事件等，可以解除合同的法定情形外，旅游经营者不得擅自解除合同。

需要说明的是，我国保护消费者权益的法律也同样适用旅游者，本法没做规定的，适用消费者权益保护法和其他相关法律。

第十条　旅游者的人格尊严、民族风俗习惯和宗教信仰应当得到尊重。

第十一条　残疾人、老年人、未成年人等旅游者在旅游活动中依照法律、法规和有关规定享受便利和优惠。

　　第十二条　旅游者在人身、财产安全遇有危险时，有请求救助和保护的权利。

　　旅游者人身、财产受到侵害的，有依法获得赔偿的权利。

　　【条文解读】

　　自然灾害、事故灾害、公共卫生事件或者人为因素等都可能造成这种危险。首先，这种危险是正在发生的，或者是能够预见，并且对旅游者的人身或者财产的安全直接构成威胁的情形。如在旅行途中，旅游者患上传染病或者其他严重疾病；旅行团因车辆故障抛锚一时难以修复，而道路上来往车辆多，有发生碰撞的潜在危险等。其次，旅游者在人身、财产安全遇有危险时，有权请求旅游经营者、当地政府和相关机构进行及时救助。本法规定的"旅游经营者"包括旅行社及其从业人员、景区以及为旅游者提供交通、住宿、餐饮、购物、娱乐等服务的经营者。一般而言，旅行社及有关旅游经营者应立即按照法律法规的规定向有关部门报告，同时展开必要的救助，事后还应配合有关方面做好善后工作。本法根据危险发生的情况，依照相关法律、法规的规定，要求负有法定义务的机构参与救助，增强了对事件处置的灵活性和可操作性。

　　目前实践中较为普遍存在的问题是，一些旅游者为了追求新奇、刺激，无视当地"请勿入内"的安全警示，到一些尚未开发的地方自行"探险"。在这种情况下，一旦旅游者人身、财产安全遇有危险时，虽有请求救助和保护的权利，但可能因为当地不具备旅游的基本条件和安全设施，难以及时锁定出事位置或者由于地形过于奇特等障碍，不具备实施救援的条件，贻误救援时机。因此，保护人身、财产安全，也是旅游者自己的重要责任。本法同时规定，旅游者接受相关组织或者机构的救助后，应当支付应由个人承担的费用，体现了"谁使用、谁付费"的平等原则。

第十三条　旅游者在旅游活动中应当遵守社会公共秩序和社会公德，尊重当地的风俗习惯、文化传统和宗教信仰，爱护旅游资源，保护生态环境，遵守旅游文明行为规范。

【条文解读】

随着人们生活水平的提高，外出旅游已经成为越来越多人的选择。从整体来看，旅游者的文明素质不断提高，但仍有许多不尽如人意之处，一些不文明旅游的行为仍时有发生。实践中，一些旅游者在旅游活动中不顾及社会公共秩序和社会公德，无视当地风俗习惯、文化传统和宗教信仰，引发与当地居民的摩擦和矛盾，甚至因违反当地禁忌而发生不愉快事件，旅游者自身安全受到威胁；一些旅游者在一些名胜古迹、文物上乱涂乱画，破坏旅游资源；一些旅游者，乱扔垃圾、攀爬树木、踩踏绿地、追捉动物，破坏生态环境。为此，本法规定，旅游者在旅游活动中应当遵守社会公共秩序和社会公德，尊重当地的风俗习惯、文化传统和宗教信仰，爱护旅游资源，保护生态环境。与此同时，本法还规定，旅游者在旅游活动中应当遵守旅游文明行为规范。本法中所指旅游文明行为规范，主要是指中央文明办与国家旅游局于 2006 年 10 月公布的《中国公民出境旅游文明行为指南》和《中国公民国内旅游文明行为公约》。对于刻画、涂污或者以其他方式故意损坏国家保护的文物、名胜古迹的行为，我国治安管理处罚法规定了法律责任，处警告或者二百元以下罚款；情节较重的，处五日以上十日以下拘留，并处二百元以上五百元以下罚款。除了对旅游者遵守旅游文明行为规范作了规定外，本法第四十一条还规定，导游和领队应当向旅游者告知和解释旅游文明行为规范，劝阻旅游者违反社会公德的行为。

第十四条　旅游者在旅游活动中或者在解决纠纷时，不得损害当地居民的合法权益，不得干扰他人的旅游活动，不得损害旅游经营者和旅游从业人员的合法权益。

【条文解读】

旅游者在旅游活动中，会与当地居民、其他旅游者、旅游经营者和旅游从业人员打交道，在发生旅游纠纷、处理旅游纠纷过程中，也常常会与上述对象产生联系。在处理这些社会关系时，不损害当地居民的合法权益，不干扰他人的旅游活动，不损害旅游经营者和旅游从业人员的合法权益，是对旅游者的基本要求，也是法定义务。实践中，存在一些旅行社在接待标准、服务质量等方面不符合约定的情况，依法维护自身的合法权益是旅游者的权利，但也出现了一些旅游者采取过激行为从而侵害他人合法权益的情况。比如，有的旅游者在旅游活动中发生纠纷时，采取拒绝登车、船、飞机等行为拖延行程，影响了其他旅游者的合法权益；有的旅游者谩骂甚至殴打导游、领队，损害旅游从业人员的合法权益；有的旅游者在与旅行社解决纠纷过程中，在旅行社门市吵闹，影响旅行社的正常经营活动。本法除在本条对旅游者损害当地居民合法权益、干扰他人旅游活动、损害旅游经营者和旅游从业人员合法权益的行为予以禁止外，还在第六十六条规定，旅游者从事严重影响其他旅游者权益的活动，且不听劝阻、不能制止的，旅行社可以解除合同，给旅行社造成损失的，旅游者应当依法承担赔偿责任；在第七十二条规定，旅游者在旅游活动中或者在解决纠纷时，损害旅行社、履行辅助人、旅游从业人员或者其他旅游者的合法权益的，依法承担赔偿责任。

第十五条 旅游者购买、接受旅游服务时，应当向旅游经营者如实告知与旅游活动相关的个人健康信息，遵守旅游活动中的安全警示规定。

旅游者对国家应对重大突发事件暂时限制旅游活动的措施

以及有关部门、机构或者旅游经营者采取的安全防范和应急处置措施，应当予以配合。

旅游者违反安全警示规定，或者对国家应对重大突发事件暂时限制旅游活动的措施、安全防范和应急处置措施不予配合的，依法承担相应责任。

第十六条　出境旅游者不得在境外非法滞留，随团出境的旅游者不得擅自分团、脱团。

入境旅游者不得在境内非法滞留，随团入境的旅游者不得擅自分团、脱团。

第三章　旅游规划和促进

第十七条　国务院和县级以上地方人民政府应当将旅游业发展纳入国民经济和社会发展规划。

国务院和省、自治区、直辖市人民政府以及旅游资源丰富的设区的市和县级人民政府，应当按照国民经济和社会发展规划的要求，组织编制旅游发展规划。对跨行政区域且适宜进行整体利用的旅游资源进行利用时，应当由上级人民政府组织编制或者由相关地方人民政府协商编制统一的旅游发展规划。

【条文解读】

一、将旅游业发展纳入国民经济和社会发展规划中

国民经济和社会发展规划是由政府制定的，统筹安排和指导全国或某一地区的社会、经济、文化、生态等全面工作的总体纲要，是具有战略意义的指导性文件。从"六五"开始，旅游业即已被纳入国民经济和社会发展计划（规划），旅游业在国民经济和社会发展中的地位不断提升、不断明确。近年来，我国旅游业迅猛发展，在保增长、调结构、促就业方面发挥着越来越重要的作用，将旅游业发展纳入国民经济和社会发展规划已经成为各地的普遍做法。

二、确定政府是旅游发展规划组织编制的主体

国家和各省、区、市编制旅游发展规划已经是通行做法，需要在法律中予以确认。但到设区的市和县级，做法并不一致，特别是有些地方没有足够丰富的旅游资源，旅游业发展需求有限，没有编制旅游发展规划的必要；旅游产业具有综合性特征，编制旅游发展规划，需要与一系列法定规划相协调，在我国现行体制下，这种协调的任务通常由政府承担。为此，本法将需要编制旅游发展规划的范围定位在"国务院和省、自治区、直辖市人民政府以及旅游资源丰富的设区的市和县"。至于政府具体的组织方式，以及组织哪些部门编制，法律没有做出具体规定，需要各级政府根据自身的实际情况确定。同时，按照现行的《旅游规划通则》，旅游发展规划分为近期发展规划（3～5年）、中期发展规划（5～10年）和远期发展规划（10～20年），各地也可根据实际情况的变化对旅游发展规划进行定期修编。

三、跨行政区域且适宜进行整体利用的旅游资源应当编制统一的旅游发展规划

跨行政区域且适宜进行整体利用的旅游资源，是指在地域上归属于两个或两个以上行政区域管辖，但在空间或历史文化属性上具有不可分割性，不能分割开发，或分割开发效益低于整体开发的资源。这类资源具有较强的整体性，分别开发不仅是对资源的浪费，也给旅游者的整体感受带来负面影响。为此，本法对这类资源编制发展规划做出特别规定，提出了需要编制统一的旅游发展规划的要求。

第十八条 旅游发展规划应当包括旅游业发展的总体要求和发展目标，旅游资源保护和利用的要求和措施，以及旅游产品开发、旅游服务质量提升、旅游文化建设、旅游形象推广、旅游基础设施和公共服务设施建设的要求和促进措施等内容。

　　根据旅游发展规划，县级以上地方人民政府可以编制重点旅游资源开发利用的专项规划，对特定区域内的旅游项目、设施和服务功能配套提出专门要求。

　　第十九条　旅游发展规划应当与土地利用总体规划、城乡规划、环境保护规划以及其他自然资源和文物等人文资源的保护和利用规划相衔接。

【条文解读】

一、"相衔接"的含义

　　"相衔接"即是对工作的要求，也是对目标的描述，即要通过协调达到衔接的目的。因为都是法定规划，且都由政府主导编制，故政府在组织编制和批准包括旅游发展规划的各类法定规划时，应从土地、城镇空间、产业布局、生态环境、自然及文物资源、交通等多个方面进行协调平衡，特别是要处理好建设落地等内容，确保同是政府编制和批准的各规划间没有矛盾，彼此协调，相互促进，有效执行。

二、旅游发展规划与其他法定规划的衔接内容

　　（一）与土地利用总体规划的衔接

　　土地利用总体规划属于宏观土地利用规划，是各级人民政府依法组织对辖区内全部土地的利用以及土地开发、整治、保护所作的综合部署和统筹安排。作为指导土地管理的纲领性文件，土地利用总体规划是落实土地宏观调控和土地用途管制，编制城乡规划建设与旅游发展规划的重要依据。旅游发展规划与土地利用总体规划衔接主要包括：土地利用总体规划要适当增加旅游业发展用地；将涵养风景、适宜进行旅游利用的土地，应当尽量划定为旅游用地；旅游发展规划也应当根据土地利用总体规划合理确定旅游发展的目标和措施。

　　（二）与城乡规划的衔接

　　城乡规划是以促进城乡经济社会全面协调可持续发展为根

本任务、促进土地科学使用为基础、促进人居环境根本改善为目的，涵盖城乡居民点的空间布局规划。具体包括城镇体系规划、城市规划、镇规划、乡规划和村庄规划。这一衔接具体体现在旅游业空间发展格局与区域城镇体系空间及产业布局的衔接、旅游城镇及景区与区域交通格局的衔接、特定旅游区域与区域建设布局的衔接、重点旅游项目的落地衔接等方面。

（三）与环境保护规划的衔接

环境保护规划是指为解决现实的或潜在的环境问题，协调人与环境的关系，保障经济社会的持续发展，防止人类生存环境遭受非科学和非理性开发而编制的规划。旅游发展规划与其衔接，主要体现在其内容，特别是旅游项目和设施的规划、建设要体现有关法律法规关于环境保护的要求，不违反有关环境保护的禁止性规定。

第二十条　各级人民政府编制土地利用总体规划、城乡规划，应当充分考虑相关旅游项目、设施的空间布局和建设用地要求。规划和建设交通、通信、供水、供电、环保等基础设施和公共服务设施，应当兼顾旅游业发展的需要。

第二十一条　对自然资源和文物等人文资源进行旅游利用，必须严格遵守有关法律、法规的规定，符合资源、生态保护和文物安全的要求，尊重和维护当地传统文化和习俗，维护资源的区域整体性、文化代表性和地域特殊性，并考虑军事设施保护的需要。有关主管部门应当加强对资源保护和旅游利用状况的监督检查。

【条文解读】

一、与相关资源保护类法律法规进行了必要衔接

目前，我国与资源保护相关的法律、法规已达 20 余部，如土地管理法、城乡规划法、文物保护法、环境保护法、森林法、草原法等，还有若干行政法规、地方法规和国务院部门规章，几乎已经涵盖了自然、人文资源保护的方方面面，旅游开发均需遵守。为此，本法作出了"对自然资源和文物等人文资源进行旅游利用，必须严格遵守有关法律、法规的规定，符合资源、生态保护和文物安全的要求"的衔接性规定。

二、资源旅游利用中的特殊性保护要求

（一）尊重和维护当地传统文化和习俗

资源用于旅游开发和利用，一方面要处理好开发者、当地居民和利益相关人几方利益；另一方面，要充分尊重和保护到"文化"、"习俗"的价值，这就要求资源的旅游开发和利用必须以尊重当地居民的生产生活习惯、文化传统，把保护旅游资源作为前提。为避免与当地居民产生矛盾，应通过适当方式加强与当地的沟通协调，探索完善旅游开发建设中与各方的利益协调机制。

（二）维护资源的区域整体性

资源的区域整体性，是指旅游产品内涵和形象的整体性决定的资源不可分割性，实践中，又有跨行政区域和不跨行政区域两种情况。对跨区域的自然资源，本法第十七条提出了制定跨区域旅游发展规划的要求，但这仅是解决问题的一个方面，具体到规划落实时，还不同程度地存在着地域分割带来的各自为政问题；对不跨行政区域的自然资源，实践中也会有重复建设、各自为政等问题。处理不好这些问题，直接的后果是资源的浪费和破坏，站在旅游的角度，也会大幅降低旅游者所追求的精神享受。

（三）维护资源的文化代表性

资源的文化代表性，是指某一旅游资源区别于其他旅游资源的文化特性。我国幅员辽阔、民族众多、历史悠久，在漫长的历史过程中，积淀形成了内容丰富、特色鲜明、风格各异的多类型优秀传统文化和现代文化。在短期利益驱动下，一些地

方在旅游开发中出现了庸俗化倾向，这种对文化的扭曲，是对文化的严重破坏，也给优秀文化的传承带来危机；一些古镇和景区开发建设中，各类人工建筑物和商店的开设，以及现代装修材料的采用，导致了建筑用途的改变和传统风貌的消退，风貌日趋千篇一律，给文化的整体性带来冲击；同时，文化被人为同质化的现象在旅游开发中也不同程度地存在，一些地方片面追求差异化，盲目引进本不属于本地的文化以吸引眼球，一些地方照搬照抄别人的文化表现模式，降低了文化本身的品位，长远看，这势必会对文化的传承和旅游市场的发育造成伤害。解决这些问题，一方面需要政府站在更高的层面，做好旅游开发的规划和统筹；另一方面，也需要开发者转变观念，树立旅游开发"差异化"必须基于地域文化原真性和先进性的理念，并将其贯穿到旅游资源保护和开发利用的全过程中。

（四）维护资源的地域特殊性

本法所称资源的地域特殊性，是指某一资源不同于其他资源的特殊自然属性以及周边环境。每个资源在开发利用前都已经具备个性化的自然属性，并已经处在一种既定的自然状态和周边环境中。旅游开发要在保持自然属性和周边环境的前提下进行，才能突出特色、避免同质化、形成吸引力，也才不会对环境和资源的整体性造成破坏。《文物保护法》确立了文物修缮利用"修旧如旧"的原则，《风景名胜区保护条例》提出了建设要与周边环境相协调的要求，本法作出旅游开发利用要维护资源的地域特殊性规定，也可以说是对长期经验总结的确认。

第二十二条 各级人民政府应当组织对本级政府编制的旅游发展规划的执行情况进行评估，并向社会公布。

第二十三条 国务院和县级以上地方人民政府应当制定并组织实施有利于旅游业持续健康发展的产业政策，推进旅游休闲体系建设，采取措施推动区域旅游合作，鼓励跨区域旅游线路和产品开发，促进旅游与工业、农业、商业、文化、卫生、体育、科教等领域的融合，扶持少数民族地区、革命老区、边远地区和贫困地区旅游业发展。

第二十四条　国务院和县级以上地方人民政府应当根据实际情况安排资金，加强旅游基础设施建设、旅游公共服务和旅游形象推广。

第二十五条　国家制定并实施旅游形象推广战略。国务院旅游主管部门统筹组织国家旅游形象的境外推广工作，建立旅游形象推广机构和网络，开展旅游国际合作与交流。

县级以上地方人民政府统筹组织本地的旅游形象推广工作。

第二十六条　国务院旅游主管部门和县级以上地方人民政府应当根据需要建立旅游公共信息和咨询平台，无偿向旅游者提供旅游景区、线路、交通、气象、住宿、安全、医疗急救等必要信息和咨询服务。设区的市和县级人民政府有关部门应当根据需要在交通枢纽、商业中心和旅游者集中场所设置旅游咨询中心，在景区和通往主要景区的道路设置旅游指示标识。

旅游资源丰富的设区的市和县级人民政府可以根据本地的实际情况，建立旅游客运专线或者游客中转站，为旅游者在城市及周边旅游提供服务。

第二十七条　国家鼓励和支持发展旅游职业教育和培训，提高旅游从业人员素质。

【条文解读】

本条所称旅游从业人员，是指旅游活动涉及的食、住、行、游、购、娱各方面的工作人员，包括直接或间接为旅游者提供服务的所有人员。由于这些从业人员归属于不同部门、不同行业，对其加强职业教育和培训，也是多部门责任。目前，依据《职业教育法》，各部门都已制定相应的加强从业人员职业教育和培育的部门规章、规范性文件，涉及这些部门管理的旅游从业人员，应当接受所在部门的职业教育和培训；此外，《国务院关于加快发展旅游业的意见》，国家旅游局《关于大力发展旅游业促进就业的指导意见》、《旅游服务质量提升纲要》等，也从横向上对加强旅游从业人员职业教育和培训提出要求，进行政策引导，旅游部门和相关部门需要紧密配合，落实这些要求和规定，形成工作合力，以职业教育和培训为主要手段，不断提升旅游从业人员整体素质。

按照《中国旅游业"十二五"人才发展规划》，加强旅游职业教育主要有以下工作内容：一是设立旅游职业教育专项发展基金，支持欠发达地区旅游职业教育发展；二是加强对旅游职业教育发展的基础研究，列入全国教育科学规划；三是加强对旅游职业教育专业建设的规划指导，优化专业设置，有效整合教育资源；四是支持有条件的地区和院校开展旅游职业教育综合改革，率先达到国际先进办学水平；五是支持开展旅游职业教育教学改革，创新教学模式，加强校企合作；六是支持提升旅游职业教育学历层次，探索举办本科、研究生阶段旅游职业教育；七是加强旅游中等职业教育和高等职业教育的有效衔接；八是加强对旅游职业教育发展的行业指导。

按照《中国旅游业"十二五"人才发展规划》，加强旅游培训主要有以下工作内容：一是各级旅游主管部门将行业从业人员培训经费列入专项经费预算；二是国务院旅游主管部门制定培训规划和培训标准，开展引导性、示范性培训，其他各级旅游主管部门和行业组织依据有关法律法规，在各自职责范围内制定培训计划，组织开展行业从业人员培训；三是各级旅游主管部门加强培训资源建设，提高培训信息化、网络化水平；四是各级旅游主管部门加强对旅游企业人员岗位培训的宏观指导；五是支持各类培训机构举办专业化、集约化、规模化、网络化旅游从业人员培训。

第四章　旅游经营

第二十八条　设立旅行社，招徕、组织、接待旅游者，为其提供旅游服务，应当具备下列条件，取得旅游主管部门的许可，依法办理工商登记：

（一）有固定的经营场所；

（二）有必要的营业设施；

（三）有符合规定的注册资本；

（四）有必要的经营管理人员和导游；

（五）法律、行政法规规定的其他条件。

【条文解读】

一、旅行社设立的条件

（一）有固定的经营场所和必要的营业设施

经营场所是旅行社开展招徕、接待旅游者咨询、签订旅游服务合同等旅游业务、从事旅游经营活动的处所，营业设施是旅行社为旅游者提供服务、保障其经营活动顺利开展的经营场所内的设施。固定经营场所和必要营业设施的条件规定，是对《公司法》公司设立条件"有公司住所"规定的衔接。根据目前《旅行社条例实施细则》的规定，经营场所的要求为：拥有产权的营业用房，或者租用的、租期不少于 1 年的营业用房，满足申请者业务经营的需要；营业设施的要求为：电话、传真机等必要设施设备。

（二）有符合规定的注册资本

注册资本是公司制企业章程规定的全体股东或发起人认缴的出资额或认购的股本总额，并在公司登记机关依法登记。注册资本既是旅行社开展业务活动的基础，也是其承担法律责任的依托。出资形式既可以是现金，也可以是实物、土地使用权等非现金资产。根据现行《旅行社条例》的规定，申请设立从事境内旅游业务和入境旅游业务的旅行社，至少需要有30万元人民币注册资本。

（三）有必要的经营管理人员和导游

该条件是本法新提出的要求，其原因是：旅行社是劳动密集型服务企业，同时也是技能、知识和信息等要素聚集的现代服务业，经营管理人员对企业经营服务和发展非常关键，因此，旅行社应当有必要的经营管理人员。同时，本法规定导游只能由旅行社委派才能从事导游服务，导游服务既是旅行社专属业务，也是包价旅游中最基础、常见的服务，要求旅行社有必要数量的专职导游，有利于解决目前社会导游劳动报酬少甚至无报酬的问题，更有利于保障旅游者的权益。本条所称"必要的"主要是数量等要求，具体需要下位法细化。

二、旅行社设立的程序

设立旅行社需要履行必要的程序，按照目前《旅行社条例》的规定，首先是取得旅游主管部门的业务经营许可，然后向工商行政管理部门申请设立登记，即旅游行政主管部门的设立许可是工商登记的前置条件。没有旅游主管部门的设立许可，工商登记部门不得为旅行社设立申请人进行旅行社业务工商登记。根据我国目前正在进行的工商登记制度改革和旅行社发展的情况实际需要，有可能对具体程序作出必要调整。

第二十九条 旅行社可以经营下列业务：

（一）境内旅游；

（二）出境旅游；

（三）边境旅游；

（四）入境旅游；

（五）其他旅游业务。

旅行社经营前款第二项和第三项业务，应当取得相应的业务经营许可，具体条件由国务院规定。

【条文解读】

一、旅行社业务范围

（一）境内旅游

本法所称境内旅游，是指在中华人民共和国领域内，除香港特别行政区、澳门特别行政区以及台湾地区之外的地区进行的旅游活动。

（二）出境旅游

根据《出境入境管理法》第八十九条的规定，"出境，是指由中国内地前往其他国家或者地区，由中国内地前往香港特别行政区、澳门特别行政区，由中国大陆前往台湾地区。"据此，出境旅游包括：一是中国内地居民前往其他国家或地区旅游；二是中国内地居民赴香港特别行政区、澳门特别行政区旅游；三是中国大陆居民前往台湾地区旅游；四是在中国内地的外国人、无国籍人、在内地的香港特别行政区、澳门特别行政区居民和在大陆的台湾地区居民前往其他国家或地区旅游。

（三）边境旅游

《出境入境管理法》第九十条对边境地区居民往来作出了特别规定，即"经国务院批准，同毗邻国家接壤的省、自治区可以根据中国与有关国家签订的边界管理协定制定地方性法规、地方政府规章，对两国边境接壤地区的居民往来作出规定"。据此，边境旅游是指经批准的旅行社组织和接待我国及毗邻国家的公民，集体从指定的边境口岸出入境，在双方政府商定的区域和期限内进行的旅游活动。

（四）入境旅游

根据《出境入境管理法》第八十九条的规定，"入境，是指由其他国家或者地区进入中国内地，由香港特别行政区、澳门特别行政区进入中国内地，由台湾地区进入中国大陆"。据此，入境旅游包括：一是其他国家或者地区的旅游者来中国境内旅游；二是香港特别行政区、澳门特别行政区旅游者来内地旅游；三是台湾地区旅游者来大陆旅游。另外在实际工作中，在中国境内长期居住的外国人、无国籍人和港澳台居民在境内旅游也作为入境旅游管理。

（五）其他旅游业务

这是兜底条款，如代订旅游服务、代售旅游产品、提供旅游设计、咨询等业务。根据旅游业发展的需要，旅行社可以从事的业务范围还有可能不断拓展。

二、出境旅游业务和边境旅游业务的经营许可

旅游活动具有人身依附性，易发生人身、财产安全问题，出境旅游、边境旅游环境陌生、语言不通，比境内旅游发生危险的可能性更大，经营出境游、边境游业务需要具备更高的应对能力和资金保障能力，为及时救助、安全转移、先行赔偿旅游者等提供更高的安全保障。因此，本条对旅行社经营出境旅游业务和边境旅游业务设定了特别许可，不经许可不得经营出境旅游业务和边境旅游业务，这是对《旅行社条例》及《边境旅游暂行管理办法》中相关制度的延续。同时，本条规定，旅行社经营出境旅游业务和边境旅游业务的具体条件由国务院规定。目前的《旅行社条例》第八条规定，"旅行社取得经营许可满两年，且未因侵害旅游者合法权益受到行政机关罚款以上处罚的，可以申请经营出境旅游业务"。鉴于赴台游的特殊性，目前的《大陆居民赴台湾地区旅游管理办法》规定赴台旅游实行特殊的许可。

第三十条 旅行社不得出租、出借旅行社业务经营许可证，或者以其他形式非法转让旅行社业务经营许可。

【条文解读】

一、旅行社不得出租、出借旅行社业务经营许可证

出租是指将旅行社业务经营许可证件租给他人使用并收取

租金的非法行为；出借是指无偿将旅行社业务经营行政许可证件借给他人使用的非法行为。旅行社业务经营许可证既是市场主体合法从事旅行社业务的凭证，也是国家对旅行社业进行监督管理的重要抓手。如果旅行社经营者确实无力、无意经营的，可以停止经营，申请旅游主管部门注销许可。总之不得通过出租、出借旅行社业务经营许可证的方式为自己牟利，否则，国家设立的旅行社业务经营许可证制度将失去存在的基础与意义，旅游者的合法权益也将无法从制度、源头上得到保障。

二、旅行社不得以其他形式非法转让旅行社业务经营许可

非法转让，是指旅行社没有通过法律、法规允许的转让方式、程序等要求转让业务经营许可。在实践中，非法转让旅行社业务经营许可的行为主要表现为：旅行社允许其他不具有相关业务经营资质的企业、团体或者个人，以自己的名义从事旅行社专属的业务经营活动。与出租、出借旅行社业务经营许可证相比，非法转让旅行社业务经营许可并不以许可证件是否流转为标准，其隐蔽性和危害性更大，逃避了国家的许可和监管制度，扰乱了旅游市场秩序，侵害了旅游者权益，应当严格禁止。

第三十一条　旅行社应当按照规定交纳旅游服务质量保证金，用于旅游者权益损害赔偿和垫付旅游者人身安全遇有危险时紧急救助的费用。

【条文解读】

一、按照规定交纳旅游服务质量保证金是旅行社的义务

旅行社质量保证金是用于保障旅游者合法权益的专用款项。目前，关于交纳旅游服务质量保障金的规定主要包括：《旅行社条例》、《旅行社条例实施细则》和《旅行社质量保证金存取管理办法》。

（一）交纳标准

根据目前《旅行社条例》的规定，经营境内旅游业务和入

境旅游业务资质的旅行社的质量保证金交纳标准统一为 20 万元，每设立一个分社增存 5 万元；经营出境旅游业务的旅行社需增存 120 万元，即总额为 140 万元，每设立一个分社增存 30 万元。质量保证金存期由旅行社确定，但不得少于 1 年，利息归旅行社。

（二）交纳方法

《旅行社条例》规定了两种旅行社交纳质量保证金的方法。第一，旅行社将规定数额的资产存入国务院旅游主管部门认可的银行开设的质量保证金专门账户。旅行社取得旅行社业务经营许可后，应当到指定银行开设质量保证金专门账户，并与指定银行签订质量保证金专用账户协议，在存入、续存、增存质量保证金后 7 个工作日内，向作出许可的旅游主管部门提交证明文件，以及旅行社与银行达成的使用质量保证金的协议。第二，由旅行社向作出许可的旅游主管部门提交数额不低于质量保证金交纳标准的银行担保。从事境内旅游业务和入境旅游业务的旅行社，应向作出许可的省、自治区、直辖市旅游主管部门或者其委托的设区的市级旅游主管部门提交担保，从事出境旅游业务的，应当向作出许可的国务院旅游主管部门或者其委托的省、自治区、直辖市旅游主管部门提交担保。

（三）交纳期限

根据《旅行社条例》的规定，旅行社交纳质量保证金的期限，是取得旅行社业务经营许可证之日起 3 个工作日内。取得旅行社业务经营许可证的日期以许可证上签注的日期为准。

二、旅游服务质量保证金用途

本法在《旅行社条例》规定的基础上，增加了一项旅游服务质量保证金用途，即垫付旅游者人身安全遇有危险时紧急救助的费用。根据本法和目前《旅行社条例》第十五条、第十六条的规定，质量保证金使用范围包括：

（一）用于旅游者权益损害赔偿

1. 旅游主管部门使用旅游服务质量保证金的情形，主要包括两种：（1）旅行社违反旅游合同约定，侵害旅游者合法权益，经旅游主管部门查证属实的。需要同时满足两个要件：一是属于旅行社违反旅游合同约定导致的，基于旅行社与旅游者之间的合同行为，且侵害的是旅游者的利益。因此，旅行社与履行辅助人、组团社与地接社、委托社与代理社、旅行社与从业人员之间、旅行社投资人之间等与旅游者权益无关的经济纠纷，旅行社违反法律、行政法规和规章而应当受到罚款行政处罚等，不包括在旅游主管部门使用质量保证金的范围之内。二是经旅游主管部门查证属实，未经调查取证核实时不可动用。（2）旅行社因解散、破产或者其他原因造成旅游者预交旅游费用损失的。其他原因主要指旅行社恶意卷款而逃等诈骗行为。预交旅游费用包括旅游团费、签证费等。

2. 人民法院使用旅行社质量保证金的情形。两个要件：

（1）必须是判决、裁定及其他生效法律文书认定的，未生效的法律文书不能作为使用质量保证金的依据。（2）使用范围是旅行社损害旅游者合法权益，旅行社拒绝或者无力赔偿的。最高人民法院《关于执行旅行社质量保证金制度的通知》（法〔2001〕1号）明确规定了法院可以使用旅行社质量保证金的范围：第一，旅行社因自身过错未达到合同约定的服务质量标准而造成旅游者的经济权益损失的；第二，旅行社的服务未达到国家或行业标准而造成旅游者的经济权益损失的；第三，旅行社破产后造成旅游者预交旅行费损失的；第四，人民法院判决、裁定及其他生效法律文书认定旅行社损害旅游者合法权益的。

（二）用于垫付旅游者人身安全遇有危险时紧急救助的费用

因旅行社拒绝履行合同致使旅游者被甩团、滞留，或因不可抗力等导致人身安全遇有危险，且旅行社拒绝或者无力及时承担救助责任时，通过旅游服务质量保障金及时垫付相关费用，可以有效保障旅游者人身、财产安全和合法权益，因此，本法增设了这一用途。紧急救助费用主要包括安排旅游者食宿、治疗、救援、返程等使旅游者脱离危险的紧急性费用。旅游主管部门在上述事件发生后，可以决定使用保证金垫付紧急救助费用。

旅游服务质量保证金应当用于上述规定的用途，不得挪作他用。

第三十二条　旅行社为招徕、组织旅游者发布信息，必须真实、准确，不得进行虚假宣传，误导旅游者。

第三十三条　旅行社及其从业人员组织、接待旅游者，不得安排参观或者参与违反我国法律、法规和社会公德的项目或者活动。

第三十四条　旅行社组织旅游活动应当向合格的供应商订购产品和服务。

第三十五条　旅行社不得以不合理的低价组织旅游活动，诱骗旅游者，并通过安排购物或者另行付费旅游项目获取回扣等不正当利益。

旅行社组织、接待旅游者，不得指定具体购物场所，不得安排另行付费旅游项目。但是，经双方协商一致或者旅游者要求，且不影响其他旅游者行程安排的除外。

发生违反前两款规定情形的，旅游者有权在旅游行程结束后三十日内，要求旅行社为其办理退货并先行垫付退货货款，或者退还另行付费旅游项目的费用。

【条文解读】

一、旅行社不得以"零负团费"模式开展经营活动

为了扭转旅行社业扭曲的经营模式，创造公平竞争的市场环境，维护旅游者和旅游从业人员的合法权益，本条第一款从以下做了具体规定。

（一）不得以不合理的低价组织旅游活动，即旅行社经营包价旅游等服务的招徕报价，除正当、合理的情形外，不得低于其经营、接待和服务成本。这里的正当、合理的情形，主要包括批量采购机票的总成本在销售后期已经收回并产生盈利之后，旅行社采取团费报价降低对剩余的名额进行促销，或者旅行社将景区、住宿经营者向其集中支付的奖励性款项作为促销补贴而降低团费等。

（二）旅行社不得诱导、欺骗旅游者。诱导、欺骗旅游者的情形包括：一是旅行社以不合理的低价诱导旅游者报名参团；二是隐瞒不合理低价的事实真相，不向旅游者明示团费低于经营、接待和服务成本费用；三是隐瞒购物场所、自费项目的真实情况，如该购物场所所售商品价格与当地社会平均水平的真实差异等；四是不向旅游者披露旅行社将因其消费而获取利益的事实。

（三）不得通过旅游者的消费获取不正当利益。不正当利益既包括回扣、"人头费"等形式的货币利益，也包括非货币的有形或无形的利益。

特别需要明确的是，由于是诱骗旅游者和不正当利益的性质，旅行社因此获取的货币或非货币利益，不论公开或私下收取、不论是否入账，均属非法所得。

二、旅行社不得指定具体购物场所，不得安排另行付费旅游项目

目前，社会上对这一条的认识存在很大分歧。为此，要从以下三个方面梳理各种不同的意见分歧。

（一）对"购物"和"当地特色项目"是旅游行程必备要素的认识。在旅游目的地买些当地的特产、纪念品，参加团队未安排的当地特色旅游项目、活动，是大多数旅游者的愿望，满足旅游者的个性化需求很正常。问题的核心是旅游者购物、另行付费项目的消费需求，应当通过其个人的意志，自愿、自主、自选得以释放，而绝非被动地通过旅行社的安排、要求来满足。

（二）对旅行社确定购物场所合理性的认识。在"零负团费"经营模式下，旅行社在确定旅游者购物的场所、参加另行付费的项目时，必然选择获取回扣高的场所或项目，其经营者则按照旅游者数量及其消费额度，向旅行社支付"人头费"、回扣等，旅行社与商品、旅游项目经营者之间形成了不正当的利益链条关系。一些旅行社提出，带旅游者购物，增加商家的客源和销售，后者按销售额提成，以促销费向旅行社支付一定费用合情合理。但是，这种合情合理必须符合两个重要前提：一是购物和自费项目经营者面向所有社会公众提供服务，其商品和服务的价格公开、公平、合理，同一商品或服务在不同商家价格差异不会太大；二是购物和自费项目经营者给予旅行社或导游的回扣费用，是在其价内让利支付的，且支付的渠道和手续符合相关法规。因此，问题的实质是在"零负团费"经营模式下，上述两个重要前提都不具备，旅行社选择的购物店，绝大多数只接待团队旅游者，其商品价格远高于当地市场的正常水平，经营者在正常价格的基础上价外加价，将增加出的部分价款支付给了旅行社；而且支付费用的手段普遍采取账外结算，逃避税收等监管。

（三）对于在这些场所的商品是否明码标价合法的认识。有意见认为，市场经济条件下，商品定价自由、双方愿打愿挨，只要明码标价就行。这个论点实质上是对市场经济的歪曲。规范、有效的市场经济体制必须是公平的市场竞争和诚信经营。在"零负团费"经营模式下，一是这些购物商店实质上通过给予旅行社及从业人员回扣等手段扩大销售，对其他经营者而言就是不公平的竞争；二是这些购物商店与旅行社串通、隐瞒当地相同商品合理价格的做法，已构成了对旅游者的欺诈。三是像珠宝、字画等贵重物品作为收藏者之间或者拍卖市场的交易，确有其出价、竞价水平随个人喜好、自行判断的特点，一旦进入面向社会公众的流通领域，其必然具备商品属性，漫天要价绝非市场经济环境下商品销售的手段。

所以，为了有效治理"零负团费"，本条第二款的规定，从旅行社获取不正当利益的操作手段上作出禁止，切断非法利益链条，即"不得指定具体购物场所，不得安排另行付费旅游项目"。

旅行社不得指定具体购物场所，即旅行社不得以明示、暗示的方式，采取直接或变相安排的手段，要求或引导旅游者到旅行社确定的场所购物。也包括旅游者购物安排在内的参观、产品介绍活动，旅行社也不得指定。

旅行社不得安排另行付费旅游项目，即旅行社不得在旅游行程已具体安排且包含在团费内的旅游项目、活动之外，安排或者要求旅游者参加需要其再支付费用的旅游项目或者活动。

三、购物、自费项目的除外情形及要求

本条第二款对上述禁止性行为规定了除外情形，但必须符合两个前提限制：

（一）双方协商一致或者旅游者要求。旅游者提出要求的，旅行社可根据可行性，确定安排与否；旅行社提出建议的，必须向旅游者披露购物场所、自费项目的真实情况，包括购物场所的名称、自费项目的内容和价格，以及购物、自费项目的时长等，且在不得有本条第一款所指的诱骗情形下，与旅游者协商一致。

（二）不影响其他旅游者行程安排。组团社和地接社必须对不参加购物、自费项目活动的旅游者作出合理安排，不能造成

这部分旅游者的时间浪费。让不参加相关活动的旅游者在购物、自费项目场所外较长时间等候，即属于时间浪费。

四、旅行社违反规定应当承担相应的退款责任

本条第三款规定了旅行社从事违反"零负团费"经营等行为后，应当承担的责任。按照本款规定，在结束行程的三十日内，旅行社要承担对旅游者所购商品的退货责任并需要先行垫付退货货款，或者向旅游者全额退还自费项目的价款。

需要说明，本款的责任仅仅是民事法律责任，本法第九十八条同时规定了严厉的行政法律责任，有违法行为的旅行社，还需要承担被行政处罚的责任。

第三十六条 旅行社组织团队出境旅游或者组织、接待团队入境旅游，应当按照规定安排领队或者导游全程陪同。

第三十七条 参加导游资格考试成绩合格，与旅行社订立劳动合同或者在相关旅游行业组织注册的人员，可以申请取得导游证。

【条文解读】

一、取得执业资格的条件

本法确立了导游执业资格许可制度，参加导游考试成绩合格，并取得导游证，方可从事导游业务。

（一）参加导游资格考试成绩合格

关于本条规定的参加导游资格考试成绩合格的要求，目前的《导游人员管理条例》第三条有细化规定。参加导游资格考试的条件是：高中以上学历；身体健康；具有适应导游需要的基本知识和语言表达能力；中华人民共和国公民。目前，主要通过笔试和面试两种方式来考察是否具有适应导游需要的基本知识和语言表达能力；组织考试的部门为各省级旅游主管部门。考试成绩合格的，具备申请导游证的资格。

（二）取得导游证

根据本条规定，申领导游证的情形有两种：

一是与旅行社订立劳动合同。本条所称劳动合同，是指《劳动合同法》规定的固定期限劳动合同和无固定期限劳动合同。由于与旅行社订立劳动合同是导游申领导游证的条件，因此，如果导游与旅行社解除劳动关系后，再与其他旅行社订立劳动合同的，应当变更换发导游证；如果不再从事导游业务的，导游证自动失效，应当交回导游证。

二是在相关旅游行业组织注册。由于我国导游数量庞大，而旅行社的接纳能力相对有限，如要求所有想从事导游工作的人员都要通过与旅行社签订劳动合同来取得导游证也并不现实。实践中，除成为旅行社正式员工外，也可通过在专门的导游服务组织注册来获得导游证。同时，本法也着重强调发挥旅游行业组织的自律管理作用，相关行业协会应充分发挥这一作用，承担起导游注册等方面的职能。本法没有明确规定相关行业组织的具体类型和注册层级，可从以下几方面理解：一是相关旅游行业组织可以是导游协会、旅游协会的导游分会或者导游工作部门等。二是注册主要是指加入其执业所在地的相关旅游协会，成为其会员，享有该协会章程规定的权利，履行该协会章程规定的义务。如果导游离开原执业所在地的市到其他市执业的，则需变更、换发导游证。三是旅游主管部门应当抓紧研究相关旅游行业组织的设立和导游注册工作，为本法的施行做好准备。此外，有关部门应当根据本条规定，结合国务院转变职能的要求，在总结现有导游管理经验的基础上，由导游协会承接相关职能，发挥旅游行业组织的作用，同时探索旅游部门为导游提供服务的管理模式。

二、不予取得导游证的情况

根据本法第一百零三条的规定，导游证被吊销未逾三年的，不得重新申领导游证。此外，根据《导游人员管理条例》第五条的规定，患有传染性疾病和受过过失犯罪以外刑事处罚的，也不得取得导游证。

第三十八条 旅行社应当与其聘用的导游依法订立劳动合同，支付劳动报酬，缴纳社会保险费用。

旅行社临时聘用导游为旅游者提供服务的，应当全额向导游支付本法第六十条第三款规定的导游服务费用。

旅行社安排导游为团队旅游提供服务的，不得要求导游垫付或者向导游收取任何费用。

【条文解读】

本条规定与其他相关条款相呼应，从三个方面分别对旅行社支付导游报酬或服务费的问题作了规定：

一、旅行社应当与其聘用的导游建立劳动关系

本条第一款规定主要针对旅行社导游而言。旅行社作为用人单位，对其所聘用的导游，应当履行三项法定义务：

（一）订立劳动合同

根据《劳动合同法》规定，建立劳动关系，应当订立书面劳动合同。已建立劳动关系，未同时订立书面劳动合同的，应当自用工之日起一个月内订立书面劳动合同。用人单位与劳动者在用工前订立劳动合同的，劳动关系自用工之日起建立。用人单位自用工之日起超过一个月不满一年未与劳动者订立书面劳动合同的，应当向劳动者每月支付二倍的工资。用人单位自用工之日起满一年不与劳动者订立书面劳动合同的，视为用人单位与劳动者订立无固定期限劳动合同。该规定与本法第三十七条规定的导游证申领条件是辩证统一的关系，与旅行社订立固定期限或者无固定期限劳动合同的，是可以申领导游证的情形之一，旅行社自然与该导游建立了劳动关系。

（二）支付劳动报酬

旅行社应当按照其和导游签订的劳动合同约定的数额和方

式，向导游按月支付工资及其他形式的劳动报酬。《劳动法》第五十条规定："工资应当以货币形式按月支付给劳动者本人。不得克扣或者无故拖欠劳动者的工资。"第五十条规定："用人单位根据本单位的生产经营特点和经济效益，依法自主确定本单位的工资分配方式和工资水平。"因此，旅行社仍然可以根据导游工作的特点，确定导游的劳动报酬由基本工资、带团补贴、奖金等合法收入组成，但应杜绝旅行社以购物或自费项目的回扣等非法收入替代其应支付给导游的劳动报酬。

（三）缴纳社会保险费用

旅行社作为用人单位，依法应当为导游缴纳社会保险费用。根据《社会保险法》规定，用人单位应当为劳动者缴纳的社会保险费用包括基本养老保险、基本医疗保险、工伤保险、失业保险和生育保险五险，其中的工伤和失业保险的费用全部由用人单位缴纳，其他三种保险的费用由用人单位和劳动者各自按照规定比例缴纳。

二、旅行社应当为临时聘用导游支付导游服务费用

本条第二款的规定主要针对社会导游。虽然本法规定设立旅行社应当有必要的导游，但由于受淡旺季等因素影响，旅行社必然还会临时聘用一些社会导游满足其用工需求。考虑到现实中社会导游劳动保障不足的问题，本法在《劳动合同法》等法律规定的基础上，又专门作出了本条针对性规定，即旅行社应当向导游全额支付本法第六十条第三款规定的"包价旅游合同中载明的导游服务费用"。在目前的实践中，旅行社与旅游者签订的包价旅游合同中的导游服务费用，仅表示包价旅游费用的构成，并不是旅行社实际支付给导游的服务费，该费用的多少与团队人数、旅游天数等都有关系。本法实施后，旅行社应当在包价旅游合同中明确导游服务费用，而且应当将该费用全额支付给临时聘用的社会导游。劳动保障部门和旅游主管部门可以推出当地导游服务费用的指导性标准，以供旅行社参照执行。

三、旅行社不得要求导游垫付或者向导游收取费用

要求导游垫付团队接待费用或者向导游收取"人头费"（导游根据所带团队游客人数向旅行社交纳的费用，也被称为"买团费"）等费用，是当前旅游市场的乱象之一。尤其在聘用临时导游提供团队服务时，有的旅行社要求导游垫付接待费用，有的要求导游"买团"。这种做法严重违反公平原则，违反劳动法等规定，因此，本法特别予以明确，表明了国家维护导游合法权益、整顿旅游市场秩序的坚定决心。本条第三款禁止的行为有两种：一是要求导游垫付费用；二是向导游收取费用。《旅行社条例》第三十四条有更为具体的规定，即"旅行社不得要求导游人员和领队人员接待不支付接待和服务费用或者支付的费用低于接待和服务成本的旅游团队，不得要求导游人员和领队人员承担接待旅游团队的相关费用。"导游应该勇于依此为依据，维护自己的合法权益。

第三十九条 取得导游证，具有相应的学历、语言能力和旅游从业经历，并与旅行社订立劳动合同的人员，可以申请取得领队证。

第四十条 导游和领队为旅游者提供服务必须接受旅行社委派，不得私自承揽导游和领队业务。

第四十一条 导游和领队从事业务活动，应当佩戴导游证、领队证，遵守职业道德，尊重旅游者的风俗习惯和宗教信仰，应当向旅游者告知和解释旅游文明行为规范，引导旅游者健康、文明旅游，劝阻旅游者违反社会公德的行为。

导游和领队应当严格执行旅游行程安排，不得擅自变更旅游行程或者中止服务活动，不得向旅游者索取小费，不得诱导、欺骗、强迫或者变相强迫旅游者购物或者参加另行付费旅游

项目。

【条文解读】

一、不得擅自变更行程、中止服务

根据本法和《合同法》等法律、法规的规定，不属于导游、领队擅自变更行程、中止服务的情形主要包括两种：一是旅游者要求的。即根据本法第三十五条第二款的规定，经旅游者主动提出要求，旅游者与组团旅行社双方协商达成一致，且在不影响同团其他旅游者行程安排的情况下，导游、领队可以根据组团旅行社的指示变更行程安排。同时，根据本法第七十三条的规定，旅行社根据旅游者的具体要求签订包价旅游合同的，此时旅游者请求变更旅游行程安排的，导游、领队也可以根据组团旅行社的指示变更。二是因不可抗力或者旅行社、履行辅助人已尽合理注意义务仍不能避免的事件，影响旅游行程的。即按照本法第六十条的规定，如果旅游行程无法进行的，导游、领队可以在合理范围内变更行程安排，但应当向旅游者作出说明；旅游者不同意变更的，可以解除合同，中止旅游服务，但应当协助旅游者返程。

除以上情形外，导游、领队作为旅行社的工作人员和代表，在执业活动中，要严格执行旅游服务合同中约定的旅游行程安排，除法律、法规明确规定的情形外，不得以任何理由，擅自变更旅游行程，增加旅游购物活动和另行付费旅游项目，减少游览活动或者缩短游览时间，更不得有"甩团"、不让旅游者入住酒店、上下旅游车、登机等中止服务活动、限制旅游者活动等侵害旅游者合法权益的行为。

二、不得索取小费

小费是服务行业中顾客对服务人员的一种报酬形式，在有的国家是约定俗成的，通常在宾馆行李和客房服务、餐饮服务、导游服务中存在，约支付消费额的 5% 至 15% 。小费的实质是消费者为了获得的某种服务满足而自愿支付的报酬，是一种服务费。导游小费，通常是指在旅行结束后，旅游者根据对导游服务的满意程度而给付他们所愿意付出的报酬。本法没有禁止旅游者自愿主动给予小费时导游、领队不得收取，但禁止导游、领队索取小费。

三、不得诱导、欺骗、强迫或者变相强迫消费

诱导、欺骗、强迫和变相强迫行为的本质，是违背了旅游者的真实意愿，使旅游者作出了不真实的意思表示。欺骗，包括两种情形：一是导游、领队故意告知旅游者虚假的情况；二是故意不告诉旅游者真实情况。其后果是旅游者作出了错误的消费决定。诱导，也是一种欺骗，只是欺骗的手段上采用了引诱和引导的方式。强迫，是指不遵守公平、自愿的原则，违背他人真实意愿，通过施加压力使对方服从自己的意愿。变相强迫，是指虽然不是直接给对方施加压力使之服从，表面看不是强迫，但实质是让对方没有别的选择，不得不作出违背自己真实意思的选择，本质上还是强迫。

第四十二条　景区开放应当具备下列条件，并听取旅游主管部门的意见：

（一）有必要的旅游配套服务和辅助设施；

（二）有必要的安全设施及制度，经过安全风险评估，满足安全条件；

（三）有必要的环境保护设施和生态保护措施；

（四）法律、行政法规规定的其他条件。

第四十三条　利用公共资源建设的景区的门票以及景区内的游览场所、交通工具等另行收费项目，实行政府定价或者政府指导价，严格控制价格上涨。拟收费或者提高价格的，应当举行听证会，征求旅游者、经营者和有关方面的意见，论证其必要性、可行性。

　　利用公共资源建设的景区，不得通过增加另行收费项目等方式变相涨价；另行收费项目已收回投资成本的，应当相应降低价格或者取消收费。

　　公益性的城市公园、博物馆、纪念馆等，除重点文物保护单位和珍贵文物收藏单位外，应当逐步免费开放。

　　第四十四条　景区应当在醒目位置公示门票价格、另行收费项目的价格及团体收费价格。景区提高门票价格应当提前六个月公布。

　　将不同景区的门票或者同一景区内不同游览场所的门票合并出售的，合并后的价格不得高于各单项门票的价格之和，且旅游者有权选择购买其中的单项票。

　　景区内的核心游览项目因故暂停向旅游者开放或者停止提供服务的，应当公示并相应减少收费。

　　第四十五条　景区接待旅游者不得超过景区主管部门核定的最大承载量。景区应当公布景区主管部门核定的最大承载量，制定和实施旅游者流量控制方案，并可以采取门票预约等方式，对景区接待旅游者的数量进行控制。

　　旅游者数量可能达到最大承载量时，景区应当提前公告并同时向当地人民政府报告，景区和当地人民政府应当及时采取疏导、分流等措施。

【条文解读】

一、景区是流量控制的责任主体

　　本法确立景区是流量控制的责任主体，主要承担以下几项责任：一是景区接待旅游者不得超过景区主管部门核定的最大承载量。景区最大承载量，即景区最多能够容纳旅游者的数量。二是景区应当在其收费处、入口处、网站，必要时还要通过旅游公共服务信息平台、公共媒体等途径公布最大承载量，保障旅游者的知情权和选择权。三是景区应当制定并实施旅游者流量控制方案，做好各项预案，在旅游旺季时提前增加人手，配备力量，及时分析流量情况，采取各种手段严格控制景区流量。四是在旅游者数量可能达到最大承载量时，应当提前广而告之提醒旅游者，并同时向当地县级以上人民政府报告，根据旅游流量控制方案、预案，采取切实可行的疏导、分流等措施，保障安全。目前，许多景区都采用电子检票系统，基本可以适时了解景区内的旅游者数量。此外，虽然本条没有直接明确规定，但是，如果景区因改建、扩建、项目调整等，导致景区最大承载量增加或者减少时，应当向景区主管部门提出申请，重新核定最大承载量。

二、当地人民政府对景区流量控制负有统筹职责

当景区旅游者数量可能达到最大承载量，且旅游者仍然蜂拥而至时，必须依靠当地人民政府的力量调动各方资源，与景区共同做好流量控制工作，在尽量保障旅游者参观游览的同时，首先要保证旅游活动的安全。因此，本条规定旅游者数量可能达到最大承载量时，当地人民政府在接到景区的报告后，应当指挥、指导、协助景区及时采取疏导、分流等措施。

为了做到应对从容，地方人民政府应当与重点景区事先共同研究方案，做好各种应对预案。同时，我国建立"黄金周"长假制度以来，实行了假日旅游预报制度，通过大众传媒逐日向社会发布主要景区、住宿、交通等旅游设施接待状况的信息。这一制度有利于引导旅游者作出理性出行安排，是一种事前流量控制制度。

第四十六条　城镇和乡村居民利用自有住宅或者其他条件依法从事旅游经营，其管理办法由省、自治区、直辖市制定。

第四十七条　经营高空、高速、水上、潜水、探险等高风险旅游项目，应当按照国家有关规定取得经营许可。

第四十八条　通过网络经营旅行社业务的，应当依法取得

旅行社业务经营许可，并在其网站主页的显著位置标明其业务经营许可证信息。

发布旅游经营信息的网站，应当保证其信息真实、准确。

第四十九条　为旅游者提供交通、住宿、餐饮、娱乐等服务的经营者，应当符合法律、法规规定的要求，按照合同约定履行义务。

第五十条　旅游经营者应当保证其提供的商品和服务符合保障人身、财产安全的要求。

旅游经营者取得相关质量标准等级的，其设施和服务不得低于相应标准；未取得质量标准等级的，不得使用相关质量等级的称谓和标识。

第五十一条　旅游经营者销售、购买商品或者服务，不得给予或者收受贿赂。

第五十二条　旅游经营者对其在经营活动中知悉的旅游者个人信息，应当予以保密。

第五十三条　从事道路旅游客运的经营者应当遵守道路客运安全管理的各项制度，并在车辆显著位置明示道路旅游客运专用标识，在车厢内显著位置公示经营者和驾驶人信息、道路运输管理机构监督电话等事项。

第五十四条　景区、住宿经营者将其部分经营项目或者场地交由他人从事住宿、餐饮、购物、游览、娱乐、旅游交通等经营的，应当对实际经营者的经营行为给旅游者造成的损害承担连带责任。

第五十五条　旅游经营者组织、接待出入境旅游，发现旅游者从事违法活动或者有违反本法第十六条规定情形的，应当及时向公安机关、旅游主管部门或者我国驻外机构报告。

第五十六条　国家根据旅游活动的风险程度，对旅行社、住宿、旅游交通以及本法第四十七条规定的高风险旅游项目等经营者实施责任保险制度。

第五章 旅游服务合同

第五十七条 旅行社组织和安排旅游活动，应当与旅游者订立合同。

【条文解读】

一、订立合同的主体是旅行社与旅游者

旅行社因组织和安排旅游活动而与旅游者签订合同，该合同的双方当事人即为旅行社与旅游者。

实践中，关于合同的主体，有几个问题值得注意：一是企事业单位不以营利为目的而组织本单位工作人员自行旅游的，不属于本条要求的合同主体；二是企事业单位以自己的名义统一代表职工与旅行社订立合同的，每一位旅游者依然可以依据该合同向旅行社主张相应的权利。

二、合同的内容是组织、安排旅游活动

本条规定的合同是以组织、安排旅游活动为主要内容，组织是对参加旅游活动的旅游者的组织；安排包括旅行社向旅游者提供事先组织成旅游产品的旅游服务，或者根据旅游者的要求，为旅游者提供相应的旅游行程设计、安排，并向旅游者提供约定的旅游服务。

三、合同的订立

本条规定的合同的订立，是旅行社与旅游者之间做出意思表示、达成合意，最终签订合同的过程。合同的订立，最常见的是通过采用由旅行社提供的格式合同来订立，国家旅游局和国家工商总局也通过公布相关包价旅游合同示范文本，对相关合同的基本内容、当事人之间的权利义务关系进行规范。旅行社自己设计格式合同的，应当遵守《合同法》和本法及相关法律、法规的规定。实践中，旅游者与旅行社订立的合同，大多

是由旅行社提供的格式合同,《合同法》中对格式合同已有明确规定,同时《旅行社条例》第二十九条第二款也规定,"旅行社和旅游者签订的旅游合同约定不明确或者对格式条款的理解发生争议的,应当按照通常理解予以解释;对格式条款有两种以上解释的,应当作出有利于旅游者的解释;格式条款和非格式条款不一致的,应当采用非格式条款"。

第五十八条 包价旅游合同应当采用书面形式,包括下列内容:

(一)旅行社、旅游者的基本信息;

(二)旅游行程安排;

(三)旅游团成团的最低人数;

(四)交通、住宿、餐饮等旅游服务安排和标准;

(五)游览、娱乐等项目的具体内容和时间;

(六)自由活动时间安排;

(七)旅游费用及其交纳的期限和方式;

(八)违约责任和解决纠纷的方式;

(九)法律、法规规定和双方约定的其他事项。

订立包价旅游合同时,旅行社应当向旅游者详细说明前款第二项至第八项所载内容。

【条文解读】

一、包价旅游合同

关于包价旅游合同,要注意以下几点:

(一)安排行程是包价旅游合同的必备要素。行程安排是包价旅游合同区别于委托、居间等合同的根本点。旅行社一些单项或多项代订等经营活动,可以直接适用《合同法》相关规定。

(二)旅游经营者根据旅游者所定计划来安排行程,虽不是"主动和预先组合旅游服务",但应该属于包价旅游合同的范畴。

（三）包价旅游合同没有关于旅游时间的限制。"一日游"通常不会超过二十四小时，也不涉及过夜问题，但却具备安排旅游行程、提供两项以上服务等特征，实践中也亟须法律规范。

（四）包价旅游合同中旅游服务既可以是旅行社自己提供，也可以通过履行辅助人提供。

二、包价旅游合同的内容

本条对包价旅游合同的内容做了详细列举，这些内容与双方的权利义务直接相关。与《旅行社条例》第二十八条的规定相比较，本法在以下三个方面做了相应的调整：第一，包价旅游合同中不再对"旅行社安排的购物次数、停留时间及购物场所的名称"和"需要旅游者另行付费的游览项目及价格"作出约定，以与本法第三十五条的规定相协调。第二，本法第六十五条、第六十六条、第六十七条等规定中，对包价旅游合同的解除、变更等作出了明确规定，无须再在合同中对"解除或者变更合同的条件和提前通知的时限"作出约定。第三，增加了关于旅游团成团的最低人数的内容要求，以与本法第六十三条的规定相衔接。

三、包价旅游合同的形式

合同的形式包括口头形式、书面形式和推定形式三种。本条规定，包价旅游合同必须采用书面形式。然而，根据《合同法》第三十六条的规定，法律、行政法规规定或者当事人约定采用书面形式订立合同，当事人未采用书面形式但一方已经履行主要义务，对方接受的，该合同成立。根据该规定，旅行社未与旅游者签订书面包价旅游合同，但已向旅游者提供了旅游服务的，包价旅游合同关系依然成立，双方之间的权利义务关系应当根据本法的规定予以确定。

第五十九条　旅行社应当在旅游行程开始前向旅游者提供旅游行程单。旅游行程单是包价旅游合同的组成部分。

【条文解读】

一、旅游行程单的法律性质

旅行社提供旅游行程单、说明具体旅游服务时间、地点、内容、顺序等，是对包价旅游合同的履行所做的承诺，是对旅行社根据包价旅游合同所承担的旅游服务提供义务的具体化。因此，合同与行程单虽有先后，但内容、标准和权利义务必须是一致的。就此而言，旅游行程单是包价旅游合同的组成部分，旅行社不仅应当按照包价旅游合同履行合同义务，而且应当按照旅游行程单的规定履行合同。如旅行社提供的旅游服务与旅游行程单载明不一致，旅行社应承担相应的违约责任。

二、旅游行程单的提供义务

旅行社提供旅游行程单的义务，应当在行程开始前履行，即出团前提供给旅游者。旅行社未在旅游行程开始前向旅游者提供行程单的，属于违反合同义务的行为，应根据本法第七十条的规定，承担继续履行、采取补救措施、赔偿损失等责任。

第六十条　旅行社委托其他旅行社代理销售包价旅游产品并与旅游者订立包价旅游合同的，应当在包价旅游合同中载明委托社和代理社的基本信息。

旅行社依照本法规定将包价旅游合同中的接待业务委托给地接社履行的，应当在包价旅游合同中载明地接社的基本信息。

安排导游为旅游者提供服务的，应当在包价旅游合同中载明导游服务费用。

第六十一条　旅行社应当提示参加团队旅游的旅游者按照规定投保人身意外伤害保险。

【条文解读】

一、旅游者人身意外伤害保险

人身意外伤害保险，是指保险人于被保险人遭受意外伤害时，负有给付保险金责任的保险。从旅游者与保险公司的人身意外伤害保险合同的角度来看，保险公司为人身意外伤害保险合同的保险人，旅游者为人身意外伤害保险合同的被保险人，投保人既可以是旅游者，也可以是在保险合同订立时，对被保险人具有保险利益的其他人，包括配偶、子女、父母以及与旅游者有抚养、赡养或者抚养关系的家庭其他成员、近亲属，还可以是与投保人有劳动关系的法人、其他组织。保险人在旅游者发生人身意外伤害保险合同约定的保险事故时，依照相关规定向旅游者或者投保人指定的受益人支付赔偿金。

需要特别说明的是，人身意外伤害保险的赔付，是以被保险人受到伤害的结果为前提，并不考虑受到伤害的原因，极大地保障了旅游者的利益，这与旅行社责任险只在旅行社有过错的前提下才支付赔偿有根本的不同。

二、旅行社提示旅游者投保人身意外伤害保险的义务

旅行社根据本条规定，负有提示旅游者投保人身意外伤害保险的义务。首先，旅行社提示的人员范围，是参加团队旅游的旅游者。其次，旅行社仅负有提示团队旅游者按照规定投保人身意外伤害保险的义务，而不负有为旅游者投保人身意外伤害保险的义务。旅行社此项提示义务，属于包价旅游合同中的附随义务，旅行社如未履行此项提示义务，当旅游者遭受意外伤害时，仅承担与其提示义务相适应的责任。

实践中，有些旅行社为了避免旅游者不投保人身意外伤害保险，而自行作为投保人为旅游者投保人身意外伤害保险，以免在发生意外伤害事故时，旅行社因各种原因遭受不利。从法律性质上来讲，旅行社作为投保人为旅游者订立人身意外伤害保险，因其并不属于《保险法》第三十一条第一款所规定的，对被保险人有保险利益的人，故以其名义为旅游者订立保险合同，将导致保险合同无效。

第六十二条 订立包价旅游合同时，旅行社应当向旅游者

告知下列事项：

　　（一）旅游者不适合参加旅游活动的情形；

　　（二）旅游活动中的安全注意事项；

　　（三）旅行社依法可以减免责任的信息；

　　（四）旅游者应当注意的旅游目的地相关法律、法规和风俗习惯、宗教禁忌，依照中国法律不宜参加的活动等；

　　（五）法律、法规规定的其他应当告知的事项。

　　在包价旅游合同履行中，遇有前款规定事项的，旅行社也应当告知旅游者。

　　【条文解读】

　　一、旅行社的告知义务

　　（一）本条所指旅行社的告知义务主要包括两个方面

　　一方面是以存在可能危及旅游者人身、财产安全的旅游风险为前提。旅游活动大多数具有一定的风险性，即使日常生活中应该能够注意到的风险，在旅游过程中也可能被放大，增加旅游者遭受人身、财产损害的概率，因此，作为旅行社告知义务的前提的旅游风险，不能以日常生活环境作为参考，而应当以旅游活动这一特定背景作为衡量标准。

　　另一方面是以存在可能对旅游者产生不利影响的法律风险为前提。可能对旅游者产生不利影响的法律风险，主要是指旅行社依法可以减免责任的法律风险，以及旅游者应当注意的旅游目的地相关法律、法规和风俗习惯、宗教禁忌，依照中国法律不宜参加的活动而面临的法律风险。之所以要求告知旅游者，是由于因此风险导致的后果、责任，需由旅游者自行承担。

　　（二）旅行社的告知义务是使旅游者保持警惕，以避免不必要的损失为目的

　　法律规定旅行社告知义务，是以保护旅游者免受不必要的危险，保护旅游者的合法权益为目的。因此，旅行社是否负有

告知义务，以及是否妥当履行了告知义务，应当以这一目的为
判断标准之一。

二、旅行社告知义务的内容

本条明确规定了旅行社在订立、履行包价旅游合同中的告
如义务。但在实践中，对于旅行社的告知义务的具体内容，还
需要根据所提供旅游服务内容的不同有针对性地确定。根据本
条规定的要求，应当包括几个方面：

一是旅游者因自身年龄、健康原因不适合参加旅游活动的。
这里所称的旅游活动，既包括全部旅游行程，如心血管疾病患
者不适宜报名参加赴高原地区的行程，也包括行程中某些旅游
项目，如老年人、腰颈椎病患者不适宜参加漂流等。

二是旅游活动中的安全注意事项。这同样包括行程和项目
两个方面，如组织北方地区的旅游者赴热带地区旅游的行程，
就需要告知在当地饮食需要的问题，预防蚊虫叮咬的措施等；
在旅游项目中，重点则是本法第八十条关于正确使用相关设施
设备的方法、必要的安全防范和应急措施等。

三是旅行社依法可以减免责任的信息。重点是本法第六十
三条、第六十四条、第六十五条、第六十六条、第六十七条、
第六十八条、第七十条、第七十一条和第七十二条规定的费用
承担、分担或退还、旅行社协助索赔、旅游者责任自负等规定，
这些都属于减轻或免除旅行社责任的法律规定。

四是旅游者应当注意的旅游目的地相关法律、法规和风俗
习惯、宗教禁忌，依照中国法律不宜参加的活动等。此项告知
的目的，是避免旅游者因对此一无所知产生的法律或道德
风险。

值得注意的是，旅游过程中需告知的安全注意事项，应当
是因为旅游活动构成的特殊风险，而非所有的风险，作为有行
为能力的自然人应当掌握的一般安全方面的常识性风险，就不

属于告知的范围。

三、告知的方式

对于严重危及旅游者人身、财产安全的旅游风险，多发的旅游风险应当采取书面形式予以告知，并在旅游者进入旅游风险多发地带给予明确的口头警示。

四、违反告知义务的责任

旅行社对可能危及旅游者人身、财产安全的旅游项目未履行告知义务，造成旅游者人身损害、财产损失，旅行社应当承担相应的法律责任。

第六十三条　旅行社招徕旅游者组团旅游，因未达到约定人数不能出团的，组团社可以解除合同。但是，境内旅游应当至少提前七日通知旅游者，出境旅游应当至少提前三十日通知旅游者。

因未达到约定人数不能出团的，组团社经征得旅游者书面同意，可以委托其他旅行社履行合同。组团社对旅游者承担责任，受委托的旅行社对组团社承担责任。旅游者不同意的，可以解除合同。

因未达到约定的成团人数解除合同的，组团社应当向旅游者退还已收取的全部费用。

第六十四条　旅游行程开始前，旅游者可以将包价旅游合同中自身的权利义务转让给第三人，旅行社没有正当理由的不得拒绝，因此增加的费用由旅游者和第三人承担。

【条文解读】

一、旅游者转让自身合同权利义务的性质

旅游者转让自身合同权利义务的行为，实质上是包价旅游合同主体一方的变更，这种变更对旅行社而言，基本不会发生不利的情形；对于旅游者而言则非常有利，使其能够在面临变故时，予以灵活变通。

二、旅游者转让的要求及其限制

旅游者转让自身合同权利义务的，需要符合两个要求，一是应当向旅行社提出转让的请求；二是应当在"旅游行程开始前"提出，旅游行程开始之后，旅游者即不能提出转让。同时，旅游者行使包价旅游合同的转让权也不是绝对的，旅行社如有正当、合理的理由，有权拒绝旅游者的转让请求。正当、合理的理由主要有两类，一是对应原报名者办理的相关服务、手续不能变更或者不能及时变更，如出团前已来不及为第三人办妥签证等；二是旅游活动对于旅游者的身份、资格等有特殊要求的，第三人并不具备相应身份、资格等。

三、旅游者权利义务转让的法律后果

由于旅游者发生了替换，可能会发生旅游费用的增加，对于增加的部分，旅游者与第三人应当向旅游经营者进行补交。

第六十五条 旅游行程结束前，旅游者解除合同的，组团社应当在扣除必要的费用后，将余款退还旅游者。

【条文解读】

本条规定，组团社应当在扣除必要的费用后，将余款退还旅游者，必要费用包括两部分，一是组团社已向地接社或者履行辅助人支付且不可退还的费用，二是旅游行程中已实际发生的费用。

第六十六条 旅游者有下列情形之一的，旅行社可以解除合同：

（一）患有传染病等疾病，可能危害其他旅游者健康和安全的；

（二）携带危害公共安全的物品且不同意交有关部门处理的；

（三）从事违法或者违反社会公德的活动的；

（四）从事严重影响其他旅游者权益的活动，且不听劝阻、不能制止的；

（五）法律规定的其他情形。

因前款规定情形解除合同的，组团社应当在扣除必要的费用后，将余款退还旅游者；给旅行社造成损失的，旅游者应当依法承担赔偿责任。

第六十七条 因不可抗力或者旅行社、履行辅助人已尽合理注意义务仍不能避免的事件，影响旅游行程的，按照下列情形处理：

（一）合同不能继续履行的，旅行社和旅游者均可以解除合同。合同不能完全履行的，旅行社经向旅游者作出说明，可以在合理范围内变更合同；旅游者不同意变更的，可以解除合同。

（二）合同解除的，组团社应当在扣除已向地接社或者履行辅助人支付且不可退还的费用后，将余款退还旅游者；合同变更的，因此增加的费用由旅游者承担，减少的费用退还旅游者。

（三）危及旅游者人身、财产安全的，旅行社应当采取相应的安全措施，因此支出的费用，由旅行社与旅游者分担。

（四）造成旅游者滞留的，旅行社应当采取相应的安置措施。因此增加的食宿费用，由旅游者承担；增加的返程费用，由旅行社与旅游者分担。

第六十八条 旅游行程中解除合同的，旅行社应当协助旅游者返回出发地或者旅游者指定的合理地点。由于旅行社或者履行辅助人的原因导致合同解除的，返程费用由旅行社承担。

第六十九条 旅行社应当按照包价旅游合同的约定履行义务，不得擅自变更旅游行程安排。

经旅游者同意，旅行社将包价旅游合同中的接待业务委托给其他具有相应资质的地接社履行的，应当与地接社订立书面委托合同，约定双方的权利和义务，向地接社提供与旅游者订立的包价旅游合同的副本，并向地接社支付不低于接待和服务

成本的费用。地接社应当按照包价旅游合同和委托合同提供
服务。

【条文解读】

一、将接待业务委托地接社履行

基于旅游活动的跨地域性特征，旅行社在履行旅游合同的
过程中，通常由旅游者所在地的旅行社与旅游者签订旅游合同，
该旅行社并不直接到旅游目的地为旅游者提供旅游服务，而是
交由旅游目的地当地的旅行社负责接待旅游者。

组团社将接待业务委托地接社履行，首先，组团社在选择
缔约对象时，应当选择具有相应资质的旅行社；其次，在组团
社与地接社之间的合同订立方面，应当采取书面形式，并明确
约定双方的权利和义务；第三，组团社应当向地接社提供与旅
游者订立的包价旅游合同的副本；第四，组团社应当向地接社
支付不低于接待和服务成本的费用。

二、地接社履行包价旅游合同的义务

在旅游合同履行、向旅游者提供旅游服务过程中，地接社
扮演着在旅游目的地实际接待旅游者、具体执行旅游行程安排
的重要角色。本条第二款规定，地接社应当按照包价旅游合同
和委托合同提供服务。该规定有利于明确包价旅游合同履行过
程中当事人之间的法律关系。

如果严格根据合同的相对性原则，地接社只需履行与组团
社之间的委托合同义务。但是，旅游者在旅游目的地接受旅游
服务的过程中，必然与地接社之间发生关系，如果要求旅游者
必须先向组团社提出请求，再由组团社向地接社转达，这不符
合现实。因此，本法规定地接社应当按照包价旅游合同和委托
合同提供服务，这有利于保护旅游者的权益。

第七十条 旅行社不履行包价旅游合同义务或者履行合同
义务不符合约定的，应当依法承担继续履行、采取补救措施或

者赔偿损失等违约责任；造成旅游者人身损害、财产损失的，应当依法承担赔偿责任。旅行社具备履行条件，经旅游者要求仍拒绝履行合同，造成旅游者人身损害、滞留等严重后果的，旅游者还可以要求旅行社支付旅游费用一倍以上三倍以下的赔偿金。

由于旅游者自身原因导致包价旅游合同不能履行或者不能按照约定履行，或者造成旅游者人身损害、财产损失的，旅行社不承担责任。

在旅游者自行安排活动期间，旅行社未尽到安全提示、救助义务的，应当对旅游者的人身损害、财产损失承担相应责任。

【条文解读】

一、旅行社在一般情形下应当承担的责任

旅行社的违约行为是旅行社承担违约责任的客观前提，是指旅行社不履行包价游合同义务或者履行合同义务不符合约定，主要表现为旅行社擅自改变旅游行程、遗漏旅游景点、减少旅游服务项目、降低旅游服务标准等。

本条第一款中对旅行社在一般情形下的违约责任作了规定，即旅行社不履行包价旅游合同义务或者履行合同义务不符合约定的，应当依法承担继续履行、采取补救措施或者赔偿损失等违约责任。继续履行，是指违约方不履行合同时，另一方当事人要求违约方按合同规定的标的履行义务，而不得以支付违约金或赔偿金的方式代替履行的违约责任承担方式。旅行社承担继续履行责任，应当以旅游者在合理期限内请求且旅行社能够继续履行合同为前提。采取补救措施作为一种独立的违约责任形式，是指矫正合同不适当履行，使履行缺陷得以消除的具体措施。具体在包价旅游合同中，通常为合理的服务项目的替代。旅游者要求旅行社采取补救措施的，应当在发现旅游服务不符合包价旅游合同约定后的合理期限内提出。损害赔偿责任，是

指违约方因不履行或不完全履行合同义务而给对方造成损失，依法或根据合同约定承担赔偿对方当事人所受损失的责任。具体在包价旅游合同中，承担损害赔偿的范围通常是指旅游者的实际损失，主要包括未完成约定旅游服务项目的费用，以及降低旅游服务标准的差价等。如果因旅行社违约导致旅游者食宿费用的增加，以及产生误工等费用的，也在此范围内。

因旅行社的违约行为，还可能造成旅游者的人身损害或者财产损失，旅行社也应当依法承担赔偿责任。

二、旅行社的惩罚性赔偿责任

根据本条第一款的规定，旅行社承担惩罚性赔偿的前提条件是，旅行社具备履行条件，经旅游者要求仍拒绝履行合同，这种情形在旅游行业中通常被称为甩团。甩团往往是由于旅游者拒绝购物或者参加另行付费项目，导游、领队未能从中获得回扣等不正当利益所引起的，这种行为本身性质恶劣，有时会产生旅游者走失、人身伤害、滞留等严重后果。因此本条规定了对旅行社的惩罚性赔偿。

旅行社承担惩罚性赔偿责任的构成要件包括：第一，旅行社具备履行条件拒不履行合同。如果旅行社因为不可抗力以及尽到合理注意义务仍不可预见的事件而无法履行，则不能认为旅行社拒不履行合同。第二，经旅游者要求仍然拒绝履行合同。旅游者要求旅行社继续履行合同，是旅行社承担惩罚性赔偿责任的必经程序。经旅游者要求仍然拒绝履行合同，并不要求旅行社明确做出拒不履行的意思表示，而只要存在不履行合同的事实即可。第三，旅游者发生人身损害、滞留等严重后果。只有旅游者因旅行社甩团等原因造成人身损害、滞留异地、境外等严重后果的，方能要求旅行社承担惩罚性赔偿责任。第四，拒绝履行与人身损害、滞留之间存在因果关系。

旅游者要求旅行社承担旅游费用一倍以上三倍以下的赔偿

金，是惩罚性赔偿，不影响旅游者依照本条第一款的前述规定，要求旅行社承担人身损害、财产损失的赔偿责任。

三、旅行社不承担责任的情形

由于旅游者未尽其应尽的配合、协助履行义务等自身原因，导致的包价旅游合同不能履行或者不能按照约定履行的现象时常发生，如擅自脱团、自行参加行程外的活动等主客观原因，以及有本法第六十六条规定的情形导致合同解除的，对此，本条第二款规定，凡是由于旅游者自身原因导致包价旅游合同不能履行或者不能按照约定履行，或者造成其自己的人身损害、财产损失的，旅游者责任自负，旅行社不承担责任。

四、旅游者自行安排活动期间的旅行社责任

旅游者自行安排活动期间，包括旅行社安排的在旅游行程中独立的自由活动时间、旅游者不参加旅游行程的活动期间以及旅游者经导游或者领队同意暂时离队的个人活动期间等。

旅游者自行安排活动期间的本质是，旅行社在此期间不提供旅游服务，由旅游者自己安排自己的旅游活动，这些旅游活动与组织旅游合同没有紧密的关系，不属于合同提供服务的组成部分。尤其是在此期间，团队中所有旅游者的活动是个性化的，离开了旅行社、导游、领队或履行辅助人的视野，既不可预期其活动内容，也不可控制其活动风险。因此，旅行社只需承担安全提示、救助义务，但是，如果旅行社未尽到安全提示、救助义务的，则应承担相应的法律责任。

第七十一条　由于地接社、履行辅助人的原因导致违约的，由组团社承担责任；组团社承担责任后可以向地接社、履行辅助人追偿。

由于地接社、履行辅助人的原因造成旅游者人身损害、财产损失的，旅游者可以要求地接社、履行辅助人承担赔偿责任，也可以要求组团社承担赔偿责任；组团社承担责任后可以向地

接社、履行辅助人追偿。但是，由于公共交通经营者的原因造成旅游者人身损害、财产损失的，由公共交通经营者依法承担赔偿责任，旅行社应当协助旅游者向公共交通经营者索赔。

第七十二条 旅游者在旅游活动中或者在解决纠纷时，损害旅行社、履行辅助人、旅游从业人员或者其他旅游者的合法权益的，依法承担赔偿责任。

第七十三条 旅行社根据旅游者的具体要求安排旅游行程，与旅游者订立包价旅游合同的，旅游者请求变更旅游行程安排，因此增加的费用由旅游者承担，减少的费用退还旅游者。

第七十四条 旅行社接受旅游者的委托，为其代订交通、住宿、餐饮、游览、娱乐等旅游服务，收取代办费用的，应当亲自处理委托事务。因旅行社的过错给旅游者造成损失的，旅行社应当承担赔偿责任。

旅行社接受旅游者的委托，为其提供旅游行程设计、旅游信息咨询等服务的，应当保证设计合理、可行，信息及时、准确。

【条文解读】

一、旅游代订合同

旅游代订合同，是指旅行社接受旅游者的委托，为其代订交通、住宿、餐饮、游览、娱乐等旅游服务，旅游者支付代办费用的合同，是《合同法》规定的委托合同的一种类型。

与一般的委托合同相同，旅游代订合同是建立在旅游者（委托人）与旅行社（受托人）相互信任的基础上的。根据《合同法》的规定，受托人应当亲自处理受托的事务，不经委托人同意，不能转托他人处理受托的事务。旅行社作为旅游者的受托人，其行为后果由旅游者承担，旅行社仅对其代订行为承担责任。

对旅行社来讲，为旅游者提供代订相关服务是其经营活动，可以收取代办费用，二者之间成立的旅游代订合同属于有偿合同。根据《合同法》第四百零六条的规定，本法明确因旅行社的过错给旅游者造成损失的，旅行社应当承担赔偿责任。

二、旅游设计、咨询合同

旅游设计、咨询合同，是指旅行社接受旅游者的委托，为旅游者提供旅游行程设计、旅游信息咨询等服务的合同。旅行社在进行行程设计、信息咨询服务时，应当完成旅游者所要求的工作成果，即完成线路设计和提供旅游信息并交付旅游者，而且应当保证设计合理、可行，信息及时、准确。

第七十五条　住宿经营者应当按照旅游服务合同的约定为团队旅游者提供住宿服务。住宿经营者未能按照旅游服务合同提供服务的，应当为旅游者提供不低于原定标准的住宿服务，因此增加的费用由住宿经营者承担；但由于不可抗力、政府因公共利益需要采取措施造成不能提供服务的，住宿经营者应当协助安排旅游者住宿。

第六章　旅游安全

第七十六条　县级以上人民政府统一负责旅游安全工作。县级以上人民政府有关部门依照法律、法规履行旅游安全监管职责。

第七十七条　国家建立旅游目的地安全风险提示制度。旅游目的地安全风险提示的级别划分和实施程序，由国务院旅游主管部门会同有关部门制定。

县级以上人民政府及其有关部门应当将旅游安全作为突发事件监测和评估的重要内容。

【条文解读】

一、建立旅游目的地安全风险提示制度

（一）旅游目的地安全风险提示制度

旅游目的地安全风险提示制度，主要指预先发现境内外旅

游目的地对旅游者的人身、财产可能造成损害的自然灾害、事故灾难、公共卫生事件和社会安全事件等潜在的或者已经存在的安全风险，运用定性和定量分析相结合的方法，识别旅游安全风险的类别、等级，提出旅游出行的建议，并按规定的权限和程序，向社会发布相关提示信息的制度。

（二）旅游目的地安全风险提示的级别划分

目前，各行各业都有相关的安全风险级别划分方法。《突发事件应对法》第四十二条规定，"国家建立健全突发事件预警制度。可以预警的自然灾害、事故灾难和公共卫生事件的预警级别，按照突发事件发生的紧急程度、发展势态和可能造成的危害程度分为一级、二级、三级和四级，分别用红色、橙色、黄色和蓝色标示，一级为最高级别"。国务院旅游主管部门应当会同有关部门按照本法规定，在综合各方面风险级别的基础上，划分旅游目的地的安全风险等级，并正式公开相关信息。

（三）旅游目的地安全风险提示的实施程序

目前，各类专项危险的发布部门和程序各不一致。《突发事件应对法》第四十三条规定，"可以预警的自然灾害、事故灾难或者公共卫生事件即将发生或者发生的可能性增大时，县级以上地方各级人民政府应当根据有关法律、行政法规和国务院规定的权限和程序，发布相应级别的警报，决定并宣布有关地区进入预警期，同时向上一级人民政府报告，必要时可以越级上报，并向当地驻军和可能受到危害的毗邻或者相关地区的人民政府通报"。旅游目的地安全风险提示的实施和发布的主体主要是旅游主管部门，但由于旅游安全风险不是一种独立的风险，其依托于以上各类专项安全风险，其决策的形成和实施应当由相关部门共同完成。其级别的划分和实施程序的制定是一个需要考虑灾害等级、专业预警能力、预警主体、风险管控、后果管控等综合事务的系统工程。因此，旅游目的地安全风险提示是各相关主管部门的共同责任，本法规定其级别划分和实施程序，由国务院旅游主管部门会同有关主管部门共同制定。

二、将旅游安全作为突发事件监测和评估的重要内容

旅游目的地安全风险监测和评估是指，对旅游目的地的自然灾害、事故灾难、公共卫生事件和社会安全事件等危及或者可能危及旅游者人身、财产安全的事件进行监测、分析和评估的综合过程。根据有关法律规定，县级以上人民政府及有关部门在依法建立各自的监测和评估机制时，应当将旅游安全作为其中的重要内容，考虑旅游这一要素，旅游主管部门应给予配合。这一制度设计，有利于利用县级以上人民政府已有的应急资源，发挥有关职能部门监测和评估突发事件的专业能力，提升旅游安全风险监测评估的科学性和有效性，提升旅游安全风险提示的准确性。

第七十八条　县级以上人民政府应当依法将旅游应急管理纳入政府应急管理体系，制定应急预案，建立旅游突发事件应对机制。

突发事件发生后，当地人民政府及其有关部门和机构应当采取措施开展救援，并协助旅游者返回出发地或者旅游者指定的合理地点。

【条文解读】

一、将旅游应急管理纳入政府应急管理体系

制定旅游突发事件应急预案是开展旅游应急工作的基础，旅游突发事件应对机制是旅游应急管理的重要组成部分，也是旅游突发事件应急预案的基本内容，本法的规定是对《突发事件应对法》、《安全生产法》等法律规定的衔接。县级以上人民政府应当根据本法和有关法律、法规的规定，组织有关部门针对旅游突发事件的性质、特点和可能造成的社会危害，建立健全具有针对性、可行性的旅游应急预案，明确旅游突发事件应急管

理工作的组织指挥体系与职责和旅游突发事件的预防与预警机制、处置程序、应急保障措施以及事后恢复与重建措施等内容。

二、旅游突发事件应对的特殊要求是协助旅游者返回

旅游者在异地旅游遇到突发事件后，孤立无援，如果不尽快协助其离开突发事件发生地，既可能因为形势不稳定造成旅游者的恐惧和二次伤害，也可能因突发事件发生地生活物资的短缺而无法继续救助旅游者。虽然本法第六十八条也规定了旅行社有协助旅游者返回出发地或者旅游者指定的合理地点的义务，但在面对突发事件时，旅行社可能没有相应的能力履行这一义务，在旅行社和旅游者自救的基础上，需要政府的力量妥善解决旅游者面临的实际困难，促进旅游突发事件的快速善后。因此，本法规定了协助旅游者返回出发地或者旅游者指定的合理地点的突发事件应对的特殊要求。

第七十九条 旅游经营者应当严格执行安全生产管理和消防安全管理的法律、法规和国家标准、行业标准，具备相应的安全生产条件，制定旅游者安全保护制度和应急预案。

旅游经营者应当对直接为旅游者提供服务的从业人员开展经常性应急救助技能培训，对提供的产品和服务进行安全检验、监测和评估，采取必要措施防止危害发生。

旅游经营者组织、接待老年人、未成年人、残疾人等旅游者，应当采取相应的安全保障措施。

第八十条 旅游经营者应当就旅游活动中的下列事项，以明示的方式事先向旅游者作出说明或者警示：

（一）正确使用相关设施、设备的方法；

（二）必要的安全防范和应急措施；

（三）未向旅游者开放的经营、服务场所和设施、设备；

（四）不适宜参加相关活动的群体；

（五）可能危及旅游者人身、财产安全的其他情形。

【条文解读】

一、安全说明、警示义务

说明是指用简明扼要的语言清楚地解释某一事项。本法第六十二条还规定了旅行社在订立包价旅游合同时和包价旅游合同履行过程中的说明义务。警示较说明而言程度更重，需要警示的内容主要是即使旅游者按照正确的方法使用，仍可能危及人身、财产安全的信息。警示的要求一般都有相关法律、法规的明确规定。如《安全生产法》第二十八条规定，"生产经营单位应当在有较大危险因素的生产经营场所和有关设施、设备上，设置明显的安全警示标志"。《产品质量法》第二十七条第五项规定，"使用不当，容易造成产品本身损坏或者可能危及人身、财产安全的产品，应当有警示标志或者中文警示说明"。第二十八条规定，"易碎、易燃、易爆、有毒、有腐蚀性、有放射性等危险物品以及储运中不能倒置和其他有特殊要求的产品，其包装质量必须符合相应要求，依照国家有关规定作出警示标志或者中文警示说明，标明储运注意事项"。《内河交通安全管理条例》第三十九条规定，"渡口载客船舶应当有符合国家规定的识别标志，并在明显位置标明载客定额、安全注意事项"。安全标识应遵循国家标准（GB–2894–2008）关于禁止标志、警告标志、指令标志和提示标志等执行。

二、安全说明或警示应符合"明示"、"事先"等要件

明示主要指旅游经营者或其从业人员用积极的、直接的、明确的方式，将说明或者警示的内容表达、告知旅游者，具体包括口头明示、书面明示、警示牌标示等方式，与默示相对。口头明示是旅游经营者通过言语表达方式告知旅游者，诸如旅游经营者与旅游者当面交谈、电话联系等传达说明或警示事项。口头方式传递信息方便、快捷，但因其缺乏客观记载，在发生纠纷时难以取证，所以，危险性较大的安全事项不宜单独采用

口头方式。书面明示是旅游经营者通过书面文字符号表达说明或者警示事项于旅游者，诸如在旅游合同、旅游行程表中列出等。书面方式将旅游经营者所表达的安全说明或者警示内容客观地记载于一定的载体上，是旅游者判断的依据，有利于防止旅游活动中的异议和便于旅游纠纷的处理。此外，通过视听资料、警示标志牌等方式也可进行明确、有效的说明或警示。

事先说明或者警示是预先防范措施，其目的是防范旅游安全事故的发生。事先，即指在旅游者开始进行该项旅游活动前的时间区间，包括旅游行程开始前或者某个具体旅游项目开始前。如旅游者在参加旅行社组织的旅游活动，在履行签订旅游合同之前，或者在乘坐过山车等高风险旅游项目之前，即应当告知其患哪一种疾病的旅游者不适合参加，哪些项目禁止未成年人、老年人等参加。

三、安全说明和警示的内容

本法根据旅游服务的特点，规定旅游经营者应当说明或者警示的内容包括：一是正确使用相关设施、设备的方法。如游乐场所经营者对旅游者使用游乐设施的安全说明。二是必要的安全防范和应急措施。如乘坐游艇时穿戴救生衣，高原旅游时防范高原反应等有针对性的风险提示和防范措施、应急措施。三是未向旅游者开放的经营、服务场所和设施设备。如景区对尚没有开放游览的场所或者大型游乐设施，住宿经营者对正在施工的服务区域等，应作出禁止旅游者游览或者进入的警示标志或者说明。四是不适宜参加相关活动的群体。如旅行社对拟赴西藏旅游者告知其容易产生高原反应的群体，提示其慎重选择赴高原地区旅游，对参加高危旅游活动的旅游者，按要求告知其心脏病、高血压等疾病患者不适合参加等。五是可能危及旅游者人身、财产安全的其他情形。这是兜底条款，其他可能危及旅游者安全的情形都有提示义务。

第八十一条　突发事件或者旅游安全事故发生后，旅游经营者应当立即采取必要的救助和处置措施，依法履行报告义务，并对旅游者作出妥善安排。

第八十二条　旅游者在人身、财产安全遇有危险时，有权请求旅游经营者、当地政府和相关机构进行及时救助。

中国出境旅游者在境外陷于困境时，有权请求我国驻当地机构在其职责范围内给予协助和保护。

旅游者接受相关组织或者机构的救助后，应当支付应由个人承担的费用。

第七章　旅游监督管理

第八十三条　县级以上人民政府旅游主管部门和有关部门依照本法和有关法律、法规的规定，在各自职责范围内对旅游市场实施监督管理。

县级以上人民政府应当组织旅游主管部门、有关主管部门和工商行政管理、产品质量监督、交通等执法部门对相关旅游经营行为实施监督检查。

【条文解读】

一、部门各负其责对旅游市场进行监管

目前，旅游市场监管是多部门共同执法，依法做好监管工作，县级以上人民政府应当依照本法第七条的规定加强对各部门执法工作组织协调和领导，各有关部门应当依照法律、法规规定，在各自职责范围内对旅游市场实施监督管理。同时，旅游、工商、质监、交通等与旅游市场监管关系密切的部门应当在人民政府组织下开展经常性的联合监督检查工作。

二、县级以上人民政府应当组织各相关部门对旅游市场实施综合监管

旅游业是综合性产业，旅游经营涵盖多种主体，因此，旅

游监管的对象比较多。目前，对旅游市场实施监管是"多头管理"，各部门各负其责，在监管中难免出现监管真空或交叉监管的问题，必须采取联合监管的方式，形成监管的合力。同时，为适应旅游业发展的客观要求，各地正在建设和形成统一的旅游大市场，跨行业、跨部门、跨区域的旅游监管成为趋势。因此，政府必须承担起对旅游市场实施综合监管的组织和领导职责，主要是建立和完善综合监管方式、工作机制和程序，加强旅游投诉统一受理、统一处理等制度建设，监督各部门依法履行职责和配合相关部门履行职责，落实责任追究等。

目前，各地政府组织相关部门对旅游市场进行联合监管的形式主要有：一是日常性的联合执法，其特点在于成立固定的联合执法机构，由旅游主管部门和相关部门抽调工作人员共同组成，共同办公。这种方式的好处在于将联合执法制度化，可以随时解决问题，有利于提高执法的效率，但由于操作中人员的流动性过大等原因，经常导致形式大于内容、执法效果不确定等问题。二是临时性的联合执法，即在重要时间段，如公众节假日、重大旅游活动期间，或针对一些重点问题，如"一日游"问题，成立临时性的联合执法机构，或虽无机构，但由政府出面组织各相关部门进行定期或不定期联合执法。

第八十四条 旅游主管部门履行监督管理职责，不得违反法律、行政法规的规定向监督管理对象收取费用。

旅游主管部门及其工作人员不得参与任何形式的旅游经营活动。

【条文解读】

禁止向监督管理对象乱收费、行政部门及其人员不得参与经营活动等，在相关法律法规、规范性文件和党纪政纪规定中都有明确的规定，有些还附有严格的法律责任。比如，《公务员法》、《关于加强预算外资金管理的决定》、《关于治理乱收费的规定》、《关于坚决制止乱收费、乱罚款和各种摊派的决定》，明令禁止对监管对象乱收费；《公务员法》、《行政机关公务员处分条例》和党政机关干部廉洁从政的有关规定中，明确将参与企业经营活动定性为违法违规行为。为此，《旅游法》对此作出衔接性规定。

依据《价格法》第四十七条规定，"国家行政机关的收费，应当依法进行，严格控制收费项目，限定收费范围、标准。收费的具体管理办法由国务院另行制定"。目前，价格部门行使对行政事业性收费的监督管理权，未经价格部门核定的行政事业性收费，均应属于本法规定的"乱收费"。行政事业性收费之外，在我国与旅游相关的法律法规中，除部分规定可以收取工本费外，还没有其他关于收费的规定。综上，除以上两种情形的收费，不论是旅游部门还是其他相关部门，都在"乱收费"之列，应当严格禁止。

第八十五条　县级以上人民政府旅游主管部门有权对下列事项实施监督检查：

（一）经营旅行社业务以及从事导游、领队服务是否取得经营、执业许可；

（二）旅行社的经营行为；

（三）导游和领队等旅游从业人员的服务行为；

（四）法律、法规规定的其他事项。

旅游主管部门依照前款规定实施监督检查，可以对涉嫌违法的合同、票据、账簿以及其他资料进行查阅、复制。

【条文解读】

一、监督检查事项的范围

（一）经营旅行社业务以及从事导游、领队服务是否取得经营、执业许可

对旅行社，主要是经营旅行社业务是否取得旅行社业务许

可，以及从事出境游或边境游经营是否还取得了相应许可。实践中又有两种情况，一种是未取得任何许可即从事旅行社业务，即业界俗称的"黑社"非法经营；一种是取得了旅行社业务经营许可，但未取得出境游或边境游许可而从事出境游、边境游业务，即通常所说的超范围经营。这两种情形旅游主管部门都有监督检查权。对导游和领队，主要是是否依法取得导游证和领队证，未取得而从事相应业务的，即业界俗称的"黑导"，本法严格禁止，旅游部门对其也有监督检查权。

（二）旅行社的经营行为和导游、领队的从业行为

对旅行社、导游、领队的从业行为进行监管，是国务院赋予旅游部门的职责，目的是防止违反《旅游法》、《旅行社条例》、《导游人员管理办法》、《中国公民出国旅游管理办法》和《出境旅游领队人员管理办法》有关禁止性规定等问题的发生。监督检查的方式包括日常检查、抽查、根据投诉和举报进行调查检查等。

二、旅游主管部门在监督检查中的查阅、复制权

规定的查阅、复制权，是证据保全的需要。在规定这一权利的同时，《旅游法》也作出了必要的限定，即强调"对涉嫌违法"的"合同、票据、账簿及其他资料"才能查阅、复制，主要是为防止旅游监督检查部门及其人员滥用职权。

第八十六条 旅游主管部门和有关部门依法实施监督检查，其监督检查人员不得少于二人，并应当出示合法证件。监督检查人员少于二人或者未出示合法证件的，被检查单位和个人有权拒绝。

监督检查人员对在监督检查中知悉的被检查单位的商业秘密和个人信息应当依法保密。

【条文解读】

一、约束的对象是旅游主管部门和有关主管部门监督检查人员的行为

旅游监督检查的对象是旅游经营者和旅游从业人员，其中，按照《旅游法》第一百一十一条的规定"旅游经营者，是指旅行社、景区以及为旅游者提供交通、住宿、餐饮、购物、娱乐等服务的经营者"，而旅游从业人员，则包括导游、领队、司机等面对旅游者提供直接或间接服务的所有人员。从管理权限上看，上述经营者和从业人员分属于不同部门管理，为此，实施旅游监督检查的主体就不局限于旅游主管部门，本法第八十三条规定："县级以上人民政府应当组织旅游主管部门、有关主管部门和工商行政管理、产品质量监管、交通等执法部门对相关旅游经营行为实施监督检查"，因此，依据有关法律、法规的规定对旅游市场进行监督检查，这些部门监督检查人员的行为均受本条规定的约束。

二、监督检查人员不得少于二人并应当出示合法证件

《行政处罚法》第三十七条规定，"行政机关在调查或者进行检查时，执法人员不得少于两人，并应当向当事人或者有关人员出示证件"，目的是防止监督检查人员独立执法可能出现的滥用权力，以保证监督检查行为及其获取证据的合法性。本法对此进行了重申。需要说明的是，不是行政机关所有人员都有监督检查权，此处的合法证件，是指地方政府法制部门或国务院有关主管部门颁发的行政执法证件，行政机关工作人员的工作证不在此列；"二人以上"和"出示合法证件"必须同时具备，才符合本条规定的要求。

三、监督检查对象的拒绝检查权

"监督检查人员不得少于二人，并应当出示合法证件"，是法律对行政监督检查人员在实施行政监督检查时的强制性规定。

违反上述规定进行检查，法律赋予当事人拒绝的权利，目的是防止行政机关及其工作人员乱作为可能给行政相对人带来利益上的损害。虽然在《行政处罚法》、《行政强制法》没有这样的规定，但许多单行法规在规范行政行为时有这样的要求。《旅游法》对此做出规定，符合依法行政和法治政府建设的要求。事实上，监督检查机关及其工作人员的身份、工作程序、检查内容等的合法性，是监督检查对象接受监督检查的基本前提，从这个意义上讲，依据本法第八十五条和依据《行政处罚法》等法律法规进行的监督检查，如其不具备上述合法性，监督检查对象都有拒绝权。

四、监督检查人员的保密义务

商业秘密，是指不为公众所知悉、能为权利人带来经济利益，具有实用性并经权利人采取保密措施的技术信息和经营信息；个人信息，是指个人的、与公共利益无关的、不危害社会的信息，包括个人隐私。行政机关及其工作人员在进行旅游监督检查时，可能需要查阅经营者的合同、票据、账簿等资料，这些资料有的可能是企业的商业秘密，一旦泄露，将有可能给经营者的经营造成损失；旅游经营者直接面对广大旅游者，旅行社、住宿等旅游经营者按照有关法律法规的规定，或者按照交易习惯，通常会要求旅游者向其提供必要的个人信息，这些信息往往会在企业保存一段时间，且其数量较大，监督检查人员在检查中难免会接触到，不经当事人同意泄露，将可能给当事人的生产、生活造成麻烦，甚至带来损失。为此，本法严格禁止以上行为。

关于监督检查人员违反保密义务的刑事责任，《刑法》第二百五十三条规定，"国家机关或者金融、电信、交通、教育、医疗等单位的工作人员，违反国家规定，将本单位在履行职责或者提供服务过程中获得的公民个人信息，出售或者非法提供给他人，情节严重的，处三年以下有期徒刑或者拘役，并处或者单处罚金"，从规定看，只要有泄露行为，不论是否给行政相对人造成损失，监督检查人员都有可能负刑事责任。

第八十七条　对依法实施的监督检查，有关单位和个人应当配合，如实说明情况并提供文件、资料，不得拒绝、阻碍和隐瞒。

【条文解读】

在行政机关及其工作人员进行监督检查时，被检查的单位和个人应当实事求是地予以说明，对所说明的事实情况还应提供相应的佐证文件或资料；如果检查人员为了核实已初步了解的情况，依职权要求被检查的单位和个人提供相应的文件或资料的，被检查的单位和个人也应当提供。被检查单位和个人如果不履行以上配合义务将承担相应的法律后果。比如，由于行政机关无法取得真实、完整、准确的证据，可能因此做出不利于监督检查对象的行政处罚；按照《最高人民法院关于行政诉讼证据若干问题的规定》（法释〔2002〕21号）第五十九条"被告在行政程序中依照法定程序要求原告提供证据，原告依法应当提供而拒不提供，在诉讼程序中提供的证据，人民法院一般不予采纳"的规定，监督检查对象在对行政处罚决定不服提起行政诉讼时，还可能面临败诉的风险。同时，监督检查对象不予配合，一般只能导致直接证据的缺乏，并不必然导致对违法行为无法认定，根据《行政诉讼法》的规定，证据种类包括书证、物证、视听资料、证人证言、当事人陈述、鉴定结论、勘验笔录、现场笔录，在间接证据充分，并形成证据链，排除其他可能性的前提下，同样能证明相关事实，从而依法处罚或采取强制措施。

不得拒绝，是指被检查的单位和个人对检查人员的监督检查要求不得拒绝，应当配合检查；不得阻碍，是指被检查的单位和个人对监督检查行为不得设置种种障碍，甚至暴力抗拒；不得隐瞒，是指被检查单位和个人对检查事项的真实情况不得隐瞒不报或提供虚假情况。

拒绝、阻碍和隐瞒的，被检查单位的个人有可能承担较为严重的法律后果。如《治安管理处罚法》第五十条规定，"有下列行为之一的，处警告或者二百元以下罚款；情节严重的，处五日以上十日以下拘留，可以并处五百元以下罚款：……（二）阻碍国家机关工作人员依法执行职务的"，第六十条规定，"有下列行为之一的，处五日以上十日以下拘留，并处二百元以上五百元以下罚款：……（二）伪造、隐匿、毁灭证据或者提供虚假证言、谎报案情，影响行政执法机关依法办案的"；《刑法》第二百七十七条规定，"以暴力、威胁方法阻碍国家机关工作人员依法执行职务的，处三年以下有期徒刑、拘役、管制或者罚金"。

第八十八条　县级以上人民政府旅游主管部门和有关部门，在履行监督检查职责中或者在处理举报、投诉时，发现违反本法规定行为的，应当依法及时作出处理；对不属于本部门职责范围的事项，应当及时书面通知并移交有关部门查处。

第八十九条　县级以上地方人民政府建立旅游违法行为查处信息的共享机制，对需要跨部门、跨地区联合查处的违法行为，应当进行督办。

旅游主管部门和有关部门应当按照各自职责，及时向社会公布监督检查的情况。

第九十条　依法成立的旅游行业组织依照法律、行政法规和章程的规定，制定行业经营规范和服务标准，对其会员的经营行为和服务质量进行自律管理，组织开展职业道德教育和业务培训，提高从业人员素质。

【条文解读】

一、旅游行业组织进行自律管理的依据

旅游行业组织的自律管理应当依照法律、行政法规以及本行业组织的章程、自律管理规范进行。法律、行政法规是旅游行业组织及其会员必须遵守的规范，实行自律管理首先应当监督会员合法经营，履行法定义务。行业组织的章程和自律管理规范，是由会员共同制定、反映会同共同利益和意愿的行为准则，对全体会员具有约束力，也是行业组织进行自律管理的依据。旅游行业组织应当根据本行业的实际情况和需要，制定并不断完善行业经营规范和服务标准，作为自律管理的依据。

二、监督会员的经营行为和服务质量

对会员的经营行为和服务质量进行监督，是旅游行业组织最重要的自律管理职能。一方面，旅游行业组织应当按照法律、行政法规和自律规范规定的要求和标准，对会员的经营行为和服务质量进行监督，考核其合法合规性，对不合法不合规的会员，依照自律规范予以惩戒；另一方面，可以按照本行业组织制定的经营规范和服务标准，对会员的经营行为和服务质量进行考核与评价，对于服务质量优良的会员，可以向社会公示或者给予奖励。

三、开展教育、培训

发展旅游业，培育人才，提高从业人员素质至关重要。旅游行业组织应当采取多种方式，对从业人员开展职业道德教育和业务培训，提高从业人员素质。旅游行业组织对从业人员进行职业道德教育和业务培训，属于公益性质，应当按照有关规定和本组织的规范进行。

第八章　旅游纠纷处理

第九十一条　县级以上人民政府应当指定或者设立统一的

旅游投诉受理机构。受理机构接到投诉，应当及时进行处理或者移交有关部门处理，并告知投诉者。

【条文解读】

一、设置统一的旅游投诉受理机构是县级以上人民政府的义务

建立统一的投诉受理机构，使旅游者的诉求可以通过这一机构、以尽可能简单的方式转达到各有权处理投诉的部门。按照此要求，各级政府应当承担起统筹各部门受理有关旅游投诉的职能，指定或者设立统一的旅游投诉受理机构，并对该机构的职能、运作等事项做出配套规定。

二、旅游投诉受理机构的主要职能

（一）统一接受旅游者的投诉

本条所指"受理"是指接受旅游者的投诉请求，据此，投诉受理机构在接到旅游者的投诉请求后，需要如实将投诉人姓名、联系方式、具体请求事项等有关情况记录在案。

（二）自行处理或将投诉转交各有关部门进行处理

接到旅游者投诉请求并记录在案后，旅游投诉受理机构需要按照政府各部门职责分工，及时将投诉交有关部门进行办理。如政府指定的旅游投诉统一受理机构本身即具有一定的投诉处理权，如旅游质量监督机构、旅游执法机构等，其接到投诉请求并确定属于自身职责范围的，就应当自行处理。

（三）对投诉人的告知义务

接受投诉后，不论是自己有权处理的，还是转办其他部门处理的，投诉受理机构都要将确定的处理部门或机构的联系人、联系方式等信息告知投诉人。由投诉受理机构负责处理的．投诉受理机构还应当向投诉人告知投诉处理结果；移交其他部门处理的，投诉受理机构也应当跟踪了解处理情况，并告知投诉人。

第九十二条　旅游者与旅游经营者发生纠纷，可以通过下列途径解决：

（一）双方协商；

（二）向消费者协会、旅游投诉受理机构或者有关调解组织申请调解；

（三）根据与旅游经营者达成的仲裁协议提请仲裁机构仲裁；

（四）向人民法院提起诉讼。

【条文解读】

一、双方协商

双方协商又称双方和解，即由旅游者和旅游经营者双方协商，在自愿平等的基础上，本着解决问题的诚意，通过摆事实讲道理，交换意见互谅互让，从而协商解决争议的一种方法。这种方法直接、及时、平和，成本较低，对双方都有利。但双方协商的缺点在于协商结果无法律上的强制力，一旦一方或双方反悔，则需要通过其他途径再行解决。

二、调解

调解是指在中立第三方的主持下，通过劝解、疏导等，使双方自愿进行协商，达成协议、解决纠纷的方法。调解有利于消除隔阂，防止矛盾激化，维护社会稳定，被实践证明是解决民事法律纠纷较为有效的方式。调解需要在双方自愿的基础上进行，调解纠纷所运用的依据不得违反法律法规的禁止性规定。

关于主持调解的第三方的选择，法律采取列举和指引相结合的方法表述：旅游者是消费者，旅游纠纷是消费纠纷，根据《消费者权益保护法》的规定，消费者协会具有调解功能，旅游争议双方可以向消费者协会申请调解；根据本法规定，旅游投诉受理机构具有调解功能，争议双方也可向其申请调解；除此之外，法定的调解机构还有人民调解委员会，《中华人民共和国人民调解法》对人民调解委员会的调解程序和调解协议效力等内容作了规定，民间也还有各种各样的调解组织，按照本法规定，只要是在当事人自愿基础上，双方都可以向其提出调解的申请。需要特别说明的是，根据我国现行法律法规，除经人民调解委员会调解并经人民法院司法确认的调解协议外，一般的调解协议，不具有法律强制力，由双方自愿履行，一旦当事人一方或双方反悔，则需通过其他途径再行解决。

三、仲裁

仲裁，是指当事人根据事先或事后达成的书面仲裁协议自愿将争议提交第三方裁决以解决争议的一种法律制度。按《仲裁法》规定，当事人用仲裁方式解决争议，应当双方自愿，达成书面仲裁协议，没有仲裁协议，一方申请仲裁的，仲裁机构不予以受理。仲裁没有级别管辖和地域管辖，仲裁机构也不按行政区划设置，当事人可以按双方的意愿选择任何仲裁机构对争议进行仲裁。仲裁裁决具有强制性，当事人应当履行，否则权利人有权申请人民法院强制执行。仲裁实行一裁终局制度，裁决作出后，除被人民法院裁定撤销或者不予以执行的除外，产生法律效力，当事人就同一争议再申请仲裁或者向人民法院起诉的，仲裁委员会或人民法院不予以受理。

四、诉讼

诉讼是人民法院代表国家通过行使司法审判权来解决争议的一种途径。人民法院作出的判决或裁定一经生效，就有国家强制力保证其实施，具有最高的权威性和最终的决定力。旅游纠纷主要是旅游者与经营者之间就民事权益所产生的争议，应按民事诉讼程序进行。需要说明的是，双方协商、调解不是提起诉讼的必经程序，只要一方认为有必要，即可直接向法院提起诉讼。

第九十三条　消费者协会、旅游投诉受理机构和有关调解组织在双方自愿的基础上，依法对旅游者与旅游经营者之间的纠纷进行调解。

第九十四条　旅游者与旅游经营者发生纠纷，旅游者一方人数众多并有共同请求的，可以推选代表人参加协商、调解、仲裁、诉讼活动。

第九章　法律责任

第九十五条　违反本法规定，未经许可经营旅行社业务的，由旅游主管部门或者工商行政管理部门责令改正，没收违法所得，并处一万元以上十万元以下罚款；违法所得十万元以上的，并处违法所得一倍以上五倍以下罚款；对有关责任人员，处二千元以上二万元以下罚款。

旅行社违反本法规定，未经许可经营本法第二十九条第一款第二项、第三项业务，或者出租、出借旅行社业务经营许可证，或者以其他方式非法转让旅行社业务经营许可的，除依照前款规定处罚外，并责令停业整顿；情节严重的，吊销旅行社业务经营许可证；对直接负责的主管人员，处二千元以上二万元以下罚款。

【条文解读】

一、违法行为的主体

本条规定的违法行为主体包括：一是未经许可经营旅行社业务的单位和个人；二是旅行社。

二、执法主体

本条规定的执法主体为旅游主管部门和工商行政管理部门。由于未经许可经营旅行社业务、超范围经营旅行社业务的行为，同时也是违反工商登记管理规定的行为。因此，旅游主管部门基于旅行社业务经营许可管理职责、工商行政管理部门基于工商登记管理职责，均有相应的处罚权，都可以对此类行为作出处罚，但罚款应遵循《行政处罚法》"一事不再罚"的原则。

三、违法行为

本条规定的违法行为包括：

（一）未经许可经营旅行社业务

是指未取得旅行社业务经营许可证资质，但经营境内旅游业务、入境旅游业务、出境旅游业务或者边境旅游业务等旅行社专属业务的行为。不属于旅行社专属业务范围内的，其他企业或者个人也可以经营，不属于本条规定的违法行为。

（二）旅行社未经许可经营出境旅游业务、边境旅游业务

此种情形是：虽然旅行社已依法设立，取得了境内旅游业务和入境旅游业务经营权，但未取得相应的业务许可，经营出境旅游业务、赴台旅游业务、边境旅游业务中的一项或多项业务。

（三）旅行社非法转让许可

主要包括两种情形：一是旅行社出租、出借旅行社业务经营许可证，核心是有证照的流转；二是旅行社以其他方式非法转让旅行社业务经营许可，并不以证照流转为要件，只要允许他人以自己的名义从事旅行社业务经营即可。这两种行为都使得未取得相应旅行社业务经营许可的组织或者个人，在借用旅行社的业务经营许可变相非法经营旅行社业务。在实践中，有的在形式上为取得许可的旅行社经营，但实际上在人事、财务、管理等方面与旅行社毫无关系。比如，一些网络经营者、加盟店、分社、服务网点等，名义上属于某个旅行社，但实际上是其独立操作旅行社业务，组织、接待旅游者；一些旅行社成为另一些具有出境业务经营权旅行社的分社，"两块牌子、一套人马"。

四、法律责任

法律责任是指行为人违反法定、约定的义务，或者不当行

使法律权利所应承担的不利后果。法的义务性规定或者禁止性规定，一般都有配套规定的法律责任。法律责任通过使违法行为人承担不利后果，从而起到惩戒、制止违法行为的作用。根据违法行为性质的不同，一般把法律责任分为民事责任、刑事责任、行政责任。本章主要是行政法律责任规定。

本条规定的行政措施是由旅游主管部门或者工商行政管理部门责令改正，与行政处罚并行适用，即在责令改正的同时予以行政处罚。责令改正，是指行政机关责令违法行为人停止和纠正违法行为，以恢复或维持法定应有的秩序或者状态，消除社会危害性。

本条同时规定了行政处罚。行政处罚是指行政机关依法定职权和程序对违反行政法规尚未构成犯罪的相对人给予行政制裁的具体行政行为。

1. 对未经许可经营旅行社业务的单位和个人的行政处罚。以违法所得的数额为判断标准，分为两档：第一档，只要旅行社有此类违法行为，且不属于《行政处罚法》规定的不予处罚或者免予处罚情形时，即应当同时给予两种不同种类的行政处罚：一是违法所得在五万元以下的，没收违法所得。目前，我国对违法所得的计算规定并不统一，有的规定为违法经营所取得的收入，有的规定为收入需减去一定的成本。对本法规定的违法所得如何计算，可由有关行政法规和规章加以明确。二是在没收违法所得的同时，处以罚款，罚款的幅度为一万元以上十万元以下，由作出处罚的部门根据情节裁量。第二档，违法所得在十万元以上的，给予两种处罚：一是没收违法所得；二是在没收违法所得的同时，处以罚款，罚款的幅度为违法所得一倍以上五倍以下。

本法同时规定"对有关责任人员，处二千元以上二万元以下罚款"。该规定仅适用于违法行为人为单位时，也即法人或者其他组织未经许可经营旅行社业务的，除对单位作出上述处罚外，同时对单位的有关责任人员并处罚款。如果违法行为人是个人时，则直接适用上述两档处罚。

2. 对未经许可经营出境旅游业务、边境旅游业务和非法转让旅行社业务许可旅行社的行政处罚。旅行社超范围经营、非法转让许可的，除依照本条第一款的规定予以处罚外，还应当依照本条第二款的规定予以处罚：一是同时处以责令停业整顿。至于停业整顿多长时间，本法没有明确。一般情况下，旅行社在停业整顿期间需要重新学习相关法律法规和规章制度，对从业人员进行教育、培训，对违法行为进行彻底整改，执法人员对整顿情况进行监督检查。旅行社认为整改到位时，向实施处罚的机关提交恢复经营的报告，处罚机关进行查验，决定是否准予恢复经营。停业整顿期限一般应该控制在 1 至 6 个月期间，过短则失去资格罚这一严重处罚的目的，过长则相当于变相吊销许可证件。二是对于情节严重的，吊销旅行社业务经营许可证。判断情节的轻重，应综合考虑几种因素：违法行为的具体方式、手段、程度或者次数；违法行为所造成的危害后果；当事人改正违法行为的态度、措施和效果；当事人的主观过错程度等。

依照本条第二款规定，除对旅行社进行处罚外，同时应对违法旅行社的直接负责的主管人员进行罚款的处罚，罚款的幅度为二千元以上二万元以下，具体由执法部门根据情节裁量。

第九十六条 旅行社违反本法规定，有下列行为之一的，由旅游主管部门责令改正，没收违法所得，并处五千元以上五万元以下罚款；情节严重的，责令停业整顿或者吊销旅行社业务经营许可证；对直接负责的主管人员和其他直接责任人员，处二千元以上二万元以下罚款：

（一）未按照规定为出境或者入境团队旅游安排领队或者导

游全程陪同的；

（二）安排未取得导游证或者领队证的人员提供导游或者领队服务的；

（三）未向临时聘用的导游支付导游服务费用的；

（四）要求导游垫付或者向导游收取费用的。

【条文解读】

一、执法主体

本条规定的执法主体为旅游主管部门，不涉及其他部门。

二、违法行为

本条规定所指向的旅行社应遵守的行为是《旅游法》第三十六条和第三十八条。与此相对应的违法行为包括四种：

（一）未按照规定为出境旅游或者入境旅游团队安排领队或者导游全程陪同

旅行社没有按照《旅行社条例》第三十条、《中国公民出国旅游管理办法》第十条第一款、《大陆居民赴台湾地区旅游管理办法》第七条的规定，安排领队陪同的，即属违法。判断未为入境旅游团队安排导游全程陪同的关键，是现行法规、规章及其他有效文件是否有必须安排导游全程陪同的规定，如果有相关规定，旅行社没有履行的，即属违法。

（二）安排未取得导游证或者领队证的人员提供导游或者领队服务

未取得导游证、领队证的人员从事导游、领队业务是违法行为，而旅行社安排其提供导游、领队服务也是违法行为。

（三）未向临时聘用的导游支付导游服务费用

未向临时聘用导游支付导游服务费直接损害了导游利益，间接损害了旅游者利益，具有社会危害性。判断这一违法行为要注意几点：一是临时聘用的导游，主要指社会导游；二是没有支付费用，或者没有全额支付本法第六十条第三款规定的费用。

（四）要求导游垫付或者向导游收取费用

判断这一违法行为要注意几点：一是这里的导游包括旅行社的专职导游和社会导游；二是要求垫付或收取费用是指旅行社安排导游为团队旅游提供接待等服务，事先不支付或不足够支付相应的费用，要求导游垫付，或者虽付了相应费用，但要求导游付费"买团"的行为。

三、法律责任

首先责令旅行社改正相关违法行为，其次给予行政处罚。

1. 对旅行社的行政处罚。根据情节轻重分为两档：第一档，同时给予两种行政处罚：一是没收违法所得；二是处以罚款，罚款的幅度为五千元以上五万元以下。在行使裁量权时，应当按照合法合理、公平公正、过罚相当的原则，结合考虑违法行为的性质、情节、危害后果等作出决定。如果旅游主管部门对处罚有裁量基准制度或者指导标准时，应当遵照执行。第二档，情节严重的，根据情节在两种行政处罚种类中选择适用：一是情节严重中较轻的，责令停业整顿；二是情节很严重的，吊销旅行社业务经营许可证。

2. 对违法旅行社的直接负责的主管人员和其他直接责任人员的行政处罚。按照通常理解，判断"直接负责的主管人员"应考虑：一是其是否对单位违法负有直接责任，如直接指挥安排相关活动；二是其具有单位主管人员的身份，如旅行社负责人、管理人员等。判断"其他直接责任人员"应考虑：一是其为具体工作人员，不属于旅行社管理层人员，如签订合同时的业务人员，安排行程的计划调度人员等；二是其在旅行社主管人员的领导或支持下实施了该具体行为，或者擅自从事了相关违法行为；三是其在该行为中起重要作用，即自己积极主动地安排，或者应旅行社的指示被动地安排。

对违法旅行社的直接负责的主管人员和其他直接责任人员的处罚，只有一档，即处以罚款，罚款的幅度为二千元以上二万元以下。

第九十七条　旅行社违反本法规定，有下列行为之一的，由旅游主管部门或者有关部门责令改正，没收违法所得，并处五千元以上五万元以下罚款；违法所得五万元以上的，并处违法所得一倍以上五倍以下罚款；情节严重的，责令停业整顿或者吊销旅行社业务经营许可证；对直接负责的主管人员和其他直接责任人员，处二千元以上二万元以下罚款：

（一）进行虚假宣传，误导旅游者的；

（二）向不合格的供应商订购产品和服务的；

（三）未按照规定投保旅行社责任保险的。

第九十八条　旅行社违反本法第三十五条规定的，由旅游主管部门责令改正，没收违法所得，责令停业整顿，并处三万元以上三十万元以下罚款；违法所得三十万元以上的，并处违法所得一倍以上五倍以下罚款；情节严重的，吊销旅行社业务经营许可证；对直接负责的主管人员和其他直接责任人员，没收违法所得，处二千元以上二万元以下罚款，并暂扣或者吊销导游证、领队证。

【条文解读】

一、承担法律责任的主体

一是旅行社，既包括组团社，也包括地接社；二是旅行社负责的主管人员和其他直接责任人员，包括导游、领队。

二、执法主体

本条规定的执法主体为旅游主管部门。

三、违法行为

第一，旅行社以不合理的低价组织旅游活动，诱骗旅游者，并通过安排购物或者另行付费旅游项目获取回扣等不正当利益。

第二，旅行社未经与旅游者协商一致或者旅游者要求，指定具体购物场所，或者安排另行付费旅游项目的。第三，旅行社因安排部分旅游者购物或参加自费项目活动，而造成影响其他旅游者行程安排后果的。

四、法律责任

本条规定的法律责任是本法中最重的。除责令改正的行政措施外，包括没收违法所得、责令停业整顿、罚款、吊销旅行社业务经营许可证、暂扣或者吊销导游证、领队证等多种行政处罚方式。

在具体执行上，只要旅行社有相应的违法行为，即必须同时适用没收违法所得、责令停业整顿和罚款三种处罚，违法所得不足三十万元的，罚款幅度在三万元以上三十万元以下，违法所得三十万元以上的，罚款幅度在违法所得一倍以上五倍以下；情节严重的，吊销旅行社业务经营许可证。对直接负责的主管人员和其他直接责任人员，同时适用"没收违法所得"和"处二千元以上二万元以下罚款"两种处罚，直接责任人员为导游、领队的，除没收违法所得和罚款外，还应根据其违法行为的情节，必须再同时适用"暂扣或者吊销导游证、领队证"的处罚。

第九十九条 旅行社未履行本法第五十五条规定的报告义务的，由旅游主管部门处五千元以上五万元以下罚款；情节严重的，责令停业整顿或者吊销旅行社业务经营许可证；对直接负责的主管人员和其他直接责任人员，处二千元以上二万元以下罚款，并暂扣或者吊销导游证、领队证。

【条文解读】

一、违法行为

本条规定的违法行为是，旅行社发现旅游者从事违法活动，出境旅游者在境外非法滞留，入境旅游者在境内非法滞留，随团出境的旅游者擅自分团、脱团，或者随团入境的旅游者擅自分团、脱团时，未及时向公安机关、旅游主管部门或者我国驻外机构报告。判断该违法行为应注意几点：

（一）关于发现

本条所指发现，应作知道或者应当知道理解，即有直接证据证明，或者按照一般人的普遍认知能力可以推断出，旅游经营者知道旅游者有这些行为。比如，旅游者在境外从事违法活动时，被旅游目的地国家施以处罚，且该行为也违反我国法律时，即属于知道；由于旅行社领队疏忽大意，旅游者脱团了一天，仍以自己不知为由未履行报告义务，此情形即属于应当知道。

（二）关于及时

即一旦发现即报告。下位法可以作出明确规定。未作规定时则应当具体情况具体判断。比如，旅游者十几分钟未归队，即认为分团、脱团或者非法滞留不妥。但如果数小时、1天未归队，即使旅游者只是迷路而不是非法滞留，也应当报告。

（三）报告义务的主体

负有报告义务的旅行社，包括组团社和地接社、委托社和受托社，只要与组织、接待该旅游者有关，发现相关违法行为时，都应报告。

（四）应当向所有应报告的部门报告

如旅游者在境外发生相关违法行为的，则应向公安机关、旅游主管部门和我国驻外机构报告；在境内发生相关违法行为的，则应向公安机关、旅游主管部门报告。

（五）关于代办出境、签证手续导致违法的认定

通常情况下，旅行社只为赴境外个人游的旅游者代办出境、签证手续等服务的，不属于组织、接待旅游者的服务，无须承担本条规定的法律责任。但如果有其他协助偷渡等行为的，需要承担有关法律、法规规定的责任。

二、法律责任

1. 对旅行社的行政处罚。根据情节轻重分为两档：第一档，处以罚款，罚款的幅度为五千元以上五万元以下，由旅游主管部门根据情节裁量。第二档，情节严重的，再根据情节在两种行政处罚种类中选择适用：一是情节稍轻的，责令停业整顿；二是情节严重的，吊销旅行社业务经营许可证。

2. 对直接负责的主管人员和其他直接责任人员的行政处罚。根据情节分为两档：第一档，同时给予两种处罚：一是处以罚款，罚款的幅度为二千元以上二万元以下；二是并暂扣导游的导游证、领队的领队证。第二档，情节严重的，在处以第一档罚款的同时，并吊销导游的导游证、领队的领队证。

第一百条　旅行社违反本法规定，有下列行为之一的，由旅游主管部门责令改正，处三万元以上三十万元以下罚款，并责令停业整顿；造成旅游者滞留等严重后果的，吊销旅行社业务经营许可证；对直接负责的主管人员和其他直接责任人员，处二千元以上二万元以下罚款，并暂扣或者吊销导游证、领队证：

（一）在旅游行程中擅自变更旅游行程安排，严重损害旅游者权益的；

（二）拒绝履行合同的；

（三）未征得旅游者书面同意，委托其他旅行社履行包价旅游合同的。

【条文解读】

一、违法行为

本条规定的违法行为包括三种：

（一）在旅游行程中擅自变更旅游行程安排，严重损害旅游者权益

本法第六十九条第一款规定，"旅行社应当按照包价旅游合

同的约定履行义务，不得擅自变更旅游行程安排"。第四十一条规定，"导游和领队应当严格执行旅游行程安排，不得擅自变更旅游行程"。因此，旅行社即为合同债务人，应当按照包价旅游合同的约定履行义务。判断该违法行为注意几点：一是变更旅游行程安排，主要指更改合同事先约定的旅游项目安排，情形主要包括增加旅游购物活动和另行付费旅游项目，减少游览活动或者缩短游览时间等。二是擅自，主要指超越权限自作主张。在法律、法规允许范围内或者经双方协商一致变更的，不算擅自。三是这种情形发生在旅游行程中，而不是行程尚未开始。四是严重损害了旅游者合法权益。这需要具体行为具体判断。比如行程中改变了多个项目，多次安排购物等，对旅游者合法权益是一种严重损害，引起了旅游者的不满等。

（二）拒绝履行合同

本法第四十一条规定，"导游和领队应当严格执行旅游行程安排，不得擅自变更旅游行程或者中止旅游服务"。第七十条规定，"旅行社不履行包价旅游合同义务或者履行合同义务不符合约定的，应当依法承担继续履行、采取补救措施或者赔偿损失等违约责任；……旅行社具备履行条件，经旅游者要求仍拒绝履行合同，造成旅游者人身损害、滞留等严重后果的，旅游者还可以要求旅行社支付旅游费用一倍以上三倍以下的赔偿金。"因此，旅行社客观上具备履行条件，可以正常履行合同，但因旅游者没有购物、参加另行付费项目等多种原因，主观上恶意或者客观上拒绝履行合同的行为，是一种严重的违约行为，本法不但规定了严格的民事责任，本条还要求其承担行政法律责任。拒绝履行合同的情形主要包括"甩团"等弃置旅游者，不让旅游者入住酒店、上下旅游车船、登机等中止服务活动，以及限制旅游者活动等行为。

（三）未征得旅游者书面同意，委托其他旅行社履行包价旅

游合同

本法第六十三条第二款规定，"因未达到约定人数不能出团的，组团社经征得旅游者书面同意，可以委托其他旅行社履行合同"。可见，未事先征得旅游者书面同意，旅行社不得委托其他旅行社履行包价旅游合同，也即不得擅自"转团"。

二、法律责任

首先由旅游主管部门责令其改正相关违法行为，其次给予行政处罚。

1. 对旅行社的行政处罚。由于该违法行为的性质相对比较恶劣，因此，设定的行政处罚比较重，并根据情节轻重分为两档：第一档，同时给予两种不同种类的行政处罚：一是处以罚款，罚款的幅度为三万元以上三十万元以下，由旅游主管部门根据情节裁量。二是责令停业整顿，停业整顿多长时间，本法没有明确，由旅游主管部门根据改正情况裁量。第二档，即造成旅游者滞留等严重后果的，应当给予吊销旅行社业务经营许可证的处罚。

2. 对违法旅行社的直接负责的主管人员和其他直接责任人员的行政处罚，根据情节轻重分为两档：第一档，对直接负责的主管人员和其他直接责任人员处以罚款，罚款的幅度为二千元以上二万元以下，同时暂扣导游证、领队证。第二档，在处以罚款的同时，并处吊销导游证、领队证。

第一百零一条　旅行社违反本法规定，安排旅游者参观或者参与违反我国法律、法规和社会公德的项目或者活动的，由旅游主管部门责令改正，没收违法所得，责令停业整顿，并处二万元以上二十万元以下罚款；情节严重的，吊销旅行社业务经营许可证；对直接负责的主管人员和其他直接责任人员，处二千元以上二万元以下罚款，并暂扣或者吊销导游证、领队证。

第一百零二条　违反本法规定，未取得导游证或者领队证从事导游、领队活动的，由旅游主管部门责令改正，没收违法所得，并处一千元以上一万元以下罚款，予以公告。

导游、领队违反本法规定，私自承揽业务的，由旅游主管部门责令改正，没收违法所得，处一千元以上一万元以下罚款，并暂扣或者吊销导游证、领队证。

导游、领队违反本法规定，向旅游者索取小费的，由旅游主管部门责令退还，处一千元以上一万元以下罚款；情节严重的，并暂扣或者吊销导游证、领队证。

第一百零三条　违反本法规定被吊销导游证、领队证的导游、领队和受到吊销旅行社业务经营许可证处罚的旅行社的有关管理人员，自处罚之日起未逾三年的，不得重新申请导游证、领队证或者从事旅行社业务。

【条文解读】

一、从业禁止的主体

本条规定的从业禁止的主体为导游、领队和旅行社管理人员。

二、从业禁止的情形

本条规定的从业禁止的情形包括三种：一是违反本法规定被吊销导游证的导游；二是违反本法规定被吊销领队证的领队；三是违反本法规定被吊销旅行社业务经营许可证的旅行社的有关管理人员。本法多条法律责任都有对直接负责的主管人员和其他直接责任人员的处罚规定。因此，本条所指旅行社的有关管理人员是负有直接责任的旅行社法定代表人和主管人员。

三、从业禁止的范围

一是被吊销导游证的人员不得重新申请导游证；二是被吊销领队证的人员不得重新申请领队证；三是被吊销旅行社业务经营许可证处罚的旅行社有关管理人员不得投资设立旅行社，也不得在旅行社从事经营管理工作和招徕、组织、接待旅游者的业务工作。

四、从业禁止的期限

自处罚之日起未逾三年，即自旅游主管部门作出吊销旅行社业务经营许可证的行政处罚决定之日起三年内不得从事相关职业或者业务。

第一百零四条 旅游经营者违反本法规定，给予或者收受贿赂的，由工商行政管理部门依照有关法律、法规的规定处罚；情节严重的，并由旅游主管部门吊销旅行社业务经营许可证。

第一百零五条 景区不符合本法规定的开放条件而接待旅游者的，由景区主管部门责令停业整顿直至符合开放条件，并处二万元以上二十万元以下罚款。

景区在旅游者数量可能达到最大承载量时，未依照本法规定公告或者未向当地人民政府报告，未及时采取疏导、分流等措施，或者超过最大承载量接待旅游者的，由景区主管部门责令改正，情节严重的，责令停业整顿一个月至六个月。

第一百零六条 景区违反本法规定，擅自提高门票或者另行收费项目的价格，或者有其他价格违法行为的，由有关主管部门依照有关法律、法规的规定处罚。

【条文解读】

一、违法行为

本条规定的违法行为主要包括：一是擅自提高门票或者另行收费项目的价格。根据本法第四十三条和第四十四条的规定，利用公共资源建设的景区不得通过增加游览场所、交通工具等另行收费项目等方式变相涨价；拟收费或者提高价格的，应当举行听证会；景区提高门票价格应当提前六个月公布。二是其他价格违法行为。包括景区不执行政府指导价、政府定价，或者不在醒目位置公示门票价格、另行收费项目的价格以及其他价格违法行为。

二、法律责任

本条对法律责任的规定是指引性规定，即依照有关法律、法规处罚，而不是由本法直接规定行政处罚。如：《价格法》第三十九条规定，"经营者不执行政府指导价、政府定价以及法定的价格干预措施、紧急措施的，责令改正，没收违法所得，可以并处违法所得五倍以下的罚款；没有违法所得的，可以处以罚款；情节严重的，责令停业整顿"。第四十二条规定，"经营者违反明码标价规定的，责令改正，没收违法所得，可以并处五千元以下的罚款"。

第一百零七条　旅游经营者违反有关安全生产管理和消防安全管理的法律、法规或者国家标准、行业标准的，由有关主管部门依照有关法律、法规的规定处罚。

【条文解读】

一、违法行为的主体

本条规定的违法行为主体为旅游经营者。

二、执法主体

由于旅游安全涉及的法律、法规和管理部门相当多，《安全生产法》第九十四条也规定，"本法规定的行政处罚，由负责安全生产监督管理的部门决定；予以关闭的行政处罚由负责安全生产监督管理的部门报请县级以上人民政府按照国务院规定的权限决定；给予拘留的行政处罚由公安机关依照治安管理处罚条例的规定决定。有关法律、行政法规对行政处罚的决定机关另有规定的，依照其规定"。因此，本条规定涉及的执法主体包括安全生产监督管理部门、公安机关、消防部门、质监部门、交通部门等。

第一百零八条　对违反本法规定的旅游经营者及其从业人员，旅游主管部门和有关部门应当记入信用档案，向社会公布。

第一百零九条　旅游主管部门和有关部门的工作人员在履

行监督管理职责中，滥用职权、玩忽职守、徇私舞弊，尚不构成犯罪的，依法给予处分。

第一百一十条 违反本法规定，构成犯罪的，依法追究刑事责任。

第十章 附 则

第一百一十一条 本法下列用语的含义：

（一）旅游经营者，是指旅行社、景区以及为旅游者提供交通、住宿、餐饮、购物、娱乐等服务的经营者。

（二）景区，是指为旅游者提供游览服务、有明确的管理界限的场所或者区域。

（三）包价旅游合同，是指旅行社预先安排行程，提供或者通过履行辅助人提供交通、住宿、餐饮、游览、导游或者领队等两项以上旅游服务，旅游者以总价支付旅游费用的合同。

（四）组团社，是指与旅游者订立包价旅游合同的旅行社。

（五）地接社，是指接受组团社委托，在目的地接待旅游者的旅行社。

（六）履行辅助人，是指与旅行社存在合同关系，协助其履行包价旅游合同义务，实际提供相关服务的法人或者自然人。

【条文解读】

履行辅助人

包价旅游服务是交通、住宿、餐饮和游览等具体服务项目的综合。在实践中，基于旅游目的地的分散、市场化分工发展及经营成本控制等诸多因素，旅行社通常没有能力直接履行包价旅游合同中的全部义务，多数情况下，要通过预先订购相关服务再由相关经营者向旅游者实际提供服务的方式，完成合同义务。这些服务项目的经营者即为履行辅助人，他们可以是法人，也可以是自然人。

　　依照本条规定，履行辅助人应与旅行社存在合同关系，该合同的服务内容应与包价旅游合同中相关服务的内容一致，同时，如果履行辅助人违约，这一合同也是旅行社赔偿旅游者后向履行辅助人追偿的依据。

　　按照上述含义和特征，在行程中，旅游者与一些经营者直接形成合同关系的，后者不是履行辅助人。

　　第一百一十二条　本法自 2013 年 10 月 1 日起施行。

附　录

附录 1　旅行社条例

（2009 年 2 月 20 日国务院第 550 号令公布）

第一章　总　则

第一条　为了加强对旅行社的管理，保障旅游者和旅行社的合法权益，维护旅游市场秩序，促进旅游业的健康发展，制定本条例。

第二条　本条例适用于中华人民共和国境内旅行社的设立及经营活动。

本条例所称旅行社，是指从事招徕、组织、接待旅游者等活动，为旅游者提供相关旅游服务，开展国内旅游业务、入境旅游业务或者出境旅游业务的企业法人。

第三条　国务院旅游行政主管部门负责全国旅行社的监督管理工作。

县级以上地方人民政府管理旅游工作的部门按照职责负责本行政区域内旅行社的监督管理工作。

县级以上各级人民政府工商、价格、商务、外汇等有关部门，应当按照职责分工，依法对旅行社进行监督管理。

第四条　旅行社在经营活动中应当遵循自愿、平等、公平、诚信的原则，提高服务质量，维护旅游者的合法权益。

第五条 旅行社行业组织应当按照章程为旅行社提供服务，发挥协调和自律作用，引导旅行社合法、公平竞争和诚信经营。

第二章 旅行社的设立

第六条 申请设立旅行社，经营国内旅游业务和入境旅游业务的，应当具备下列条件：

（一）有固定的经营场所；

（二）有必要的营业设施；

（三）有不少于 30 万元的注册资本。

第七条 申请设立旅行社，经营国内旅游业务和入境旅游业务的，应当向所在地省、自治区、直辖市旅游行政管理部门或者其委托的设区的市级旅游行政管理部门提出申请，并提交符合本条例第六条规定的相关证明文件。受理申请的旅游行政管理部门应当自受理申请之日起 20 个工作日内作出许可或者不予许可的决定。予以许可的，向申请人颁发旅行社业务经营许可证，申请人持旅行社业务经营许可证向工商行政管理部门办理设立登记；不予许可的，书面通知申请人并说明理由。

第八条 旅行社取得经营许可满两年，且未因侵害旅游者合法权益受到行政机关罚款以上处罚的，可以申请经营出境旅游业务。

第九条 申请经营出境旅游业务的，应当向国务院旅游行政主管部门或者其委托的省、自治区、直辖市旅游行政管理部门提出申请，受理申请的旅游行政管理部门应当自受理申请之日起 20 个工作日内作出许可或者不予许可的决定。予以许可的，向申请人换发旅行社业务经营许可证，旅行社应当持换发的旅行社业务经营许可证到工商行政管理部门办理变更登记；不予许可的，书面通知申请人并说明理由。

第十条　旅行社设立分社的，应当持旅行社业务经营许可证副本向分社所在地的工商行政管理部门办理设立登记，并自设立登记之日起3个工作日内向分社所在地的旅游行政管理部门备案。

旅行社分社的设立不受地域限制。分社的经营范围不得超出设立分社的旅行社的经营范围。

第十一条　旅行社设立专门招徕旅游者、提供旅游咨询的服务网点（以下简称旅行社服务网点）应当依法向工商行政管理部门办理设立登记手续，并向所在地的旅游行政管理部门备案。

旅行社服务网点应当接受旅行社的统一管理，不得从事招徕、咨询以外的活动。

第十二条　旅行社变更名称、经营场所、法定代表人等登记事项或者终止经营的，应当到工商行政管理部门办理相应的变更登记或者注销登记，并在登记办理完毕之日起10个工作日内，向原许可的旅游行政管理部门备案，换领或者交回旅行社业务经营许可证。

第十三条　旅行社应当自取得旅行社业务经营许可证之日起3个工作日内，在国务院旅游行政主管部门指定的银行开设专门的质量保证金账户，存入质量保证金，或者向作出许可的旅游行政管理部门提交依法取得的担保额度不低于相应质量保证金数额的银行担保。

经营国内旅游业务和入境旅游业务的旅行社，应当存入质量保证金20万元；经营出境旅游业务的旅行社，应当增存质量保证金120万元。

质量保证金的利息属于旅行社所有。

第十四条　旅行社每设立一个经营国内旅游业务和入境旅游业务的分社，应当向其质量保证金账户增存5万元；每设立一个经营出境旅游业务的分社，应当向其质量保证金账户增存30万元。

第十五条　有下列情形之一的，旅游行政管理部门可以使用旅行社的质量保证金：

（一）旅行社违反旅游合同约定，侵害旅游者合法权益，经旅游行政管理部门查证属实的；

（二）旅行社因解散、破产或者其他原因造成旅游者预交旅游费用损失的。

第十六条　人民法院判决、裁定及其他生效法律文书认定旅行社损害旅游者合法权益，旅行社拒绝或者无力赔偿的，人民法院可以从旅行社的质量保证金账户上划拨赔偿款。

第十七条　旅行社自交纳或者补足质量保证金之日起三年内未因侵害旅游者合法权益受到行政机关罚款以上处罚的，旅游行政管理部门应当将旅行社质量保证金的交存数额降低50%，并向社会公告。旅行社可凭省、自治区、直辖市旅游行政管理部门出具的凭证减少其质量保证金。

第十八条　旅行社在旅游行政管理部门使用质量保证金赔偿旅游者的损失，或者依法减少质量保证金后，因侵害旅游者合法权益受到行政机关罚款以上处罚的，应当在收到旅游行政管理部门补交质量保证金的通知之日起5个工作日内补足质量保证金。

第十九条　旅行社不再从事旅游业务的，凭旅游行政管理部门出具的凭证，向银行取回质量保证金。

第二十条　质量保证金存缴、使用的具体管理办法由国务院旅游行政主管部门和国务院财政部门会同有关部门另行制定。

第三章　外商投资旅行社

第二十一条　外商投资旅行社适用本章规定；本章没有规

定的，适用本条例其他有关规定。

前款所称外商投资旅行社，包括中外合资经营旅行社、中外合作经营旅行社和外资旅行社。

第二十二条　设立外商投资旅行社，由投资者向国务院旅游行政主管部门提出申请，并提交符合本条例第六条规定条件的相关证明文件。国务院旅游行政主管部门应当自受理申请之日起30个工作日内审查完毕。同意设立的，出具外商投资旅行社业务许可审定意见书；不同意设立的，书面通知申请人并说明理由。

申请人持外商投资旅行社业务许可审定意见书、章程，合资、合作双方签订的合同向国务院商务主管部门提出设立外商投资企业的申请。国务院商务主管部门应当依照有关法律、法规的规定，作出批准或者不予批准的决定。予以批准的，颁发外商投资企业批准证书，并通知申请人向国务院旅游行政主管部门领取旅行社业务经营许可证，申请人持旅行社业务经营许可证和外商投资企业批准证书向工商行政管理部门办理设立登记；不予批准的，书面通知申请人并说明理由。

第二十三条　外商投资旅行社不得经营中国内地居民出国旅游业务以及赴香港特别行政区、澳门特别行政区和台湾地区旅游的业务，但是国务院决定或者我国签署的自由贸易协定和内地与香港、澳门关于建立更紧密经贸关系的安排另有规定的除外。

第四章　旅行社经营

第二十四条　旅行社向旅游者提供的旅游服务信息必须真实可靠，不得作虚假宣传。

第二十五条　经营出境旅游业务的旅行社不得组织旅游者到国务院旅游行政主管部门公布的中国公民出境旅游目的地之外的国家和地区旅游。

第二十六条　旅行社为旅游者安排或者介绍的旅游活动不得含有违反有关法律、法规规定的内容。

第二十七条　旅行社不得以低于旅游成本的报价招徕旅游者。未经旅游者同意，旅行社不得在旅游合同约定之外提供其他有偿服务。

第二十八条　旅行社为旅游者提供服务，应当与旅游者签订旅游合同并载明下列事项：

（一）旅行社的名称及其经营范围、地址、联系电话和旅行社业务经营许可证编号；

（二）旅行社经办人的姓名、联系电话；

（三）签约地点和日期；

（四）旅游行程的出发地、途经地和目的地；

（五）旅游行程中交通、住宿、餐饮服务安排及其标准；

（六）旅行社统一安排的游览项目的具体内容及时间；

（七）旅游者自由活动的时间和次数；

（八）旅游者应当交纳的旅游费用及交纳方式；

（九）旅行社安排的购物次数、停留时间及购物场所的名称；

（十）需要旅游者另行付费的游览项目及价格；

（十一）解除或者变更合同的条件和提前通知的期限；

（十二）违反合同的纠纷解决机制及应当承担的责任；

（十三）旅游服务监督、投诉电话；

（十四）双方协商一致的其他内容。

第二十九条　旅行社在与旅游者签订旅游合同时，应当对旅游合同的具体内容作出真实、准确、完整的说明。

旅行社和旅游者签订的旅游合同约定不明确或者对格式条款的理解发生争议的，应当按照通常理解予以解释；对格式条款有两种以上解释的，应当作出有利于旅游者的解释；格式条款和非格式条款不一致的，应当采用非格式条款。

第三十条　旅行社组织中国内地居民出境旅游的，应当为旅游团队安排领队全程陪同。

第三十一条　旅行社为接待旅游者委派的导游人员或者为组织旅游者出境旅游委派的领队人员，应当持有国家规定的导游证、领队证。

第三十二条　旅行社聘用导游人员、领队人员应当依法签订劳动合同，并向其支付不低于当地最低工资标准的报酬。

第三十三条　旅行社及其委派的导游人员和领队人员不得有下列行为：

（一）拒绝履行旅游合同约定的义务；

（二）非因不可抗力改变旅游合同安排的行程；

（三）欺骗、胁迫旅游者购物或者参加需要另行付费的游览项目。

第三十四条　旅行社不得要求导游人员和领队人员接待不支付接待和服务费用或者支付的费用低于接待和服务成本的旅游团队，不得要求导游人员和领队人员承担接待旅游团队的相关费用。

第三十五条　旅行社违反旅游合同约定，造成旅游者合法权益受到损害的，应当采取必要的补救措施，并及时报告旅游行政管理部门。

第三十六条　旅行社需要对旅游业务作出委托的，应当委托给具有相应资质的旅行社，征得旅游者的同意，并与接受委托的旅行社就接待旅游者的事宜签订委托合同，确定接待旅游者的各项服务安排及其标准，约定双方的权利、义务。

第三十七条　旅行社将旅游业务委托给其他旅行社的，应当向接受委托的旅行社支付不低于接待和服务成本的费用；接受委托的旅行社不得接待不支付或者不足额支付接待和服务费用的旅游团队。

接受委托的旅行社违约，造成旅游者合法权益受到损害的，作出委托的旅行社应当承担相应的赔偿责任。作出委托的旅行社赔偿后，可以向接受委托的旅行社追偿。

接受委托的旅行社故意或者由于重大过失造成旅游者合法权益损害的，应当承担连带责任。

第三十八条　旅行社应当投保旅行社责任保险。旅行社责任保险的具体方案由国务院旅游行政主管部门会同国务院保险监督管理机构另行制定。

第三十九条　旅行社对可能危及旅游者人身、财产安全的事项，应当向旅游者作出真实的说明和明确的警示，并采取防止危害发生的必要措施。

发生危及旅游者人身安全的情形的，旅行社及其委派的导游人员、领队人员应当采取必要的处置措施并及时报告旅游行政管理部门；在境外发生的，还应当及时报告中华人民共和国驻该国使领馆、相关驻外机构、当地警方。

第四十条　旅游者在境外滞留不归的，旅行社委派的领队人员应当及时向旅行社和中华人民共和国驻该国使领馆、相关驻外机构报告。旅行社接到报告后应当及时向旅游行政管理部门和公安机关报告，并协助提供非法滞留者的信息。

旅行社接待入境旅游发生旅游者非法滞留我国境内的，应当及时向旅游行政管理部门、公安机关和外事部门报告，并协助提供非法滞留者的信息。

第五章　监督检查

第四十一条　旅游、工商、价格、商务、外汇等有关部门应当依法加强对旅行社的监督管理，发现违法行为，应当及时予以处理。

第四十二条　旅游、工商、价格等行政管理部门应当及时向社会公告监督检查的情况。公告的内容包括旅行社业务经营许可证的颁发、变更、吊销、注销情况，旅行社的违法经营行为以及旅行社的诚信记录、旅游者投诉信息等。

第四十三条　旅行社损害旅游者合法权益的，旅游者可以向旅游行政管理部门、工商行政管理部门、价格主管部门、商务主管部门或者外汇管理部门投诉，接到投诉的部门应当按照其职责权限及时调查处理，并将调查处理的有关情况告知旅游者。

第四十四条　旅行社及其分社应当接受旅游行政管理部门对其旅游合同、服务质量、旅游安全、财务账簿等情况的监督检查，并按照国家有关规定向旅游行政管理部门报送经营和财务信息等统计资料。

第四十五条　旅游、工商、价格、商务、外汇等有关部门工作人员不得接受旅行社的任何馈赠，不得参加由旅行社支付费用的购物活动或者游览项目，不得通过旅行社为自己、亲友或者其他个人、组织牟取私利。

第六章　法律责任

第四十六条　违反本条例的规定，有下列情形之一的，由旅游行政管理部门或者工商行政管理部门责令改正，没收违法所得，违法所得 10 万元以上的，并处违法所得 1 倍以上 5 倍以下的罚款；违法所得不足 10 万元或者没有违法所得的，并处 10 万元以上 50 万元以下的罚款：

（一）未取得相应的旅行社业务经营许可，经营国内旅游业务、入境旅游业务、出境旅游业务的；

（二）分社的经营范围超出设立分社的旅行社的经营范围的；

（三）旅行社服务网点从事招徕、咨询以外的活动的。

第四十七条　旅行社转让、出租、出借旅行社业务经营许可证的，由旅游行政管理部门责令停业整顿 1 个月至 3 个月，并没收违法所得；情节严重的，吊销旅行社业务经营许可证。受让或者租借旅行社业务经营许可证的，由旅游行政管理部门或者工商行政管理部门责令停止非法经营，没收违法所得，并处 10 万元以上 50 万元以下的罚款。

第四十八条　违反本条例的规定，旅行社未在规定期限内向其质量保证金账户存入、增存、补足质量保证金或者提交相应的银行担保的，由旅游行政管理部门责令改正；拒不改正的，吊销旅行社业务经营许可证。

第四十九条　违反本条例的规定，旅行社不投保旅行社责任保险的，由旅游行政管理部门责令改正；拒不改正的，吊销旅行社业务经营许可证。

第五十条　违反本条例的规定，旅行社有下列情形之一的，由旅游行政管理部门责令改正；拒不改正的，处 1 万元以下的罚款：

（一）变更名称、经营场所、法定代表人等登记事项或者终止经营，未在规定期限内向原许可的旅游行政管理部门备案，换领或者交回旅行社业务经营许可证的；

（二）设立分社未在规定期限内向分社所在地旅游行政管理部门备案的；

（三）不按照国家有关规定向旅游行政管理部门报送经营和财务信息等统计资料的。

第五十一条　违反本条例的规定，外商投资旅行社经营中国内地居民出国旅游业务以及赴香港特别行政区、澳门特别行政区和台湾地区旅游业务，或者经营出境旅游业务的旅行社组织旅游者到国务院旅游行政主管部门公布的中国公民出境旅游目的地之外的国家和地区旅游的，由旅游行政管理部门责令改正，没收违法所得，违法所得 10 万元以上的，并处违法所得 1 倍以上 5 倍以下的罚款；违法所得不足 10 万元或者没有违法所得的，并处 10 万元以上 50 万元以下的罚款；情节严重的，吊销旅行社业务经营许可证。

第五十二条　违反本条例的规定，旅行社为旅游者安排或者介绍的旅游活动含有违反有关法律、法规规定的内容的，由旅游行政管理部门责令改正，没收违法所得，并处 2 万元以上 10 万元以下的罚款；情节严重的，吊销旅行社业务经营许可证。

第五十三条　违反本条例的规定，旅行社向旅游者提供的旅游服务信息含有虚假内容或者作虚假宣传的，由工商行政管理部门依法给予处罚。

违反本条例的规定，旅行社以低于旅游成本的报价招徕旅游者的，由价格主管部门依法给予处罚。

第五十四条　违反本条例的规定，旅行社未经旅游者同意在旅游合同约定之外提供其他有偿服务的，由旅游行政管理部门责令改正，处 1 万元以上 5 万元以下的罚款。

第五十五条　违反本条例的规定，旅行社有下列情形之一的，由旅游行政管理部门责令改正，处 2 万元以上 10 万元以下的罚款；情节严重的，责令停业整顿 1 个月至 3 个月：

（一）未与旅游者签订旅游合同；

（二）与旅游者签订的旅游合同未载明本条例第二十八条规定的事项；

（三）未取得旅游者同意，将旅游业务委托给其他旅行社；

（四）将旅游业务委托给不具有相应资质的旅行社；

（五）未与接受委托的旅行社就接待旅游者的事宜签订委托合同。

第五十六条　违反本条例的规定，旅行社组织中国内地居民出境旅游，不为旅游团队安排领队全程陪同的，由旅游行政管理部门责令改正，处 1 万元以上 5 万元以下的罚款；拒不改正的，责令停业整顿 1 个月至 3 个月。

第五十七条　违反本条例的规定，旅行社委派的导游人员和领队人员未持有国家规定的导游证或者领队证的，由旅游行政管理部门责令改正，对旅行社处 2 万元以上 10 万元以下的罚款。

第五十八条　违反本条例的规定，旅行社不向其聘用的导游人员、领队人员支付报酬，或者所支付的报酬低于当地最低工资标准的，按照《中华人民共和国劳动合同法》的有关规定处理。

第五十九条　违反本条例的规定，有下列情形之一的，对旅行社，由旅游行政管理部门或者工商行政管理部门责令改正，处 10 万元以上 50 万元以下的罚款；对导游人员、领队人员，由旅游行政管理部门责令改正，处 1 万元以上 5 万元以下的罚款；情节严重的，吊销旅行社业务经营许可证、导游证或者领队证：

（一）拒不履行旅游合同约定的义务的；

（二）非因不可抗力改变旅游合同安排的行程的；

（三）欺骗、胁迫旅游者购物或者参加需要另行付费的游览项目的。

第六十条　违反本条例的规定，旅行社要求导游人员和领队人员接待不支付接待和服务费用、支付的费用低于接待和服务成本的旅游团队，或者要求导游人员和领队人员承担接待旅游团队的相关费用的，由旅游行政管理部门责令改正，处 2 万元以上 10 万元以下的罚款。

第六十一条　旅行社违反旅游合同约定，造成旅游者合法权益受到损害，不采取必要的补救措施的，由旅游行政管理部门或者工商行政管理部门责令改正，处 1 万元以上 5 万元以下的罚款；情节严重的，由旅游行政管理部门吊销旅行社业务经营许可证。

第六十二条　违反本条例的规定，有下列情形之一的，由旅游行政管理部门责令改正，停业整顿 1 个月至 3 个月；情节严重的，吊销旅行社业务经营许可证：

（一）旅行社不向接受委托的旅行社支付接待和服务费用的；

（二）旅行社向接受委托的旅行社支付的费用低于接待和服务成本的；

（三）接受委托的旅行社接待不支付或者不足额支付接待和服务费用的旅游团队的。

第六十三条　违反本条例的规定，旅行社及其委派的导游人员、领队人员有下列情形之一的，由旅游行政管理部门责令改正，对旅行社处 2 万元以上 10 万元以下的罚款；对导游人员、领队人员处 4000 元以上 2 万元以下的罚款；情节严重的，责令旅行社停业整顿 1 个月至 3 个月，或者吊销旅行社业务经营许可证、导游证、领队证：

（一）发生危及旅游者人身安全的情形，未采取必要的处置措施并及时报告的；

（二）旅行社组织出境旅游的旅游者非法滞留境外，旅行社未及时报告并协助提供非法滞留者信息的；

（三）旅行社接待入境旅游的旅游者非法滞留境内，旅行社未及时报告并协助提供非法滞留者信息的。

第六十四条　因妨害国（边）境管理受到刑事处罚的，在刑罚执行完毕之日起五年内不得从事旅行社业务经营活动；旅行社被吊销旅行社业务经营许可的，其主要负责人在旅行社业务经营许可被吊销之日起五年内不得担任任何旅行社的主要负责人。

第六十五条　旅行社违反本条例的规定，损害旅游者合法权益的，应当承担相应的民事责任；构成犯罪的，依法追究刑事责任。

第六十六条　违反本条例的规定，旅游行政管理部门或者其他有关部门及其工作人员有下列情形之一的，对直接负责的主管人员和其他直接责任人员依法给予处分：

（一）发现违法行为不及时予以处理的；

（二）未及时公告对旅行社的监督检查情况的；

（三）未及时处理旅游者投诉并将调查处理的有关情况告知旅游者的；

（四）接受旅行社的馈赠的；

（五）参加由旅行社支付费用的购物活动或者游览项目的；

（六）通过旅行社为自己、亲友或者其他个人、组织牟取私利的。

第七章　附　　则

第六十七条　香港特别行政区、澳门特别行政区和台湾地区的投资者在内地投资设立的旅行社，参照适用本条例。

第六十八条　本条例自 2009 年 5 月 1 日起施行。1996 年 10 月 15 日国务院发布的《旅行社管理条例》同时废止。

附录2　导游人员管理条例

（国务院令第 263 号 1999 年 10 月 1 日起实行）

第一条　为了规范导游活动，保障旅游者和导游人员的合法权益，促进旅游业的健康发展，制定本条例。

第二条　本条例所称导游人员，是指依照本条例的规定取得导游证，接受旅行社委派，为旅游者提供向导、讲解及相关旅游服务的人员。

第三条　国家实行全国统一的导游人员资格考试制度。

具有高级中学、中等专业学校或者以上学历，身体健康，具有适应导游需要的基本知识和语言表达能力的中华人民共和国公民，可以参加导游人员资格考试；经考试合格的，由国务院旅游行政部门或者国务院旅游行政部门委托省、自治区、直辖市人民政府旅游行政部门颁发导游人员资格证书。

第四条　在中华人民共和国境内从事导游活动，必须取得导游证。

取得导游人员资格证书的，经与旅行社订立劳动合同或者在导游服务公司登记，方可持所订立的劳动合同或者登记证明材料，向省、自治区、直辖市人民政府旅游行政部门申请领取导游证。

具有特定语种语言能力的人员，虽未取得导游人员资格证书，旅行社需要聘请临时从事导游活动的，由旅行社向省、自治区、直辖市人民政府旅游行政部门申请领取临时导游证。

导游证和临时导游证的样式规格，由国务院旅游行政部门规定。

第五条　有下列情形之一的，不得颁发导游证：

（一）无民事行为能力或者限制民事行为能力的；

（二）患有传染性疾病的；

（三）受过刑事处罚的，过失犯罪的除外；

（四）被吊销导游证的。

第六条　省、自治区、直辖市人民政府旅游行政部门应当自收到申请领取导游证之日起 15 日内，颁发导游证；发现有本条例第五条规定情形，不予颁发导游证的，应当书面通知申请人。

第七条　导游人员应当不断提高自身业务素质和职业技能。

国家对导游人员实行等级考核制度。导游人员等级考核标准和考核办法，由国务院旅游行政部门制定。

第八条　导游人员进行导游活动时，应当佩戴导游证。

导游证的有效期限为 3 年。导游证持有人需要在有效期满后继续从事导游活动的，应当在有效期限届满 3 个月前，向省、自治区、直辖市人民政府旅游行政部门申请办理换发导游证手续。

临时导游证的有效期限最长不超过 3 个月，并不得展期。

第九条　导游人员进行导游活动，必须经旅行社委派。

导游人员不得私自承揽或者以其他任何方式直接承揽导游业务，进行导游活动。

第十条　导游人员进行导游活动时，其人格尊严应当受到尊重，其人身安全不受侵犯。

导游人员有权拒绝旅游者提出的侮辱其人格尊严或者违反其职业道德的不合理要求。

第十一条　导游人员进行导游活动时，应当自觉维护国家利益和民族尊严，不得有损害国家利益和民族尊严的言行。

　　第十二条　导游人员进行导游活动时，应当遵守职业道德，着装整洁，礼貌待人，尊重旅游者的宗教信仰、民族风俗和生活习惯。

　　导游人员进行导游活动时，应当向旅游者讲解旅游地点的人文和自然情况，介绍风土人情和习俗；但是，不得迎合个别旅游者的低级趣味，在讲解、介绍中掺杂庸俗下流的内容。

　　第十三条　导游人员应当严格按照旅行社确定的接待计划，安排旅游者的旅行、游览活动，不得擅自增加、减少旅游项目或者中止导游活动。

　　导游人员在引导旅游者旅行、游览过程中，遇有可能危及旅游者人身安全的紧急情形时，经征得多数旅游者的同意，可以调整或者变更接待计划，但是应当立即报告旅行社。

　　第十四条　导游人员在引导旅游者旅行、游览过程中，应当就可能发生危及旅游者人身、财物安全的情况，向旅游者作出真实说明和明确警示，并按照旅行社的要求采取防止危害发生的措施。

　　第十五条　导游人员进行导游活动，不得向旅游者兜售物品或者购买旅游者的物品，不得以明示或者暗示的方式向旅游者索要小费。

　　第十六条　导游人员进行导游活动，不得欺骗、胁迫旅游者消费或者与经营者串通欺骗、胁迫旅游者消费。

　　第十七条　旅游者对导游人员违反本条例规定的行为，有权向旅游行政部门投诉。

　　第十八条　无导游证进行导游活动的，由旅游行政部门责令改正并予以公告，处1000元以上3万元以下的罚款；有违法所得的，并处没收违法所得。

　　第十九条　导游人员未经旅行社委派，私自承揽或者以其他任何方式直接承揽导游业务，进行导游活动的，由旅游行政部门责令改正，处 1000 元以上 3 万元以下的罚款；有违法所得的，并处没收违法所得；情节严重的，由省、自治区、直辖市人民政府旅游行政部门吊销导游证并予以公告。

第二十条　导游人员进行导游活动时，有损害国家利益和民族尊严的言行的，由旅游行政部门责令改正；情节严重的，由省、自治区、直辖市人民政府旅游行政部门吊销导游证并予以公告；对该导游人员所在的旅行社给予警告直至责令停业整顿。

第二十一条　导游人员进行导游活动时未佩戴导游证的，由旅游行政部门责令改正；拒不改正的，处 500 元以下的罚款。

第二十二条　导游人员有下列情形之一的，由旅游行政部门责令改正，暂扣导游证 3 至 6 个月；情节严重的，由省、自治区、直辖市人民政府旅游行政部门吊销导游证并予以公告：

（一）擅自增加或者减少旅游项目的；

（二）擅自变更接待计划的；

（三）擅自中止导游活动的。

第二十三条　导游人员进行导游活动，向旅游者兜售物品或者购买旅游者的物品的，或者以明示或者暗示的方式向旅游者索要小费的，由旅游行政部门责令改正，处 1000 元以上 3 万元以下的罚款；有违法所得的，并处没收违法所得；情节严重的，由省、自治区、直辖市人民政府旅游行政部门吊销导游证并予以公告；对委派该导游人员的旅行社给予警告直至责令停业整顿。

第二十四条　导游人员进行导游活动，欺骗、胁迫旅游者消费或者与经营者串通欺骗、胁迫旅游者消费的，由旅游行政部门责令改正，处 1000 元以上 3 万元以下的罚款；有违法所得的，并处没收违法所得；情节严重的，由省、自治区、直辖市人民政府旅游行政部门吊销导游证并予以公告；对委派该导游人员的旅行社给予警告直至责令停业整顿；构成犯罪的，依法追究刑事责任。

第二十五条 旅游行政部门工作人员玩忽职守、滥用职权、徇私舞弊，构成犯罪的，依法追究刑事责任；尚不构成犯罪的，依法给予行政处分。

第二十六条 景点景区的导游人员管理办法，由省、自治区、直辖市人民政府参照本条例制定。

第二十七条 本条例自 1999 年 10 月 1 日起施行。1987 年 11 月 14 日国务院批准、1987 年 12 月 1 日国家旅游局发布的《导游人员管理暂行规定》同时废止。

附录 3　导游人员管理实施办法

（国家旅游局令第 15 号 2002 年 1 月 1 日起实施
国家旅游局令第 21 号 2005 年 6 月 3 日修订）

第一章　总　则

第一条　为了加强导游队伍建设，维护旅游市场秩序和旅游者的合法权益，依据《导游人员管理条例》和《旅行社管理条例》，制定本办法。

第二条　旅游行政管理部门对导游人员实行分级管理。

第三条　旅游行政管理部门对导游人员实行资格考试制度和等级考核制度。

第四条　旅游行政管理部门对导游人员实行计分管理制度和年度审核制度。

第二章　导游资格证和导游证

第五条　国家实行统一的导游人员资格考试制度。经考试合格者，方可取得导游资格证。

第六条　国务院旅游行政管理部门负责制定全国导游人员资格考试的政策、标准和对各地考试工作的监督管理。

省级旅游行政管理部门负责组织、实施本行政区域内导游人员资格考试工作。

直辖市、计划单列市、副省级城市负责本地区导游人员的考试工作。

  第七条　坚持考试和培训分开、培训自愿的原则，不得强迫考生参加培训。

  第八条　经考试合格的，由组织考试的旅游行政管理部门在考试结束之日起 30 个工作日内颁发导游人员资格证。

  获得资格证 3 年未从业的，资格证自动失效。

  第九条　获得导游人员资格证，并在一家旅行社或导游管理服务机构注册的，持劳动合同或导游管理服务机构登记证明材料向所在地旅游行政管理部门申请办理导游证。

  所在地旅游行政管理部门是指直辖市、计划单列市、副省级旅游行政管理部门以及有相应的导游规模、有相应的导游管理服务机构、有稳定的执法队伍的地市级以上旅游行政管理部门。

  第十条　取得导游人员资格证的人员申请办理导游证，须参加颁发导游证的旅游行政管理部门举办的岗前培训考核。

  第十一条　导游人员资格证和导游证由国务院旅游行政管理部门统一印制，在中华人民共和国全国范围内使用。

  任何单位不得另行颁发其他形式的导游证。

第三章　导游人员的计分管理

  第十二条　国家对导游人员实行计分管理。

  国务院旅游行政管理部门负责制定全国导游人员计分管理政策并组织实施、监督检查。

  省级旅游行政管理部门负责本行政区域内导游人员计分管理的组织实施和监督检查。

  所在地旅游行政管理部门在本行政区域内负责导游人员计分管理的具体执行。

  第十三条　导游人员计分办法实行年度 10 分制。

第十四条　导游人员在导游活动中有下列情形之一的，扣除 10 分：

（一）有损害国家利益和民族尊严的言行的；

（二）诱导或安排旅游者参加黄、赌、毒活动项目的；

（三）有殴打或谩骂旅游者行为的；

（四）欺骗、胁迫旅游者消费的；

（五）未通过年审继续从事导游业务的；

（六）因自身原因造成旅游团重大危害和损失的。

第十五条　导游人员在导游活动中有下列情形之一的，扣除 8 分：

（一）拒绝、逃避检查，或者欺骗检查人员的；

（二）擅自增加或者减少旅游项目的；

（三）擅自终止导游活动的；

（四）讲解中掺杂庸俗、下流、迷信内容的；

（五）未经旅行社委派私自承揽或者以其他任何方式直接承揽导游业务的。

第十六条　导游人员在导游活动中有下列情形之一的，扣除 6 分：

（一）向旅游者兜售物品或购买旅游者物品的；

（二）以明示或者暗示的方式向旅游者索要小费的；

（三）因自身原因漏接漏送或误接误送旅游团的；

（四）讲解质量差或不讲解的；

（五）私自转借导游证供他人使用的；

（六）发生重大安全事故不积极配合有关部门救助的。

第十七条　导游人员在导游活动中有下列情形之一的，扣除 4 分：

（一）私自带人随团游览的；

（二）无故不随团活动的；

（三）在导游活动中未佩戴导游证或未携带计分卡；

（四）不尊重旅游者宗教信仰和民族风俗。

第十八条 导游人员在导游活动中有下列情形之一的，扣除 2 分：

（一）未按规定时间到岗的；

（二）10 人以上团队未打接待社社旗的；

（三）未携带正规接待计划；

（四）接站未出示旅行社标识的；

（五）仪表、着装不整洁的；

（六）讲解中吸烟、吃东西的。

第十九条 导游人员 10 分分值被扣完后，由最后扣分的旅游行政执法单位暂时保留其导游证，并出具保留导游证证明，并于 10 日内通报导游人员所在地旅游行政管理部门和登记注册单位。正在带团过程中的导游人员，可持旅游执法单位出具的保留证明完成团队剩余行程。

第二十条 对导游人员的违法、违规行为除扣减其相应分值外，依法应予处罚的，依据有关法律给予处罚。

导游人员通过年审后，年审单位应核销其遗留分值，重新输入初始分值。

第二十一条 旅游行政执法人员玩忽职守、不按照规定随意进行扣分或处罚的，由上级旅游行政管理部门提出批评和通报，本级旅游行政管理部门给予行政处分。

第四章 导游人员的年审管理

第二十二条 国家对导游人员实行年度审核制度。导游人员必须参加年审。

国务院旅游行政管理部门负责制定全国导游人员年审工作政策，组织实施并监督检查。

省级旅游行政管理部门负责组织、指导本行政区域内导游人员年审工作并监督检查。

所在地旅游行政管理部门具体负责组织实施对导游人员的年审工作。

第二十三条　年审以考评为主,考评的内容应包括:当年从事导游业务情况、扣分情况、接受行政处罚情况、游客反映情况等。考评等级为通过年审、暂缓通过年审和不予通过年审三种。

第二十四条　一次扣分达到 10 分,不予通过年审。

累计扣分达到 10 分的,暂缓通过年审。

一次被扣 8 分的,全行业通报。

一次被扣 6 分的,警告批评。

暂缓通过年审的,通过培训和整改后,方可重新上岗。

第二十五条　导游人员必须参加所在地旅游行政管理部门举办的年审培训。培训时间应根据导游业务需要灵活安排。每年累计培训时间不得少于 56 小时。

第二十六条　旅行社或导游管理服务机构应为注册的导游人员建立档案,对导游人员进行工作培训和指导,建立对导游人员工作情况的检查、考核和奖惩的内部管理机制,接受并处理对导游人员的投诉,负责对导游人员年审的初评。

第五章　导游人员的等级考核

第二十七条　国家对导游人员实行等级考核制度。导游人员分为初级、中级、高级、特级四个等级。

第二十八条　国家旅游局组织设立全国导游人员等级考核评定委员会。全国导游人员等级考核评定委员会负责全国导游人员等级考核评定工作的组织实施。

省、自治区、直辖市和新疆生产建设兵团旅游行政部门组织设立导游人员等级考核评定办公室，在全国导游人员等级考核评定委员会的授权和指导下开展相应的工作。

第二十九条　参加省部级以上单位组织的导游技能大赛获得最佳名次的导游人员，报全国导游人员等级考核评定委员会批准后，可晋升一级导游人员等级。一人多次获奖只能晋级一次，晋升的最高等级为高级。

第六章　附　　则

第三十条　本办法自 2002 年 1 月 1 日起施行。

第三十一条　本办法由国家旅游局负责解释。

附录 4　旅游投诉处理办法

（国家旅游局令第 32 号 2010 年 7 月 1 日起施行）

第一章　总　则

第一条　为了维护旅游者和旅游经营者的合法权益，依法公正处理旅游投诉，依据《中华人民共和国消费者权益保护法》、《旅行社条例》、《导游人员管理条例》和《中国公民出国旅游管理办法》等法律、法规，制定本办法。

第二条　本办法所称旅游投诉，是指旅游者认为旅游经营者损害其合法权益，请求旅游行政管理部门、旅游质量监督管理机构或者旅游执法机构（以下统称"旅游投诉处理机构"），对双方发生的民事争议进行处理的行为。

第三条　旅游投诉处理机构应当在其职责范围内处理旅游投诉。

地方各级旅游行政主管部门应当在本级人民政府的领导下，建立、健全相关行政管理部门共同处理旅游投诉的工作机制。

第四条　旅游投诉处理机构在处理旅游投诉中，发现被投诉人或者其从业人员有违法或犯罪行为的，应当按照法律、法规和规章的规定，作出行政处罚、向有关行政管理部门提出行政处罚建议或者移送司法机关。

第二章　管　辖

第五条　旅游投诉由旅游合同签订地或者被投诉人所在地

县级以上地方旅游投诉处理机构管辖。

需要立即制止、纠正被投诉人的损害行为的，应当由损害行为发生地旅游投诉处理机构管辖。

第六条 上级旅游投诉处理机构有权处理下级旅游投诉处理机构管辖的投诉案件。

第七条 发生管辖争议的，旅游投诉处理机构可以协商确定，或者报请共同的上级旅游投诉处理机构指定管辖。

第三章 受 理

第八条 投诉人可以就下列事项向旅游投诉处理机构投诉：

（一）认为旅游经营者违反合同约定的；

（二）因旅游经营者的责任致使投诉人人身、财产受到损害的；

（三）因不可抗力、意外事故致使旅游合同不能履行或者不能完全履行，投诉人与被投诉人发生争议的；

（四）其他损害旅游者合法权益的。

第九条 下列情形不予受理：

（一）人民法院、仲裁机构、其他行政管理部门或者社会调解机构已经受理或者处理的；

（二）旅游投诉处理机构已经作出处理，且没有新情况、新理由的；

（三）不属于旅游投诉处理机构职责范围或者管辖范围的；

（四）超过旅游合同结束之日 90 天的；

（五）不符合本办法第十条规定的旅游投诉条件的；

（六）本办法规定情形之外的其他经济纠纷。

属于前款第（三）项规定的情形的，旅游投诉处理机构应当及时告知投诉人向有管辖权的旅游投诉处理机构或者有关行政管理部门投诉。

第十条　旅游投诉应当符合下列条件：

（一）投诉人与投诉事项有直接利害关系；

（二）有明确的被投诉人、具体的投诉请求、事实和理由。

第十一条　旅游投诉一般应当采取书面形式，一式两份，并载明下列事项：

（一）投诉人的姓名、性别、国籍、通讯地址、邮政编码、联系电话及投诉日期；

（二）被投诉人的名称、所在地；

（三）投诉的要求、理由及相关的事实根据。

第十二条　投诉事项比较简单的，投诉人可以口头投诉，由旅游投诉处理机构进行记录或者登记，并告知被投诉人；对于不符合受理条件的投诉，旅游投诉处理机构可以口头告知投诉人不予受理及其理由，并进行记录或者登记。

第十三条　投诉人委托代理人进行投诉活动的，应当向旅游投诉处理机构提交授权委托书，并载明委托权限。

第十四条　投诉人4人以上，以同一事由投诉同一被投诉人的，为共同投诉。

共同投诉可以由投诉人推选1至3名代表进行投诉。代表人参加旅游投诉处理机构处理投诉过程的行为，对全体投诉人发生效力，但代表人变更、放弃投诉请求或者进行和解，应当经全体投诉人同意。

第十五条　旅游投诉处理机构接到投诉，应当在5个工作日内作出以下处理：

（一）投诉符合本办法的，予以受理；

（二）投诉不符合本办法的，应当向投诉人送达《旅游投诉不予受理通知书》，告知不予受理的理由；

（三）依照有关法律、法规和本办法规定，本机构无管辖权的，应当以《旅游投诉转办通知书》或者《旅游投诉转办函》，将投诉材料转交有管辖权的旅游投诉处理机构或者其他有关行政管理部门，并书面告知投诉人。

第四章　处　理

第十六条　旅游投诉处理机构处理旅游投诉，除本办法另有规定外，实行调解制度。

旅游投诉处理机构应当在查明事实的基础上，遵循自愿、合法的原则进行调解，促使投诉人与被投诉人相互谅解，达成协议。

第十七条　旅游投诉处理机构处理旅游投诉，应当立案办理，填写《旅游投诉立案表》，并附有关投诉材料，在受理投诉之日起 5 个工作日内，将《旅游投诉受理通知书》和投诉书副本送达被投诉人。

对于事实清楚、应当即时制止或者纠正被投诉人损害行为的，可以不填写《旅游投诉立案表》和向被投诉人送达《旅游投诉受理通知书》，但应当对处理情况进行记录存档。

第十八条　被投诉人应当在接到通知之日起 10 日内作出书面答复，提出答辩的事实、理由和证据。

第十九条　投诉人和被投诉人应当对自己的投诉或者答辩提供证据。

第二十条　旅游投诉处理机构应当对双方当事人提出的事实、理由及证据进行审查。

旅游投诉处理机构认为有必要收集新的证据，可以根据有关法律、法规的规定，自行收集或者召集有关当事人进行调查。

第二十一条　需要委托其他旅游投诉处理机构协助调查、取证的，应当出具《旅游投诉调查取证委托书》，受委托的旅游投诉处理机构应当予以协助。

第二十二条　对专门性事项需要鉴定或者检测的，可以由当事人双方约定的鉴定或者检测部门鉴定。没有约定的，当事人一方可以自行向法定鉴定或者检测机构申请鉴定或者检测。

鉴定、检测费用按双方约定承担。没有约定的，由鉴定、检测申请方先行承担；达成调解协议后，按调解协议承担。

鉴定、检测的时间不计入投诉处理时间。

第二十三条 在投诉处理过程中，投诉人与被投诉人自行和解的，应当将和解结果告知旅游投诉处理机构；旅游投诉处理机构在核实后应当予以记录并由双方当事人、投诉处理人员签名或者盖章。

第二十四条 旅游投诉处理机构受理投诉后，应当积极安排当事双方进行调解，提出调解方案，促成双方达成调解协议。

第二十五条 旅游投诉处理机构应当在受理旅游投诉之日起 60 日内，作出以下处理：

（一）双方达成调解协议的，应当制作《旅游投诉调解书》，载明投诉请求、查明的事实、处理过程和调解结果，由当事人双方签字并加盖旅游投诉处理机构印章；

（二）调解不成的，终止调解，旅游投诉处理机构应当向双方当事人出具《旅游投诉终止调解书》。

调解不成的，或者调解书生效后没有执行的，投诉人可以按照国家法律、法规的规定，向仲裁机构申请仲裁或者向人民法院提起诉讼。

第二十六条 在下列情形下，经旅游投诉处理机构调解，投诉人与旅行社不能达成调解协议的，旅游投诉处理机构应当做出划拨旅行社质量保证金赔偿的决定，或向旅游行政管理部门提出划拨旅行社质量保证金的建议：

（一）旅行社因解散、破产或者其他原因造成旅游者预交旅游费用损失的；

（二）因旅行社中止履行旅游合同义务、造成旅游者滞留，而实际发生了交通、食宿或返程等必要及合理费用的。

第二十七条　旅游投诉处理机构应当每季度公布旅游者的投诉信息。

第二十八条　旅游投诉处理机构应当使用统一规范的旅游投诉处理信息系统。

第二十九条　旅游投诉处理机构应当为受理的投诉制作档案并妥善保管相关资料。

第三十条　本办法中有关文书式样，由国家旅游局统一制定。

第五章　附　则

第三十一条　本办法由国家旅游局负责解释。

第三十二条　本办法自 2010 年 7 月 1 日起施行。《旅行社质量保证金暂行规定》、《旅行社质量保证金暂行规定实施细则》、《旅行社质量保证金赔偿暂行办法》同时废止。

附录5　西藏自治区旅游条例

（2002 年 7 月 26 日西藏自治区第七届人民代表大会常务委员会第二十七次会议通过 2010 年 9 月 29 日西藏自治区第九届人民代表大会常务委员会第十八次会议修订 2010 年 9 月 29 日西藏自治区第九届人民代表大会常务委员会公告 ［2010］ 第 10 号公布 自 2011 年 1 月 1 日起施行）

第一章　总　　则

第一条　为了促进旅游产业发展，合理开发和保护旅游资源，规范旅游市场秩序，维护旅游者、旅游经营者和旅游从业人员的合法权益，根据有关法律、法规，结合自治区实际，制定本条例。

第二条　在自治区行政区域内制定旅游产业发展规划，保护与开发旅游资源，实施旅游管理，建设旅游设施，从事旅游经营，进行旅游活动的单位和个人，应当遵守本条例。

第三条　自治区应当制定扶持旅游产业发展政策，改善旅游产业发展环境，鼓励发展特色旅游产业，开发特色旅游项目，提升旅游产品品牌，培育旅游市场主体，促进旅游产业发展。

第四条　发展旅游产业应当坚持政府主导、社会参与、市场运作、行业自律和旅游惠民的原则。

第五条　开发旅游资源应当坚持统一规划，突出特色，合理利用，科学保护和可持续发展，坚持经济效益、社会效益和生态效益相统一。

第六条　自治区人民政府应当加强对全区旅游工作的领导，把旅游产业发展纳入国民经济和社会发展规划。

市（地）、县级人民政府应当根据自治区的旅游发展总体规划，因地制宜制定本行政区域的旅游发展规划。

县级以上人民政府应当加强旅游基础设施建设，建立和完善旅游公共服务配套设施。

第七条　自治区人民政府应当加大对旅游产业的资金投入力度，将旅游产业发展所需经费列入年度财政预算。

市（地）、县级人民政府应当根据旅游产业发展的需要，加大对旅游产业的资金投入，并纳入同级人民政府年度财政预算。

第八条　县级以上人民政府市政建设项目和重点项目的规划编制和方案设计，应当统筹兼顾旅游产业发展。

第九条　县级以上人民政府旅游主管部门负责本行政区域内旅游发展规划编制、旅游产业发展的组织协调、旅游行政执法、旅游安全检查和旅游行业的监督指导。

第十条　县级以上人民政府有关部门应当按照各自职责，保障和促进旅游产业的健康发展。

第十一条　旅游行业协会应当建立和完善行业自律制度，规范行业行为；推动行业诚信建设，建立行业诚信档案；开展旅游产品和服务质量咨询服务，组织有关业务培训；协助政府规范行业秩序，营造良好的市场环境。

第十二条　各级人民政府及其有关部门应当对促进旅游产业发展作出突出贡献的单位和个人给予表彰和奖励。

第二章　促进与发展

第十三条　县级以上人民政府应当对本区域自然旅游资源和人文旅游资源进行整合、统筹、规划，将旅游资源优势转化为旅游产品优势和经济优势，促进旅游产业发展。

第十四条　县级以上人民政府旅游主管部门编制旅游发展规划应当符合土地利用规划、城乡建设规划，与自然保护区、风景名胜区、文物保护等规划相协调。有关部门编制其他有关规划应当统筹旅游功能，兼顾旅游发展。

旅游发展规划，经自治区人民政府旅游主管部门评审后，报本级人民政府批准。经批准的旅游发展规划不得擅自变更；确需变更的，应当经原评审机关同意后，报本级人民政府批准。

第十五条　县级以上人民政府及其相关部门应当做好世界文化遗产、世界自然遗产、世界非物质文化遗产、国家级风景名胜区、国家地质公园、国家森林公园、国家湿地公园、国家A级景区（点）、中国历史文化名城、爱国主义教育示范基地、重点文物保护单位等旅游资源的保护和申报工作，不断提升旅游资源品牌效益和价值。

第十六条　县级以上人民政府应当根据当地的旅游资源、地方特色和传统文化发展旅游产业，开发旅游产品，促进文化产业与旅游产业的有机结合，丰富旅游文化内涵。

第十七条　自治区鼓励符合条件的企业和个人参与旅游投资、开发、建设和经营。

开发、建设和经营旅游景区（点）、旅游饭店（宾馆）、旅游客运、旅游商品以及从事民族文化旅游、观光旅游和专项旅游的，享受自治区人民政府规定的相应优惠政策。

第十八条　县级以上人民政府应当引导、扶持开发具有地方特色的旅游商品，建立旅游商品生产加工基地，形成开发、生产、销售等综合配套的旅游商品市场体系。

第十九条　县级以上人民政府应当采取小额信贷、贷款贴息等优惠措施，鼓励农牧民以多种形式参与旅游业，扶持农牧民开发具有当地特点的旅游项目，大力发展乡村旅游业。

第二十条　自治区人民政府、各市（地）人民政府和旅游资源富集县（市、区）应当根据旅游发展需要，设立旅游发展专项资金和旅游宣传促销资金。

旅游发展专项资金主要用于旅游规划编制、旅游基础设施建设、旅游景区（点）开发、旅游市场开发、旅游信息化建设和发展乡村旅游。

旅游宣传促销资金主要用于整体旅游形象宣传、区域性旅游宣传促销和客源市场拓展。

第二十一条　自治区人民政府旅游主管部门应当会同相关部门建立旅游联合宣传机制，加大旅游促销宣传力度，树立世界屋脊、神奇西藏旅游主题形象，提高知名度。

第二十二条　县级以上人民政府旅游主管部门应当建立资源信息库，加强旅游信息网络平台建设，实行公共信息资源共享；在公共交通枢纽、旅游集散地、A 级旅游景区（点）建立公益性旅游信息咨询站点，及时发布旅游资源开发、旅游饭店（宾馆）、旅游景区（点）、旅行社、导游人员、旅游交通、旅游警示、餐饮娱乐、服务价格等旅游市场相关信息；对旅游者和投资、经营旅游项目的单位、个人提供咨询服务。

第二十三条　县级以上人民政府及其有关部门应当在国家A 级旅游景区（点）建立和完善购物、通讯、邮政、医疗和环保等设施。除国家 A 级旅游景区（点）以外的旅游景区（点），应当逐步建立和完善公共服务设施。

第二十四条　自治区道路交通设施建设，应当统筹安排旅游景区（点）交通干线、停车场、公共卫生、观景台等旅游服务设施的配套建设。

县级以上人民政府应当根据旅游发展规划，在城市道路、公共交通枢纽和旅游线路设置标准化的旅游交通标示牌和景区（点）指示牌。

　　第二十五条　自治区人民政府应当加强与铁路、民航等运输部门的协调工作，确保运力与旅游产业发展相适应。

　　铁路、民航、公路等运输部门应当根据自治区旅游产业发展的需求，合理安排运力和服务网点，为旅游经营者、旅游者提供方便、快捷、优质的服务。

　　第二十六条　自治区应当制定旅游人力资源开发规划，加强旅游人才的培养。制定优惠政策，引进旅游专业人才，促进旅游产业发展。

　　县级以上人民政府应当鼓励旅游专业学校毕业生从事旅游工作。

　　旅游企业应当积极吸纳旅游专业人才。

第三章　开发与保护

　　第二十七条　自治区开发旅游资源应当符合旅游发展规划，坚持开发与保护并重，坚持可持续发展。

　　自治区鼓励开发具有地方特色的旅游产品。

　　第二十八条　县级以上人民政府旅游主管部门应当会同有关部门对本行政区域内的旅游资源进行普查、登记和评估。建立旅游资源档案，指导旅游资源开发和保护。

　　第二十九条　开发经营以自然资源为主的旅游景区（点），应当加强对自然资源和环境的保护，保持其自然状态或者历史原貌，保障自然资源的可持续利用。

　　开发经营以人文资源为主的旅游景区（点），应当保持其地方特色和历史文化风貌。

　　重点旅游城镇的新区规划和旧区改造，其建筑规模和风格应当与其地方特色、历史风貌和周围景观相协调。

　　第三十条　县级以上人民政府及其有关部门应当对具有重要历史、文化、艺术、生态价值的旅游景区（点）实行科学管理，控制游客流量，并向社会公布。

旅游经营者应当根据旅游景区（点）的环境承载能力，合理安排游客流量，确保旅游者安全。

第三十一条　任何单位和个人都有保护旅游资源和设施的义务，不得在旅游景区（点）规划范围内从事采矿、挖沙、开荒、捕猎、砍伐树木、采挖药材、排放污染物等影响旅游环境、破坏旅游资源和旅游公共设施的活动。

第四章　经营与规范

第三十二条　国有旅游资源的所有权和部分经营权可以适当分离。

国有旅游资源的经营权不得整体性出让、转让。旅游景区（点）内的交通、餐饮、住宿、商品销售、娱乐、摄影摄像、户外广告和游客服务等项目的经营权可以依法出让、转让。

出让、转让的国有旅游资源经营权，应当通过租赁、承包、竞买和其他法定形式依法出让、转让给法人、其他组织和个人。

第三十三条　取得国有旅游资源经营权的法人、其他组织和个人，应当办理相关手续。

第三十四条　取得国有旅游资源经营权的法人、其他组织和个人，应当接受当地人民政府或者旅游资源景区（点）管理委员会的监督管理。

第三十五条　设立旅行社，应当在取得自治区人民政府旅游主管部门的经营许可证后，方可办理工商营业执照。

从事旅游自驾经营、旅游饭店（宾馆）、旅游资源开发、旅游商品等业务的经营者应当向县级以上人民政府旅游主管部门备案后，方可办理工商营业执照。

第三十六条　从事旅游经营活动应当依法取得经营资质，按照核准的经营范围开展旅游经营活动。未取得相应资质的，不得从事或者变相从事旅游经营活动。

依法取得旅游经营资质的经营者不得转让或者出租、出借经营许可证。

第三十七条 旅游经营者应当公开服务项目和收费标准，提供真实、准确的旅游服务信息，按照合同约定或者行业标准提供服务。

旅游经营者应当对所销售的商品明码标价，注明商品品名、产地、规格、等级及计价单位。

第三十八条 旅行社应当办理旅行社责任险。

旅行社应当与所接待的旅游者签订书面旅游合同，明确双方的权利义务。

书面旅游合同的标准文本由自治区人民政府旅游主管部门制定。

第三十九条 旅游经营者应当按照有关规定，制定旅游突发事件应急预案、组织演练；配备专门的安全管理人员，进行培训；配置安全设备和设施，保证设备、设施正常运转和使用。

第四十条 旅游经营者应当向所接待的旅游者告知高原旅游安全知识，协助提供医疗救助。

第四十一条 发生旅游安全事故，旅游经营者和从业人员应当及时采取措施予以处理，并向所在地人民政府及其旅游主管部门报告。

第四十二条 旅游经营者及其从业人员不得有下列行为：

（一）散布谣言，损害国家荣誉，扰乱社会秩序和稳定；

（二）伤害民族感情，破坏民族团结，危害社会公德；

（三）侵害民族风俗习惯、损害民族文化传统；

（四）宣扬邪教、迷信；

（五）纠缠、胁迫、诱骗旅游者购买商品、接受服务；

（六）向旅游者索取合同约定以外的费用；

（七）制作、发布虚假旅游信息，对服务范围、内容、标准等作虚假宣传；

（八）擅自改变旅游合同，增加、减少旅游项目或者中止服务；

（九）提供质价不符的服务；

（十）法律、法规规定的其他行为。

第四十三条　依法取得导游资格证的人员，应当参加自治区人民政府旅游主管部门定期组织的培训，经考核合格，方可从事导游活动。

第四十四条　导游公司或者旅行社应当依照《导游人员管理条例》管理导游人员，并对所委派导游人员的职业行为负责。

导游人员从事导游活动应当经旅行社或者导游公司委派，导游人员不得擅自承揽导游业务、从事导游活动。

第四十五条　A 级景区（点）应当设立专职讲解人员，为旅游者提供讲解服务。专职讲解人员应当经有关部门培训、考核合格，方可在本景区（点）从事讲解活动。

第四十六条　导游人员、专职讲解人员提供讲解服务时，应当尊重历史和事实，维护国家统一和民族团结；应当遵守职业道德、举止文明、语言规范。

第四十七条　旅行社聘用或者临时聘用导游人员应当依法与其订立劳动合同，支付不低于当地最低工资标准的劳动报酬，并缴纳社会保险费用。

旅行社不得聘用未取得导游资格证的人员从事导游活动。

第四十八条　旅游客运企业应当依法取得道路运输经营许可证。加强旅游客运车辆安全检查和从业人员职业教育、管理。

旅游客运车辆应当取得道路运输经营许可证。

驾驶旅游客运车辆的人员应当取得旅游客运驾驶人员从业资格证。

第四十九条　旅行社和旅游者应当租用取得道路运输经营许可证的车辆，并签订书面合同。合同应当明确规定运输安全、运输工具、运输线路、运输时间、运输费用及违约责任等内容。

第五十条　旅游饭店（宾馆）、家庭旅馆、旅游景区（点）应当按照规定的服务标准提供服务。未取得星级称谓的，不得擅自使用星级称谓或者近似称谓。

第五十一条　旅行社、导游人员不得强制旅游者到指定地点购买商品或者强制购买指定商品。

旅游者在旅行社安排的购物场所购买了假冒伪劣或者失效变质的商品要求退货的，旅行社应当根据旅游者出具的购物凭证协助退货。

第五十二条　旅游者应当尊重当地风俗习惯和他人的宗教信仰，自觉保护旅游资源和生态环境，遵守旅游公共秩序，爱护旅游设施、设备。

第五章　管理与服务

第五十三条　自治区人民政府应当建立旅游产业综合管理机制和旅游产业发展协调机制，定期召开联席会议，研究旅游产业发展的政策措施，指导、协调和解决旅游产业发展中的重大问题。

市（地）、县级人民政府应当根据旅游产业发展的需要，建立旅游工作协调机制，做好指导、协调和服务工作。

第五十四条　县级以上人民政府应当建立旅游突发事件应急救援体系、旅游风险预警机制，制定旅游突发事件应急预案，提高突发事件应急救援能力。

第五十五条　县级以上人民政府旅游主管部门应当建立和完善对旅游行业和旅游从业人员的监督管理体系，加强对旅游行业和旅游从业人员的监督管理。

从事旅游客运、旅游景区（点）、购物点、餐饮、住宿、娱乐场所等与旅游有关的经营活动，应当接受县级以上人民政府旅游、公安、交通、工商、价格等部门的监督、管理和指导。

第五十六条　自治区人民政府旅游主管部门以及工商、卫生和质量技术监督等部门应当按照国家标准和行业标准，制定旅游设施与服务的地方标准，并鼓励旅游经营者制定优于国家、行业、地方的服务标准和质量标准。

第五十七条　县级以上人民政府旅游主管部门及有关部门为旅游者办理有关旅行手续时，不得收取任何费用。

第五十八条　县级以上人民政府旅游主管部门应当建立和完善旅游职业技能和从业人员培训机制，整合旅游培训资源，组织旅游行政管理人员和从业人员进行培训，引导、培训农牧民参与乡村旅游经营。

第五十九条　县级以上人民政府旅游主管部门应当会同公安、工商、交通、价格等部门建立和完善旅游投诉机制。

第六十条　旅游景区（点）、旅游饭店（宾馆）、旅游车（船）等旅游场所应当标示投诉电话，设置举报信箱，并向社会公布。

第六十一条　依托国家自然资源或人文资源，投资兴建的旅游景区（点）的门票价格，实行政府定价或者政府指导价；非依托国家自然资源或人文资源，商业性投资兴建的人造景观门票价格，实行市场调节价。

县级以上人民政府有关部门管理的公共博物馆、纪念馆和爱国主义教育示范基地，应当向社会免费开放。

第六十二条　国家 AAAA 级以上的旅游景区（点）和国家级文物景区（点）的门票价格，由自治区人民政府价格部门制定或者调整，经自治区人民政府批准，并向社会公布，价格自公布之日起 3 个月后执行。

除国家 AAAA 级以上的旅游景区（点）和国家级文物景区（点）以外的其他景区（点）的门票价格，由景区（点）所在市（地）人民政府价格部门制定或者调整，经市（地）人民政府批准，报自治区人民政府价格部门备案，并向社会公布，价格自公布之日起 3 个月后执行。

第六十三条　人民政府价格部门制定或者调整旅游景区（点）的门票价格，应当举行听证会，并向社会公布。

第六十四条　旅游景区（点）内旅游项目的价格，应当由经营者报所在地县级以上人民政府价格部门批准。

第六十五条　未经价格部门批准，旅游经营者不得擅自制定或者调整旅游景区（点）门票和旅游景区（点）内旅游项目的价格。

第六十六条　旅游景区（点）门票价格和旅游景区（点）内旅游项目的价格应当实行明码标价。

旅游景区（点）可以实行淡、旺季门票价格。

旅游景区（点）应当对现役军人、老年人、残疾人、学生等特定对象减、免门票价格。自治区对减、免门票另有规定的，从其规定。

除由价格部门统一规定的门票价格减免优惠外，旅游景区（点）对旅行社等团购门票实行的价格优惠率不得超过 20%。

第六十七条　出让、转让国有旅游资源经营权的，应当经评估后，按照公开、公平、公正的原则，依法进行招标投标。

第六十八条　取得国有旅游资源经营权的，应当与国有旅游资源所在地的县级以上人民政府签订书面合同，明确投资规模、投资期限、建设标准、开发进度、经营期限、环保措施等主要内容。

第六十九条　取得国有旅游资源经营权的，应当按照规划和合同进行开发、建设、经营，保障国有旅游资源保值、增值，不得侵害国家、集体或者个人的利益。

取得的国有旅游资源经营权受法律保护，任何单位和个人不得侵害其合法权益。

第七十条　县级以上人民政府可以在有条件的重点旅游景区（点）设立管理委员会，进行统一管理。

旅游景区（点）管理委员会的职责由县级以上人民政府制定。

第六章　监督检查

第七十一条　县级以上人民政府应当建立旅游市场综合治理机制，整合执法资源，开展旅游市场综合执法检查工作。

县级以上人民政府旅游主管部门应当会同有关部门组织执法检查，定期或者不定期对落实旅游产业发展政策和规划、开发利用旅游资源、规范旅游市场秩序、提供公共服务以及保障旅游安全、引导农牧民参与旅游经营等情况进行监督检查。

第七十二条　县级以上人民政府或者旅游主管部门开展执法检查时，应当有两名以上具有行政执法资格的人员参加，并出示执法证件。

执法人员应当公正、文明执法，不得影响旅游经营者的正常经营活动；应当记录检查内容，并经被检查人员签字后存档。

第七十三条　被检查的单位和个人应当配合县级以上人民政府联合执法或者旅游主管部门的执法检查工作；需要提供相应材料的，应当提供真实、完整的材料。

第七十四条　县级以上人民政府旅游主管部门应当建立旅游经营者信誉档案，并向社会公布旅游经营者经营情况信息。

第七十五条　县级以上人民政府旅游主管部门及有关部门的工作人员不得有下列行为：

（一）利用职务之便谋取利益；

（二）擅自收取费用；

（三）对他人举报的违法行为不受理、不办理，拖延、推诿；

（四）法律、法规规定的其他行为。

第七十六条　任何单位和个人对旅游执法人员的违法行为可以进行检举和控告；收到检举和控告的机关应当及时处理。

第七十七条　县级以上人民政府旅游、公安、工商、交通、价格等部门应当自接到旅游投诉后 24 小时内作出是否受理的决定。予以受理的，及时通知投诉者；不予受理的应当告知投诉人并说明理由。

投诉内容不属于本部门职责范围的，应当及时转送有关部门或者告知投诉者向有关部门投诉。

第七章　法律责任

第七十八条　违反本条例第三十一条规定的，由县级以上人民政府旅游主管部门或者其他相关部门责令其停止违法行为，限期改正；有违法所得的，没收违法所得；情节严重的，对个人处以 500 元以上 1000 元以下的罚款，对单位处以 5000 元以上 2 万元以下的罚款。

第七十九条　违反本条例第三十六条第一款规定的，由县级以上人民政府旅游主管部门或者工商行政部门责令改正，有违法所得的，没收违法所得，并处以 10 万元以上 50 万元以下的罚款。

违反本条例第三十六条第二款规定的，由县级以上人民政府旅游主管部门责令改正，有违法所得的，没收违法所得，并处以 2 万元以上 10 万元以下的罚款。

第八十条　违反本条例第三十九条规定，旅游经营者的旅游安全设施设备不能正常运转、使用的，由县级以上人民政府旅游主管部门责令限期改正；逾期不改的，责令停止经营，并处以 5000 元以上 2 万元以下的罚款。

第八十一条　旅游经营者违反本条例第四十二条规定的，由县级以上人民政府旅游主管部门或者有关主管部门责令改正，有违法所得的，没收违法所得，并处以 5 万元以上 10 万元以下的罚款；情节严重的，吊销旅游经营许可证。

旅游从业人员违反本条例第四十二条规定的，由县级以上人民政府旅游主管部门责令改正，有违法所得的，没收违法所得，并处以 5000 元以上 1 万元以下的罚款，暂扣导游证 15 日至 30 日；情节严重的，由自治区人民政府旅游主管部门吊销导游证，并予以公告。

第八十二条　导游人员违反本条例第四十三条规定的，由县级以上人民政府旅游主管部门暂扣其导游证，责令限期改正，有违法所得的，没收违法所得，并处以 2000 元以上 1 万元以下的罚款。

第八十三条　导游公司或者旅行社违反本条例第四十四条第一款规定的，由县级以上人民政府旅游主管部门给予警告；情节严重的，责令停业整顿。

导游人员违反本条例第四十四条第二款规定的，由县级以上人民政府旅游主管部门责令改正，有违法所得的，没收违法所得并处以 5000 元以上 2 万元以下的罚款；情节严重的，由自治区人民政府旅游主管部门吊销导游证，并予以公告。

第八十四条　导游人员、专职讲解人员违反本条例第四十六条规定的，由县级以上人民政府旅游主管部门或者文物主管部门责令其改正；情节严重的，由自治区人民政府旅游主管部门或者文物主管部门吊销导游资格证或者专职讲解员资格证，并进行公告；对该导游人员或者专职讲解人员所在的旅行社或者文物单位给予警告，责令限期改正；逾期不改的，责令停业整顿。

第八十五条　旅行社违反本条例第四十九条规定,租用未取得道路运输经营许可证的车辆从事旅游客运的,由县级以上人民政府旅游主管部门责令改正,每租用一台车处以1万元罚款,情节严重的,责令停业整顿,并将非法营运车辆交由所在地道路运输管理机构依法处理。

第八十六条　违反本条例第五十条规定的,由县级以上人民政府旅游主管部门责令其限期改正,并处以1万元以上5万元以下的罚款。

第八十七条　违反本条例第六十五条规定的,由县级以上人民政府价格主管部门责令限期改正;有违法所得的,没收违法所得,并处以5000元以上2万元以下的罚款。

第八十八条　县级以上人民政府旅游主管部门及相关部门的工作人员违反本条例规定,玩忽职守、滥用职权、徇私舞弊的,由相关部门给予行政处分。

第八十九条　违反本条例规定的其他行为,法律、法规已有处分、处罚规定的,依照其规定给予处分、处罚。

违反本条例规定构成犯罪的,依法追究刑事责任。

第八章　附　　则

第九十条　本条例自2011年1月1日起施行。2002年7月26日西藏自治区第七届人民代表大会常务委员会第二十七次会议通过的《西藏自治区旅游管理条例》同时废止。

责任编辑： 殷　钰　刘志龙

责任印制： 闫立中

图书在版编目（CIP）数据

旅游政策与法规／国家旅游局人事司编 . --北京：
中国旅游出版社，2014.1

西藏导游人员培训教材

ISBN 978－7－5032－4850－4

Ⅰ.①旅…　Ⅱ.①国…　Ⅲ.①旅游业—方针政策—中
国—教材②旅游业—法规—中国—教材　Ⅳ.①F592.0
②D922.296

中国版本图书馆 CIP 数据核字（2013）第 270512 号

书　　名：旅游政策与法规

作　　者：国家旅游局人事司

出版发行：中国旅游出版社
　　　　　（北京建国门内大街甲 9 号　邮编：100005）
　　　　　http：//www.cttp.net.cn　E-mail：cttp@cnta.gov.cn
　　　　　发行部电话：010－85166503

经　　销：全国各地新华书店

印　　刷：北京新魏印刷厂

版　　次：2014 年 1 月第 1 版　2014 年 1 月第 1 次印刷

开　　本：850 毫米 ×1168 毫米　1/32

印　　张：13.25

印　　数：1—5000

字　　数：350 千

定　　价：30.00 元

ISBN　978－7－5032－4850－4